돈 없이도 돈 모으는 법

Dave Ramsey's Complete Guide to Money

Dave Ramsey's Complete Guide to Money © 2011 by Lampo Licensing, LLC
Published by Ramsey Press, The Lampo Group, Inc., Franklin, TN, USA

This Korean edition is translated and used by permission of Ramsey Press, Franklin, TN, USA
through rMaeng2, Seoul, Republic of Korea.

This Korean Edition © 2021 by Booklog Company, Seoul, Republic of Korea

이 한국어판의 저작권은 알맹2를 통하여
Ramsey Press와 독점 계약한 북로그컴퍼니에 있습니다.
저작권법에 의하여 한국 내에서 보호를 받는 저작물이므로
무단 전재와 무단 복제를 금합니다.

돈 습관을 바꾸면 당신도 부자가 될 수 있다

돈 없이도 돈 모으는 법

Dave Ramsey's Complete Guide to Money

데이브 램지 지음 · 배지혜 옮김

시목 始木

·◆·
감사의 말

1994년부터 지금까지 삼삼오오 모여 머리를 맞대고 파이낸셜피스대
학교Financial Peace University 교육 프로그램을 수강한 전국의 수백만 여러
분. 여러분의 열정, 배우고자 하는 열망, 그리고 눈부신 성공 덕분에 우
리의 메시지가 멀리까지 닿아 사람들의 행동을 바꾸고, 우리 세대에 유
행처럼 번졌던 습관을 부수고, 나라 경제에 희망을 보탤 수 있었습니다.

수업이 끝나고 늦게까지 남아 의자를 정리하던 날부터 이 여정을
20년 동안 함께하며 많은 가족을 성공으로 이끌어준 파이낸셜피스대
학교 교육 프로그램의 전 부사장 루이 팔제티. 그가 우리 교육 프로그램
의 미래를 내다본 덕분에 작고 소박했던 나의 강의가 엄청난 사업으로
발전할 수 있었습니다. 전국의 수백만 가족이 그에게 감사하는 마음일
테고, 나 역시 마찬가지입니다.

✦

도움 주신 분들

책 한 권이 완성되기까지는 작가의 이름만으로는 다 표현할 수 없는 여러 사람의 노력과 헌신이 필요합니다. 이 책을 쓰고 출판하기까지 나를 이끌어준 다음 사람들에게 감사의 마음을 전합니다.

돈의 주인이 되고 싶은 사람이라면 누구나 읽기 좋은 책을 쓸 수 있게 도와준 이 책의 편집자 앨런 해리스.

책의 내용을 구성하고 풀어가는 데 도움을 준 다시 클레멘, 그레이스 클라우징, 블레어 무어, 제니퍼 킹그리.

삽화와 표지 디자인에 도움을 준 다니엘 벨과 크리스 샌들린.

초고를 검토한 후 따뜻한 칭찬과 날카로운 지적을 아낌없이 들려주었던 루이 팔제티, 데비 로쿠르토, 폴 보이드, 베스 탈렌트, 옥사나 밸러드, 브라이언 비먼, 러스 캐롤, 잭 갤러웨이, 히스 할조그, 대릴 무어, 그리고 브렌트 스파이서.

빚더미에 올라앉거나 백만장자가 되거나
모두 나에게 달린 문제다

유튜버 **무한배터리**

"월급은 재산을 늘리기 위한 가장 강력한 무기다."라는 이 책의 저자의 말에 전적으로 동의합니다. 이 책의 저자는 물론이고, 그의 가르침을 받은 미국의 수백만 가정이 그 살아 있는 증거입니다. 한국에서 아주 평범하게 직장생활을 하고 있는 저도 월급을 가장 강력한 무기로 부를 이뤘습니다. 아니, 이제는 '이뤘었다고' 해야 할까요?

2012년 말에 직장생활을 시작한 저는 월급의 100%를 저축해 직장생활 8년 만에 3억을 모았습니다. 투자로 불린 수익에 대출받은 돈까지 더하면 2020년 초, 제 손에는 총 5억이 들려 있었습니다. 어머님까지 부양하며 쉽지 않게 모은 돈입니다.

학창시절, 유복하지 않은 환경에서 자란 저는 이 혹독한 세상에서 살아남기 위해 필사적으로 '돈에 대한 가치관'을 형성하고 실천해나갔습니다. 반드시 40세 이전에 부자가 되겠다는 목표 하나만으로 어떻게 하면 돈을 더 아낄 수 있을지, 어떻게 하면 월급 외에 추가 수익을 낼 수 있을지 치열하게 고민했습니다.

월급이 많았던 것도 아닙니다. 직장생활을 처음 시작했을 당시에는 실수령액으로 250만 원을 받았고, 10년 가까이 지난 지금은 350만 원 정도를 받고 있습니다. 저자가 말하는 '네 개의 벽(의, 식, 주, 교통)'을 제외하고는 돈을 쓰지 않았고, 이 네 개의 벽마저도 바람만 피할 수 있을 정도로 아주 얇게 세워 1원까지 저축했습니다. 사는 데 필요한 건 정작 몇 개 없다는 게 제 삶의 모토 중 하나입니다.

이렇게 '극강의 자린고비'로 생활하더라도 월급의 100%를 저축하기란 사실 불가능합니다. 그래서 저는 저자가 추천하는 것처럼 부업으로 돈을 벌었습니다. 부자가 되기 위해서는 남들과 다르게 살아야 했습니다. 대학생 때 과제로 썼던 리포트, 취업 활동할 때 쓴 자기소개서, 사회생활을 하며 틈틈이 쓴 영화감상문 등을 지식거래 사이트에 올려 모두 현금화했습니다. 또한 회사생활을 하며 받게 되는 각종 기념품, 명절 선물 등을 중고시장에 팔아 돈을 모았습니다. 그야말로 '돈이 없어도' 어떻게 해서든 돈을 모으는 데 10년간 정말 최선을 다해 살았습니다. 그렇게 저는 절약하고 또 절약하며 39세의 나이에 월급만으로 억대의 자산가가 되었습니다.

하지만 2020년, 제가 모은 5억은 한순간에 제로가 되었습니다. 문제는 '주식'이었습니다. 1년 전까지만 해도 저는 꽤 성공적인 수익률을 자랑하는 20년 경력의 투자자였습니다. 하지만 한순간의 잘못된 판단으로 투기나 다름없는 위험한 주식에 발을 들였다가 5억 전부를 잃고 말았습니다. 2008년 경제위기에서도 굳건했던 제가, 주식 호황기인 2020년에 전 재산을 날린 셈입니다. 이렇듯 돈을 모으고 돈을 잃는 건 '사회'나 '환경'에 상관없이 모두 '나 자신'에게 달린 문제입니다.

《돈 없이도 돈 모으는 법》은 제가 가장 자신 있는 절약하는 법부터 투자는 어떻게 하고 보험은 어떻게 가입해야 하는지 등 인생 전반에 걸친 '돈'과 관련한 필수 지식을 전달합니다.

이 책에서 말하는 부자가 되는 방법은 그리 어렵지 않습니다. 중요한 건 '이를 실천하느냐'입니다. 저는 이 책의 저자가 말하는 생활 방식을 10년 가까이 따르며 돈을 모았으나, 단 한 가지를 간과한 탓에 돈을 잃고 말았습니다. 그건 '천천히, 꾸준하게, 인내심을 가져라!'입니다. 이를 무시하고 위험한 종목에 투자한 대가로 가진 전부를 잃은 것입니다.

절약해도, 월급이 꾸준히 들어와도, 부업을 해도, 어느 한 곳에서 구멍이 나면 '돈'이라는 친구는 우리 손을 너무나 쉽게 빠져나갑니다. 그러니 여러분은 이 책에 담긴 13개의 요소를 단 하나도 소홀히 하지 마시고 꾸준히 실천해나가셨으면 좋겠습니다. 이 모든 요소를 생활 속에서 단단히 다져야만 우리는 부자가 될 수 있습니다.

5억은 잃었지만, 부자가 되겠다는 제 목표와 의지는 조금도 흔들리지 않았습니다. 추천사를 부탁받고 이 책을 읽다 보니 제가 잠시 간과하고 있던 부의 원칙들이 저자의 단호한 목소리로 귀에 쏙쏙 들어왔고, 이대로만 하면 다시 부를 이룰 수 있겠다는 확신이 섰습니다. 이 책의 끝에 저자는 말합니다. 하늘이 자신에게 돈을 가르치려고 역경과 고난을 선물로 주신 거라고. 아마 이러한 방식이 아니었다면 부자가 되는 법을 영영 깨닫지 못했을 거라고. 저 역시도 지금의 이 시련을 비싼 수업료로 여기려 합니다. 이 책에서 설명하는 대로 작은 곳에서도 돈을 아끼며 저는 다시 부자가 될 것입니다. 저와 데이브 램지의 실패&성공담을 읽은 여러분은 이미 몇십 억을 번 것과 다름없습니다. 돈을 잃지 않고도 귀한 가르침을 얻었으니까요. 그것만으로도 여러분은 한발 나아선 것입니다.

절망적인 상황에서도 불굴의 의지가 있다면 해내지 못할 게 없습니다. 여러분도 사는 게 힘들더라도 언제나 파이팅 하십시오. 이 책의 가르침과 함께라면 희망은 언제 어디에나 있습니다.

차례

수백만 명이 증명했고
이제는 당신 차례다

지난 20년 동안 나는 '라디오 프로그램에 나오는 그 사람'으로 통했다. 하지만 여러분이 1980년대 후반에 나를 만났다면 아마 지금과는 엄청나게 다른 데이브 램지를 볼 수 있었을지도 모른다. 그 당시 나는 부동산 사업을 하며 저지른 어리석고도 위험천만한 실수로 빚의 수렁에 빠져 있다가 겨우 올라오는 중이었다. 그때 그 데이브가 라디오 프로그램 〈데이브 램지 쇼The Dave Ramsey Show〉에 사연을 보낸다면 '어쩌다 그런 어리석은 실수를 했냐'며 지금의 데이브에게 신랄한 독설을 들을 것이다. 하지만 누구에게나 살아생전 새롭게 시작하는 때가 있지 않을까? 저 아래 진흙탕 밑바닥에서 나는 새 삶을 시작했다.

생활이 조금 안정된 후, 나는 돈이라는 물건을 대체 어떻게 써야 할지 곰곰이 생각하기 시작했다. 손에 넣을 수 있는 자료를 닥치는 대로 읽고 성공한 인물을 수없이 찾아다니던 중 내 마음속에 불타고 있던 새로운 소명을 깨달았다. 그리하여 1990년, 나는 개인 재무상담사로 일하기 시작했다. 돈 문제로 모든 게 엉망이 된 고객들을 도와주며 내가 힘든 시기에 알게 된 정보를 공유했다. 하지만 몇 년이 못 가 다시 좌절의 쓴맛을 봐야 했다. 나에게 상담을 받던 고객을 우연히 길에서 만나면 다들 하나같이 파산 신청을 했다는 소식을 들려주었다. 그러면 나는 "대체 왜 요? 분명 계획이 있지 않았습니까? 충분히 좋아질 수 있었는데 왜 그러 셨어요?"라고 물었다.

그러면 그들은 이렇게 답했다. "그랬죠. 하지만 뜻대로 잘 안 되더라고요.", "예산은 잘 짠 것 같은데 지키기가 너무 힘들었어요.", "상담실 밖에만 나가면 내가 과연 잘할 수 있을지 걱정되고, 차라리 파산 신청이 더 쉽겠다는 생각이 들더라고요."

이런 일이 몇 차례 반복되고 나니 어느 순간 머릿속 전구가 탁 켜졌다. 상담을 시작하고 몇 년 동안 복잡한 숫자만 들여다봤는데, 숫자에서는 답이 나오지 않는 게 당연했다. 사람들의 진짜 문제는 '돈을 쥐고 어떻게 행동하느냐'였고, 행동은 숫자 놀음만으로는 고칠 수 없는 문제였다.

나는 개인 상담이 좋았기 때문에 계속 이 방식을 유지하고 싶었다. 하지만 내 고객은 전부 빚에 허덕이는 가난한 사람들이라 꾸준히 상담받을 여윳돈이 없었다. 게다가 한 달에 두세 번씩만 만나서는 문제의 핵심인 '행동'을 고치는 일이 쉽지 않았다. 그래서 나는 다른 분야에서는 어떠한 방식으로 행동 문제를 다루는지 알아보기 시작했다. 행동 치료에 쓰이는 프로그램도 연구했고, 다이어트 회사 웨이트 워처스Weight Watchers의 사례도 연구했다. 비밀을 하나 알려주자면, 웨이트 워처스는 마법 같은 다이어트 약을 팔지 않는다. 웨이트 워처스 프로그램에 참여하면 살이 빠지는 이유는 화요일 저녁마다 사람들 앞에서 몸무게를 재야 하기 때문이다. 이를 알고 있는 참가자들은 마트에 가서도 달콤한 간식 앞을 어렵지 않게 지나칠 수 있다. 사람들은 '그룹 안에서' 책임감을 느끼고 행동을 바꿨다. 나는 살을 빼는 데 효과적인 방법이라면 돈 관리에도 당연히 도움이 될 거라고 생각했다.

서로 가르치고 서로 지지해주는 소규모 모임을 모델로 두고, 파산 신청을 눈앞에 둔 사람들을 위한 수업을 준비했다. 이 수업의 이름을 '빚 없는 삶'이라 짓고 희망에 부풀었다. 수업 첫날, 사람들이 구름처럼 몰릴지도 모른다고 생각하며 의자를 100개나 준비했다. 빔 프로젝터를 켜고, 어색한 정장 차림으로 문 앞에 서서 내 수업을 듣고 인생이 바뀔 사람들을 맞이할 준비를 했다. 하지만 그날 수업에 참여한 인원은 4명뿐이었고, 그중 돈을 내고 수업을 들으러 온 사람은 단 3명뿐이었다. 참소박했지만, 어쨌든 시작은 시작이었다.

그다음 수업에는 사람들이 몇 명 더 왔고, 그다음 주는 수강생이 더 늘었다. 수업을 들으러 오는 사람은 점점 늘었고, 그들의 이야기를 듣다 보니 파산 신청을 생각하는 사람들뿐만 아니라 다양한 상황에 놓인 사람들이 내 수업을 들으러 온다는 사실을 알게 되었다. 나는 생각을 바꾸고 원래의 목표를 뒤집었다. 파산 신청을 코앞에 둔 사람을 돕는 일도 좋지만, 파산 신청을 하기 한참 전 단계에 있는 사람들의 행동을 바꿀 수 있다면 더 좋지 않을까 싶었다. 그래서 나는 수업 커리큘럼에 파산 관련 정보를 넣는 대신에 투자와 보험에 대한 내용을 추가했다. 그러자 출석부 페이지는 점점 더 늘어났다. 수업 횟수를 늘리고 새로운 반을 열고, 그렇게 수강생도 계속해서 늘었다. 이내 나는 일주일에 서너 번씩 수업하게 됐고, 수업명도 변경한 커리큘럼에 좀 더 어울리도록 바꿨다.

빚 없는 삶이라는 수업명 대신, '파이낸셜피스대학교 교육 프로그램'이라 부르기 시작했다. 몇 년 후, 내 수업을 듣고 싶어 하는 사람이 너무 많아져서 동영상 강의도 찍기 시작했다. 20년 동안 미국 전역에서 100만 가구 이상이 내 수업을 들었다.

시간이 흐르며 수업 내용은 조금씩 수정됐지만, 핵심 메시지는 변하지 않았다. 지식도 중요하지만, 문제를 해결하는 열쇠는 결국 행동이다. 상식을 바탕으로 한 원칙은 변하지 않는다. 내가 가르치는 내용은 복잡한 기술이라기보다는 할머니가 이야기해주는 간단한 규칙에 가깝다. 즉, 무엇을 해야 할지 모른다거나 이해가 되지 않아서가 아니라, 행동하지 않아서 문제가 생긴다는 말이다. 나는 이러한 접근으로 돈 문제를 해결할 수 있다고 확신했고, 나를 거쳐간 수백만 명이 내가 틀리지 않았음을 증명해주었다.

여러분이 지금 손에 들고 있는 이 책은 이제껏 내가 했던 수업의 핵심을 이해하기 쉽게 풀어 쓴 안내서다. 이 책을 다 읽은 후에도 필요할 때마다 다시 꺼내 참고하자. 여러분이 파산 신청을 준비하고 있거나, 대출을 받으려고 했거나, 새 차를 사려고 했거나, 저축형 생명보험에 가입하려고 했거나, 친구에게 돈을 빌리려 했거나, 그게 무엇이든 자산에 큰 영향을 미치는 결정을 내리려고 했다면 지금 당장 멈추자. 이 책을 다 읽을 때까지는 아무것도 하지 말고 기다리자. 나를 믿어도 좋다. 이 책은 여러분이 골치 아픈 일을 저지르거나 몇 년 동안 땅을 치고 후회할 일을 만들지 않도록 도와줄 것이다.

물론 이 책에 실린 내용이 깊이가 없고 세상 물정과 맞지 않다며 아니꼬운 시선으로 고개를 절레절레 흔드는 비평가도 있다. 상관없다. 수업을 시작하고 책을 쓸 때 그런 사람들은 안중에 없었다. 경제적으로 안정된 삶을 살게 된 수천수만 명의 사람들이 전하는 감사 인사와 '드디어 해냈다!'는 그들의 편지를 읽으며 보내기에도 모자란 시간을, 나를 험담하는 사람들에게 쏟고 싶지 않다. 머지않아 여러분도 자신의 삶이 얼마나 바뀌었는지 이야기하는 편지를 나에게 보낼지도 모르겠다. 벌써부터 여러분의 편지를 읽을 날이 기다려진다. 하지만 그렇게 되기 전에, 우리가 함께 해야 할 일이 있다.

자, 준비가 되었다면 페이지를 넘겨도 좋다.

일러두기

- 모든 각주는 옮긴이 주이다.

- 단행본·잡지·신문은 겹화살괄호(《》)를, 방송·영화·칼럼은 홑화살괄호(〈〉)를 사용
  했다. 국내에 번역된 단행본은 한국어판 제목을 표기하고, 출간되지 않은 경우 새로
  번역하였으며 원어를 병기했다.

- 인명 및 회사명은 원어를 함께 표기했다.

- 독자의 이해를 돕기 위해 달러화 뒤에 원화를 표시했으며, 1달러당 1000원으로 환
  산했다. 같은 금액이 페이지 내에서 반복되는 경우 앞에만 표시하고 뒤에는 생략했
  다. (예: 비상자금 1000달러)

1장

저축

부자가 되는 첫 단추는

저축이다

물이 너무 뜨거워서 얼굴을 델 뻔했는데도 아무 느낌이 없었다. 샤워기 앞에서 아이처럼 우는 내내 느껴지는 건 멈출 줄 모르고 쏟아지는 눈물뿐이었다. 머릿속에 한 가지 생각만 맴돌았다. '대체 어쩌다 이렇게 된 걸까?'

성공 가도를 달리다 막 튕겨져 나왔을 때의 이야기다. 20대에 나는 부동산계의 떠오르는 샛별이었고, 일을 시작한 지 몇 년 만에 나의 자산은 무려 400만 달러(약 40억 원)가 되었다. 나와 아내 샤론은 당시 누릴 수 있는 호사는 다 누렸다. 비싼 보석과 멋진 자동차를 샀고, 이국적인 휴양지로 여행을 떠났다. 원하는 것은 다 가질 수 있었다. 그리고 곧 우리는 그 전부를 잃었다.

내가 이룬 성공은 허상이었다. 나의 공든 탑은 산더미 같은 빚 위에 세워진 것이었고 어느 날 은행이 그 전부를 무너뜨렸다. 몇 년 동안 우리 가족은 엄청난 빚더미가 무너지며 일어난 산사태에 거의 죽다 살아났다. 빈털터리가 된 후, 나는 매일 아침 샤워기 앞에서 그날 하루 동안 마주하게 될 두려운 현실을 떠올리며 눈물을 쏟았다. 돈을 가지고 놀다가 돈에 먹혀버렸다.

밑바닥까지 추락하면서 정신이 번쩍 들었다. 그때부터 나는 어머니의 어머니 세대도 인정할 만한 돈 관리 방법을 연구하기 시작했고, 그 후 20년이 넘도록 내가 깨달은 진실을 널리 알리는 데 힘쓰고 있다.

알고 보면 돈은 전혀 복잡한 개념이 아니다. '박식한 금융전문가'들이 번지르르한 겉모습으로 각종 매체에 출연해서 하는 말 역시 틀렸다. 돈의 주인이 되고 싶다면 따라 하기 쉬운 간단한 몇 가지 원칙만 알면 된다.

원칙은 간단하지만, 그 원칙을 따르는 과정은 결코 쉽지 않다. 아주 험난할 것이다. 단순히 계산하는 것을 넘어 돈은 우리의 행동과 연관되어 있기 때문이다.

돈 문제에 '지식'이 미치는 영향은 단 20%밖에 되지 않는다고 한다. 나머지 80%는 우리가 어떻게 행동하느냐에 달렸다. 우리는 각자의 행동에 따라 심각한 돈 문제를 겪기도 하고 많은 돈을 벌기도 한다. 모든 문제의 열쇠는 행동이다. 이제부터 이 행동이 다양한 영역에서 어떻게 작용하는지 함께 살펴볼 것이다.

··· 부자가 되는 단계별 돈 관리 법칙

빚의 굴레에서 벗어나 부를 이루는 방법에 대해 오랜 시간 가르쳐 왔다. 많은 이들을 가르치며 부자가 되는 돈 관리 법칙을 단계별로 정리했고, 나는 이를 '걸음마 공식'이라고 부른다. 내가 진행하는 라디오 프로그램과 파이낸셜피스대학교◆ 교육 프로그램에서도 이 걸음마 공식을 다루고 있고, 더 많은 사람들이 차근차근 따라 할 수 있도록《7가지 부의 불변의 법칙》이라는 책을 쓰기도 했다. 그리고 지금 이 책은 걸음마 공식을 안내하는 역할에서 나아가, 사람들이 잊거나 무시하고 지나치기 쉬운 저축, 투자, 뮤추얼펀드, 보험, 부동산 등 자산관리에서 중요한 세부 사항들까지 다루는 좀 더 실용적인 안내서다.

성공을 위한 로드 맵

걸음마 공식은 돈의 주인이 되기까지 우리가 따라야 할 로드 맵이다. 목표가 있는 것만 해도 훌륭하지만 그 목표를 어떻게 이룰 것인지도 함께 생각해봐야 한다.

"50세가 되기 전에 은퇴자금으로 100만 달러(약 10억 원)를 모으는 게 목표예요."라고 말하는 사람이 있다고 치자. 아주 훌륭한 목표지만 모은 돈 없이 대출을 2개나 낀 자동차를 굴리면서 한도 직전까지 신용카드를 쓰고, 비전과 계획마저 없는 27세 젊은이는 절대 이 목표를 이룰 수 없을 것이다. 바로 이럴 때 목표 지점까지 차근차근 방향을 안내해줄 가이드가 필요하다.

자, 이제 우리를 부자의 길로 안내해줄 걸음마 공식을 간략히 살펴보자. 앞으로 이 책의 전반에서 자주 보게 될 내용이다.

◆　저자가 운영하는 금융 교육 프로그램.

걸음마 공식 1단계: 비상자금 1000달러(약 100만 원) 모으기(연 소득 2만 달러(약 2000만 원) 이하는 500달러(약 50만 원))

걸음마 공식 2단계: 눈덩이 전략으로 빚 청산하기

걸음마 공식 3단계: 3~6개월 치 생활비를 모아 완전한 비상자금 마련하기

걸음마 공식 4단계: 수입의 15%를 은퇴자금으로 투자하기

걸음마 공식 5단계: 자녀 학자금을 위한 저축 시작하기

걸음마 공식 6단계: 주택담보대출 청산하기

걸음마 공식 7단계: 다른 사람과 기쁨 나누기

걸음마 공식은 단계별로 한 가지에 집중하기 때문에 효과적이다. 천 리 길을 떠난다고 생각해보자. 천 리를 한걸음에 갈 방법은 없다. 하지만 한 단계, 한 단계 집중하며 에너지와 열정을 쏟다 보면 무슨 일이든 해낼 수 있다.

곧 시작될 우리의 여정도 마찬가지다. 목적지로 향하는 길에, 이제껏 우리의 자산계획을 망가뜨렸던 자잘한 골칫거리들을 차근차근 해결해 나갈 것이다. 부를 이루는 데 방해가 되는 것들과는 영원히 작별하자. 이 책은 돈과 관련한 크고 작은 문제들을 총망라해 여러분의 든든한 길잡이가 되어줄 것이다. 자산관리에서 중요한 결정을 할 때마다 이 책을 꺼내 보기 바란다. 준비되었다면 본격적으로 시작해보자.

⁝⁝ 최우선 과제, 최소한의 비상자금 모으기

세계 경제가 바닥을 치기 전까지 사람들은 대부분 저축에 관심이 없었다. 2008년 경제위기가 닥치기 전 10년 동안 미국의 저축률은 마이너스에 가까웠다. 사람들이 버는 돈보다 더 많이 쓴다는 뜻이었다. 주머니에 들어오는 만큼, 어떤 때는 그보다 더 많은 돈이 주머니를 빠져나가기도 했다. 사람들은 빚에 열광하며 고위험대출과 어마어마한 주택담보대출로 빚잔치를 벌였다. 급할 때 움켜쥘 수 있는 지푸라기만 한 돈이라도 예금 계좌에 넣어둔 사람은 많지 않았다.

갤럽Gallup이 2008년 경제위기 전 10년을 조사한 결과에 따르면, 긴급 상황에서 빚을 내지 않고 5000달러(500만 원)를 융통할 수 있는 이들은 32%에 불과했다. 5000달러를 쓸 일은 생각보다 드물지 않다. 자동차에 문제가 생기거나, 집을 수리하거나, 건강에 이상이 생겼을 때 5000달러는 결코 넉넉한 액수가 아니다. 당시 설문 조사 응답자 10명 중 7명은 그런 상황이 발생하면 신용카드나 대출로 막거나 부모님께 손을 벌리겠다고 답했다. 보호 장비도 없이 맨몸으로 인생과 맞서고 있는 셈이었다.

장담하건대 이렇게 살아서는 안 된다. 나 역시 힘든 시기를 겪었고 그 상황이 주는 압박이 어떤지를 너무나 잘 알고 있다. 그러니 나를 믿고 우리의 여정을 시작해보자.

걸음마 공식 1단계 비상자금 1000달러 모으기

이 단계를 여러분의 첫 번째 우선순위로 두고 될 수 있는 한 빨리 시작해야 한다. 오늘, 지금 당장 시작하자. 1000달러 저축을 가장 중요한 과제로 놓으면 보통 한 달 안에 이 목표를 달성할 수 있다. 만약 연 수입이 2만 달러 이하라면 비상자금의 액수를 500달러로 줄여도 좋으니 당장 행동하자. 중고시장에 쓸모없는 물건을 팔아도 좋고, 밥상을 최대한 간소하게 차려 식비를 아끼거나 일하는 시간을 늘려 수당을 받아도 좋다. 무슨 방법이든 좋으니 이 목표를 가능한 한 빨리 달성하자.

인생 전체를 놓고 보면 1000달러는 그리 큰 돈이 아니다. 그러나 어떤 사람들은 이 단계를 가장 어려워한다. 이유는 간단하다. 살아온 방식을 바꿔야 하기 때문이다. 평소 내가 만나는 사람 중에는 1000달러를 평생 손에 넣어보지 못한 사람도 많다. 1000달러를 어떤 특정한 목적 없이 그저 '비상자금'으로 모으기 위해서는 아주 큰 결심이 필요하다. 어떤 사람들에게는 그다지 큰 문제가 아닐 수 있지만, '내가 진짜 할 수 있을까?', '이제껏 살아온 방식으로 살면 안 되겠지?', '돈의 주인이 되기 위한 희생을 감수할 준비가 된 걸까?' 고민만 하다가 결단을 내리지 못하고 물러난 사람 역시 아주 많다. 삶을 망가뜨린 자신의 잘못된 행동을 고쳐보기 위해 정신을 무장하고 마음을 다잡았지만, 결국 의지가 약해져 백기를 든다.

변화가 항상 반가운 건 아니다. 누구나 그렇지 않은가? 우리는 가끔 기저귀에 똥을 싼 아이가 되고는 한다. '냄새가 고약하지만 어쨌든 따뜻하잖아? 그리고 어차피 내 몸에서 나온 건데 뭐 어때?' 말도 안 되는 이유로 자신이 저지른 실수를 감싸려고 한다. 예금 계좌에 1000달러를 저축하되 마음대로 사용해서는 안 된다는 내 조언이 큰 걸림돌로 느껴질 것이다. 이때 거울 속 자신을 똑바로 보고 '문제의 원인은 바로 너야.'라고 말할 수 있어야만 내 말을 제대로 따를 수 있다. 또한 자신의 문제를 바로 보아야만 비로소 돈의 주인이 될 수 있다.

탐욕스러운 부유층이 되지 않으려면

저축의 세계에 더 깊이 들어가기 전에 한 가지 짚고 넘어갈 점이 있다. 나는 여러분이 돈을 아주 많이 모았으면 좋겠다. 좋은 물건을 살 수 있기를 바라고, 급한 일이 생겼을 때 돈 때문에 스트레스를 받거나 당황하지 않기를 바란다. 또한 기쁜 일이 생긴 주변 사람을 마음껏 축하해주기 위해서도 돈이 넉넉했으면 좋겠다. 하지만 내가 저축에 대해 이야기하거나 자산을 늘리는 방법을 가르칠 때면 꼭 이렇게 질문하는 사람이 있다. "돈을 모아서 그런 일들을 할 수 있게 되면 저희도 탐욕스러운 부유층과 똑같아지는 것 아닌가요?" 이런 오해를 하는 이유는 하늘이 정해놓은 돈의 기능을 잘못 이해하고 있기 때문이다.

간혹 '부'를 오해하는 사람들이 있다. 이들은 돈을 가진 것 자체가 나쁘거나 잘못되었다고 생각한다. 돈이라는 수단을 완전히 잘못 해석했기 때문이다. 성경에서는 돈이 아닌 돈을 사랑하는 마음이 악의 근원이라고 이야기한다. 돈이라는 물건에는 도덕성이 없다. 돈은 도덕적이지도, 비도덕적이지도 않다. 돈 때문에 문제가 생기는 이유는 사람들이 돈을 지나치게 사랑하고 집착하기 때문이다. 사람이 문제일 뿐, 돈은 아무 잘못이 없다.

돈은 벽돌이다. 벽돌로 남의 집 창문을 깰 수도 있고 교회나 병원을 지을 수도 있다. 우리가 무엇을 하든 벽돌은 아무 관심이 없다. 벽돌은 그냥 벽돌일 뿐이다. 하지만 사람 손에 쥐어진 벽돌은 주인의 성품대로 움직인다. 이를 제대로 이해하지 못하면 '저 사람은 벽돌을 많이 가졌으니 나쁜 사람이야.', '저 사람은 벽돌이 없으니 좋은 사람일 거야.' 하는 식으로 판단하게 된다. 벽돌은 그저 쌓여 있을 뿐인데, 왜 벽돌의 개수로 주인의 성품과 가치관을 평가할까?

나는 아주 부유하면서 탐욕스러운 사람도 만나보았고, 가난하면서 탐욕스러운 사람도 만나보았다. 여러분도 이런 경험을 한 적이 있을 것이다. 반면 누구보다 경건한 마음을 가진 선한 부자도 만난 적이 있다. 분명 여러분도 이런 사람을 본 적이 있을 것이다. 돈은 문제가 아니다. 돈이 좀 있다고 해서 나쁜 사람이 되지는 않으며, 돈이 없다고 선한 사람이 되지도 않는다. 돈은 벽돌 같은 수단일 뿐이다.

쉘리의 경험담
걸음마 공식 1단계를 마치고 큰 위기를 여러 번 겪었어요. 만약 데이브 램지 선생님이 알려주신 대로 계획을 세우지 않았다면 그때마다 빚이 엄청나게 늘었겠죠. 하지만 비상자금 1000달러와 선생님의 가르침 덕분에 같은 실수를 반복하지 않을 수 있었어요.

••• 비상자금을 모으기 위한 저축

돈을 모으는 이유는 기본적으로 세 가지다. 첫째, 비상자금을 모으기 위해서. 둘째, 물건을 사기 위해서. 셋째, 자산을 늘리기 위해서다. 원하는 물건을 사고 자산을 늘리는 과정이 훨씬 재미있어 보이겠지만, 비상자금을 마련하기 전에는 둘 중 아무것도 할 수 없다. 비상자금이란 긴급 상황 외에는 절대 사용하지 않는 돈이다. 가족과 함께 긴급 상황을 잘 정의해두자. 예를 들자면 새로운 가죽 소파를 장만하거나 휴가를 위해 돈이 필요한 것은 긴급 상황이 아닐 수 있다.

비상자금은 예기치 못한 상황에서 우리를 지켜주는 보호 장치 역할을 하며, 살다 보면 이런 상황을 여러 번 겪게 된다. 생각해보면 전혀 '예상할 수 없는' 상황은 아니다. 무슨 일이 정확히 언제 터져서 얼마가 필요할지 알 수 없을 뿐이지, 얼마든지 미리 대비할 수 있다.

최소한의 비상자금 1000달러를 모으는 게 걸음마 공식 1단계라고 앞에서 이야기했다. 걸음마 공식 1단계는 빚을 청산하는 동안(걸음마 공식 2단계) 무슨 일이 생길 것을 대비해 숨 쉴 공간을 마련하는 단계다. 빚을 다 갚으면 다시 비상자금으로 돌아와 더 많은 금액을 저축해야 한다.

걸음마 공식 3단계 3~6개월 치 생활비를 모아 완전한 비상자금 마련하기

우리는 지금 수입이 아닌 지출에 초점을 두고 있다. 이 단계에서는 한 달 동안 여러분의 가족이 생계를 유지하는 데 얼마만큼의 예산이 필요한지를 알아볼 것이다. 당신의 수입이 갑자기 끊긴다면 각종 공과금을 비롯해 꼭 필요한 일들을 처리하기 위한 돈으로 한 달에 총 얼마가 필요할까? 얼마가 필요한지 계산한 후 3~6개월 치 생활비에 해당하는 돈을 모으면 된다.

비상자금은 언제든 쓸 수 있는 상태로 두자

나는 이 책의 9장에서 투자에 대해 이야기하며 자금의 유동성을 설명할 것이다. 금융권에서는 '이용 가능성'을 유동성이라 부른다. 우리는 비상자금을 유동적으로, 다시 말해 필요할 때 언제든 이용 가능한 상태로 두어야 한다. 긴급 상황에서는 은행이나 증권사에서 현금을 내어 줄 때까지 일주일씩 기다릴 여유가 없으니, 언제든 쓸 수 있는 상태로 자금을 보관해야 한다.

그렇다고 자동차에 기름을 넣거나 장을 볼 때 사용하는 생활비 계좌에 비상자금을 넣어두라는 말은 아니다. 다른 자금과 섞인 비상자금은 결국 사라질 수밖에 없다. 너무 유동적이어서 물 새듯 새버리는 것이다. 따라서 비상자금은 언제든 사용할 수 있으면서도 다른 자금과는 섞이지 않아야 한다. 실수로 써버리지 않도록 시야에서 살짝 벗어난 곳에 두되, 시간과 장소에 구애받지 않고 언제든 쉽게 찾아 쓸 수 있는 상태로 비상자금을 보관하자.

비상자금을 보관하는 방법으로는 9장에서 자세히 설명할 뮤추얼펀드의 머니마켓 계좌MMA; Money Market Account◆를 추천한다. 이 계좌를 이용하면 생활비와 별도로 비상자금을 관리할 수 있고, 돈이 필요할 때도 현금인출기를 이용해 바로 찾을 수 있다. 양도성 예금 증서만큼 금리가 높지는 않지만 크게 신경 쓸 일은 아니다. 비상자금은 돈을 굴리기 위해 존재하는 돈이 아니기 때문이다. 긴급한 상황에서 우리 자신을 보호하기 위해 준비해놓는 돈이다.

남성들은 특히 이 부분에서 고개를 갸우뚱한다. 사람들이 비상자금으

◆ 한국의 종금형 CMA와 같이 일반 예금보다 이율이 높으면서도 원금이 보장되는 금융 투자 상품.

로 준비하는 금액은 보통 1만 달러(약 1000만 원)에서 1만 5000달러(약 1500만 원) 정도다. 엄청나게 많은 액수고, 그 정도의 금액을 한 번도 가져본 적 없는 사람도 상당히 많다. 나처럼 뭐든 계산하고 보는 사람들은 1만 5000달러를 머니마켓 계좌에 넣어두는 대신 수익률 좋은 뮤추얼펀드에 투자하면 얼마나 돈을 벌 수 있을지 머리를 굴려보기도 한다. 그러나 비상자금은 투자가 아닌 보험이다. 보험 혜택을 받기 위해서는 보험료를 내야 한다는 사실을 잊지 말자.

몇 년 전, 내 책 사인회에 온 한 여성의 이야기다. 화가 단단히 난 얼굴로 차례를 기다리던 그녀는 드디어 내 앞에 서자 이렇게 말했다. "선생님, 정말 너무 화가 나네요. 당신 책에서 하라는 건 뭐든 했어요. 허리가 휘도록 일해서 빚도 다 갚았고 비상자금도 1만 2000달러(약 1200만 원)나 모았어요. 그런데 여기 오는 길에 글쎄 트럭이 고장 나서 견인되었지 뭐예요. 수리비로 1000달러(약 100만 원)나 나왔는데 정말 화가 나 죽겠어요."

나는 그녀를 올려다보며 말했다. "왜 화가 나요? 여태 1만 2000달러나 모았잖아요. 그 돈으로 당장 차를 고치면 되죠." 그 순간 굳어 있던 그녀의 표정과 자세가 풀어졌고 그동안 그녀를 짓누르던 스트레스와 긴장까지 단번에 날아간 듯 보였다. 그녀는 자신의 비상자금으로 예상치 못한 지출을 충분히 해결할 수 있다는 사실을 생각하지 못하고 있었다.

아마 모두가 고개를 끄덕일 것이다. 계획 없이 살 때는 자동차가 고장나는 즉시 우리의 자산도 위기를 맞았다. '자동차가 고장 났네!'는 곧 '자동차가 고장 났으니 나도 큰일이다!'가 되고는 했다. 하지만 비상자금이 있다면 다르다. 걱정 없이 차를 고치는 기분은 말로 설명할 수 없이 좋다. 빚을 청산하고 비상자금까지 마련하며 과제를 멋지게 완수한 이 여성 역시 차 수리비로 1000달러를 결제하기 전까지는 '파이낸셜 피스(경제적 자유)'의 의미를 정확하게 이해할 수 없었을 것이다.

··• 물건을 사기 위한 저축

저축을 해야 하는 두 번째 이유는 물건을 사기 위해서다. 이제 우리는 빚을 지지 않기로 마음먹었으니 사고 싶은 물건이 있다면 반드시 저축을 해야 한다.

비싼 물건을 사기 위해 저축할 때는 그 돈을 감채기금◆으로 생각해야 한다. 예를 들어, 추수 감사절 저녁에 손님치레를 한 번만 더 했다가는 식탁이 무너지기 일보 직전이라고 해보자. 여러분이 평범한 소비자라면 당장 가구점으로 달려가 마음에 드는 모델을 고르고 제품의 정가를 기꺼이 받아들일 것이다. 바가지 쓰겠다고 동의하는 것과 다름없는 90일 무이자 결제 90-days-same-as-cash◆◆ 서류에 사인도 할 것이다. 자, 이제 다음 날 식탁이 집으로 배달된다. 완벽하다고 생각하는가? 아니, 그렇지 않다. 여러분은 지금 삶을 팔아넘기겠다고 사인한 것과 마찬가지다.

할부와 90일 무이자 결제에 대해서는 6장에서 자세히 다룰 테니 여

◆　공채나 사채를 갚기 위한 준비금.
◆◆　90일간 이자가 발생하지 않다가 91일째부터 이자가 발생하는 결제 방식. 90일 이내에 대금을 다 갚지 못하면 앞에서 유보되었던 기간을 포함해 이자가 계산되므로 매우 높은 이자가 발생한다.

기에서는 간단히 설명하고 넘어가도록 하자. 금융업에 종사하는 내 친구가 들려준 이야기에 따르면, 90일 무이자 결제를 한 사람 중 열에 아홉은 물건 대금을 제때 갚지 못한다고 한다. 일부 금액을 갚더라도 90일 안에 전체 대금을 갚지 못하면, 물건을 구매한 시점부터 이자가 다시 산정되기 때문에 갚아야 할 돈은 금세 어마어마해진다. 할부는 어떨까? 24개월 할부로 결제하는 경우 이자율은 보통 24% 정도다. 4000달러(약 400만 원)짜리 식탁 세트를 매달 211달러(약 21만 1000원)씩, 총 5064달러(약 506만 4000원)를 주고 구매하는 셈이다.

여러분은 좋은 조건으로 가구를 샀다고 생각했겠지만, 속았다. 계획 없이 반쯤 충동적으로 물건을 구매한 대가로 여러분은 2년 동안 빚에 시달리는 것도 모자라 1000달러(약 100만 원)나 더 쓰고 말았다. 억울하지 않은가? 이보다 훨씬 좋은 방법은 가구 값을 현금으로 내는 것이다. 구닥다리라는 생각이 들더라도 할머니가 쿠키를 담아둘 법한 유리병에 몇 달 동안 돈을 모아보자. 예전에는 다들 이렇게 돈을 모아 물건을 샀다.

내가 추천한 방법으로 가구를 사면 어떻게 되는지 보자. 물건값을 감채기금이라 생각하고, 준비금이 총 얼마가 필요한지와 그 돈을 모으는 데 얼마만큼의 시간이 필요한지를 따져 한 달 저축액을 정한다. 매달 할부금으로 211달러를 갚는 대신 같은 금액을 저축하면 불과 18개월 만에 식탁 세트를 살 수 있다. "211달러씩 18개월이면 3800달러(약 380만 원) 정도밖에 안 되는데요?"라고 반문할 수도 있다. 여러분의 계산이 맞다. 그러나 나의 경험을 토대로 한마디 하자면, 현금 3800달러를 가구점 직원에게 보여주면 그 거래는 즉시 성사될 가능성이 높다. 빚도 지지 않고, 1000달러 이상 더 저렴하게 가구를 살 수 있다. 정말 좋은 계획이지 않은가?

우리 자녀들이 이런 교훈을 일찍 깨닫고 지혜를 발휘해 자동차를 사면 어떨까. 첫 차를 살 때는 물론, 평생 자동차 할부금에 시달리지 않을 수 있다. 우리 대부분이 상상조차 할 수 없는 삶이다. 자동차 할부금에서 벗어나기만 해도 은퇴할 때쯤에는 백만장자가 될 수 있는데, 왜 학교에서 이런 것들을 가르치지 않는지 모르겠다.

⠇⠇ 부자가 되기 위한 저축

저축을 하는 마지막 이유는 자산을 늘리기 위해서다. 이 부분은 9장과 10장에서 뮤추얼펀드, 퇴직연금, 학자금 등을 다루며 더 깊게 설명할 것이다. 우선 기본적인 사항 몇 가지만 이야기해보자.

자기 절제가 열쇠다

부를 이루기 위해 꾸준히 노력하려면 반드시 자신을 절제할 줄 알아야 한다. 몇십 년 동안 매달 저축을 하기란 절대 쉽지 않다. 이제 막 일을 시작한 25세 청년은 은퇴하기까지 40년 넘는 시간이 남아 있지만, 40년, 30년, 20년처럼 먼 미래만 생각하다 보면 저축해야 할 돈을 다른 방해 요소들에 뺏기기 쉽다.

자기 절제는 어렵고 성가시며 때로는 희생을 감수해야 한다. 나 역시 절제를 좋아하지 않지만, 절제를 통해 얻을 수 있는 결실은 참 좋아한다. 식단 계획과 운동 계획을 지키면 건강 상태가 좋아지고, 가족이나 친구를 보살피기 위한 사소한 규칙을 지키면 관계가 돈독해진다. 나 역시 돈 관리 규칙을 정하고 따르니 돈도 모이고 여유도 즐길 수 있게 되었다.

절제하는 과정은 건너뛰고 지금 이 순간을 즐기기만 하려는 사람이 많다. 하지만 그랬다가는 틀림없이 재앙을 맞는다. 사람들이 일확천금을 꿈꾸며 복권에 현혹되거나 잘못된 길로 빠져 파산하는 것도 같은 이유다. 부를 쌓는 과정은 단거리 경주가 아닌 마라톤이며, 지름길도 없다. 사람들이 이 여정에 쉽게 뛰어들지 못하는 이유다. 만약 부를 쌓는 일이 쉬웠다면 지금쯤 우리 모두는 부자가 되었을 것이다.

만약 예산에서 매달 100달러(약 10만 원)를 절약하면 어떤 일이 생길까? 25세부터 60세까지(경제활동이 가능한 나이) 평균 수익률이 12%인 시장에 매달 100달러씩 투자하면 110만 달러(약 11억)를 쥐고 은퇴할 수 있다. 매달 100달러만 아껴도 백만장자가 될 수 있다는 이야기다. 100달러는 저녁 식사나 통신요금으로 쉽게 써버릴 수 있는 액수다. 어느 예산에서 100달러를 절약할 수 있을지 생각났는가? 그럴 것이다. 누구든 예산에서 100달러 정도는 어렵지 않게 아낄 수 있다. 하지만 이 계획을 40년 동안 어김없이 시곗바늘처럼 지키기가 과연 쉬울까? 절대 쉽지 않다. 앞에서도 이야기했듯, 어디선가 방해물이 나타나 여러분의 돈을 빼돌릴 것이기 때문이다. 목표를 유지하고 절제할 줄 알아야 하며, 그 노력의 대가는 여러분을 아주 멀리까지 데려다줄 것이다.

폭발적으로 증가하는 복리의 마법

일찍 깨달으면 인생이 바뀌는 부의 법칙이 하나 더 있다. 복리에 관해 이야기해보자. 복리를 설명하자면 이렇다. 연이율이 10%인 투자 상품에 1000달러(약 100만 원)를 투자하면 1년 후 계좌에는 1100달러(약 110만 원)가 있을 것이다. 원금 1000달러에 1년 치 수익 10%에 해당하는 100달러(약 10만 원)가 더해진 금액이다. 이 1100달러를 다음 1년 동안 계좌에 그대로 두면 두 번째 해가 끝날 때 계좌 잔고는 1210달러(약 121만 원)가 된다. 이렇게 잔고는 계속 늘어난다. 원금의 10%가 아니라 현재 가치의 10%가 더해지기 때문에 매년 얻을 수 있는 수익도 커진다. 계좌가 불어나는 속도가 점점 빨라지고 결국 이자는 믿을 수 없을 정도가 된다. 듣기만 해도 배부르지 않은가?

내 첫 번째 책《Financial Peace: 알면 평생 편하게 사는 부의 법칙》에서 나는 동갑내기 친구 벤과 아서의 사례를 들어 복리를 설명했다.

벤은 19세부터 26세까지 8년간 매년 2000달러(약 200만 원)를 12% 복리 투자 상품에 투자할 계획이다. 그리고 65세가 될 때까지 30년 동안은 한 푼도 투자하지 않을 예정이다.

아서는 27세부터 65세까지 39년간 매년 2000달러를 벤과 동일한 상품에 투자할 계획이다. 그렇다면 65세가 됐을 때 아서와 벤 중 돈이 더 많은 사람은 누구일까?

믿을 수 없겠지만, 8년간 총 1만 6000달러(약 1600만 원)를 투자한 벤이 39년간 7만 8000달러(약 7800만 원)를 투자한 아서보다 돈을 더 많이 벌 수 있다. 훨씬 짧은 기간 동안 더 적은 액수를 투자했는데도 불구

벤의 투자액	누적 합계	나이	아서의 투자액	누적 합계
			벤 vs 아서		
2,000	2,240	19	0	0
2,000	4,749	20	0	0
2,000	7,558	21	0	0
2,000	10,706	22	0	0
2,000	14,230	23	0	0
2,000	18,178	24	0	0
2,000	22,599	25	0	0
2,000	27,551	26	0	0
0	30,857	27	2,000	2,240
0	34,560	28	2,000	4,749
0	38,708	29	2,000	7,558
0	43,352	30	2,000	10,706
0	48,554	31	2,000	14,230
0	54,381	32	2,000	18,178
0	60,907	33	2,000	22,599
0	68,216	34	2,000	27,551
0	76,802	35	2,000	33,097
0	85,570	36	2,000	39,309
0	95,383	37	2,000	46,266
0	107,339	38	2,000	54,058
0	120,220	39	2,000	62,785
0	134,646	40	2,000	72,559
0	150,804	41	2,000	83,506
0	168,900	42	2,000	95,767
0	189,168	43	2,000	109,499
0	211,869	44	2,000	124,879
0	237,293	45	2,000	142,104
0	265,768	46	2,000	161,396
0	297,660	47	2,000	183,004
0	333,379	48	2,000	207,204
0	373,385	49	2,000	234,308
0	418,191	50	2,000	264,665
0	468,374	51	2,000	298,665
0	524,579	52	2,000	336,745
0	587,528	53	2,000	379,394
0	658,032	54	2,000	427,161
0	736,995	55	2,000	480,660
0	825,435	56	2,000	540,579
0	924,487	57	2,000	607,688
0	1,035,425	58	2,000	682,851
0	1,159,676	59	2,000	767,033
0	1,298,837	60	2,000	861,317
0	1,454,698	61	2,000	966,915
0	1,629,261	62	2,000	1,085,185
0	1,824,773	63	2,000	1,217,647
0	2,043,746	64	2,000	1,366,005
0	2,288,996	65	2,000	1,532,166
$2,288,996			**$1,532,166**	
$16,000만 투자함			더 많이 투자하고도 벤을 따라잡지 못함	

아서 투자 시작

벤 투자 중단

하고 벤은 70만 달러(약 7억 원)라는 큰 차이로 아서를 앞선다. 어떻게 그럴 수 있을까? 벤이 투자를 더 빨리 시작했기 때문이다. 아서보다 8년 앞서 복리 이익을 거두기 시작한 벤은 200만 달러(약 20억 원)를 손에 쥐고 은퇴할 수 있다.

지금 당장 행동하자. 젊든 아니든 앞으로 여러분에게 주어진 시간은 정해져 있다. 지금 그 자리에서 시작하는 수밖에 없다. 젊다고 시간이 많은 것은 아니니 방심하지 말자. 40대가 넘었다고 후회로 시간을 끌어서는 안 된다. 시간은 충분하다. 옳은 방향을 찾아 움직이는 데 늦은 나이란 없다.

··· 계획이 전부다

이렇듯 자산을 늘리는 과정은 전혀 신비로운 일이 아니다. 이 과정이 쉽지 않다고 했지만 이해하기 어렵다는 뜻은 아니다. 내가 가르치는 내용을 이해하기 위해 어려운 지식은 필요 없다. 다만 실행에 옮기기가 힘들 뿐이다. 아무런 계획 없이 상황에 따라 행동하며 사는 편이 누구나 훨씬 쉽고 편하다. 하지만 정말로 부자가 되고 싶다면 자신의 목표를 알아야 하며, 그 목표를 달성하기 위해 달려가는 동안 올바른 규칙을 세워 실천해야 한다.

금융기관의 철저한 마케팅 계획

스스로 계획을 세우지 않으면 여러분의 자산계획은 남에 의해 좌지우지되기 쉽다. 어떻게 이런 일이 일어나는지 한번 살펴보자. 여러분은 이

번 한 달 동안 열심히 노력한 끝에 최소한의 비상자금 1000달러를 모았고 그 돈을 보관할 새 예금 계좌를 열었다. 바로 이 순간 역사적으로 가장 정교하며 자금도 아주 탄탄한 마케팅 기계에 시동이 걸린다. 이 기계를 우리는 금융기관이라 부른다. 이들은 역사 속 그 어떤 상품이나 서비스보다도 훨씬 더 많은 광고비를 들여 자신의 상품을 홍보하고, 고객에게 상품을 파는 수완도 아주 뛰어나다.

고객이 계좌를 열면 며칠 뒤 새 신용카드가 집으로 배달될 것이다. 카드와 함께 온 안내서에는 '여러분의 파트너가 되겠습니다. 가족이 되어주셔서 감사합니다.'와 같은 문구가 적혀 있을 것이다. 여러분이 원하던 일 아닌가? 은행과 돈독한 관계를 맺는 것. 하지만 이제부터는 절대 사양해야 할 일이다.

안내서의 깨알 같은 글자들을 자세히 읽어보자. 새 카드로 물건을 구매하면 카드 수수료 18%가 발생한다고 적혀 있을 것이다. 여러분이 평범한 소비자라면 '18%나 되는 이자를 주고 돈을 빌리는 멍청이가 어디 있어? 내가 그 이자를 감수하면서까지 돈을 빌릴 거라 생각하다니 당치 않지.'라고 생각하며 말도 안 되는 이야기라 여기겠지만 어쨌든 긴급 상황을 대비해 가지고만 있자며 지갑에 새 신용카드를 넣을 것이다.

그리고 바로 다음 달에 자동차가 고장 난다. 긴급 상황이다. 아이들이 피자가 먹고 싶다며 투정을 부린다. 역시 긴급 상황이다. 여름방학 동안 아이들의 키가 쑥쑥 커버려서 새 학기에 입을 옷이 필요해졌다. 이 또한 어쩔 수 없는 상황이다. 생일을 맞은 아들 친구에게 장난감을 선물하지 않으면 아이들의 우정에 금이 갈지도 모른다는데, 이것도 긴급한 상황이 아닌가.

이런 일들이 반복해서 생긴 그다음 달에 신용카드 명세서를 받으면 여러분은 아마 놀라서 입을 다물지 못할 것이다. '대체 1000달러를 누가 썼지? 긴급 상황에만 쓰기로 한 돈이었는데! 대체 어디다 쓴 거야?'라고 탄식 섞인 혼잣말을 뱉으며 집 안을 둘러보는데 새 텔레비전도, 새 컴퓨터도 보이지 않는다. 새 옷장을 샀다거나, 하와이에서 이국적인 풍경을 즐기며 휴가를 보내지도 않았는데 1000달러가 사라지고 없는 것이다. 살다 보면 이런저런 일이 생기기 마련이고, 이때 계획마저 없다면 이러한 상황을 자주 맞닥뜨릴 수밖에 없다.

우리가 계획에도 없던 1000달러나 쓰는 동안 계획한 바를 완벽하게 성공시킨 이가 있었으니, 바로 카드회사다.

대체 무슨 일이 있었던 걸까? 여러분이 금리 6%(아주 좋은 우대 조건일 때)를 지급하는 예금 계좌에 1000달러를 넣었다고 치자. 그러면 은행은 신용카드를 발급해서 여러분이 다시 자신들에게서 돈을 빌리도록 한 다음, 그 이자를 18%나 붙인다. 은행은 이런 식으로 수익을 낸다. 앞에서도 이야기했듯 이들은 상품을 판매하는 데 도가 텄다.

모든 건 나에게 달려 있다

이 책은 이제껏 여러분이 생각해온 돈에 대한 개념을 180도 바꿔놓을 것이다. 특히 이제껏 보고 들으며 익힌 자산관리 방법을 완전히 뒤바꿀 것이다. 여러분이 이 책의 내용을 심도 있게 공부해 실행에 옮긴다면 보통 사람들과는 반대로 행동하게 될 것이고, 그게 남들에게는 조금 특이

한 사람으로 비칠 수도 있다. 행동 양식을 바꾸려고 하면 상점, 기업, 광고, 심지어 친구들까지도 여러분이 틀렸다는 걸 증명하려 할 것이다.

오래전에 나도 같은 상황을 겪었지만, 솔직히 말해 그런 압박은 조금도 신경 쓰이지 않는다. 아내 샤론과 내가 빈털터리가 된 후 자산계획을 바로잡기 시작하면서 분명해진 것들이 몇 가지 있다. 나는 돈이 없는 사람에게서는 자산관리에 대한 조언을 받지 않기로 결심했다. '돈을 빌리라고 가르친 사람이 누구였지?' 곰곰이 생각해보니 빈털터리 경제학 교수였다. 이 이야기를 들은 내 친구는 "돈 없는 경제학 교수가 손가락 없는 목공예 스승과 다를 게 무엇인가!"라며 일침을 놓았다.

언제부턴가 미국에서는 가난이 '평범'한 상태가 되었다. 신용카드에 의지해 생활하면서 자동차 할부금에 허덕이고 수입보다 지출이 많은 상태를 '평범'하다고 여긴다. 언제 긴급 상황이 닥쳐 패닉에 빠질지 모르는 위태로운 삶이 '평범한 삶'이 된 것이다. 나는 마침내 '평범'하게 살고 싶지 않다고 생각했고, 차라리 이상한 사람이 되기로 결심했다.

나는 '남들이 사는 대로 살지 않아야 남들과 다르게 살 수 있다.'고 믿는다. 약간의 희생을 감수하며 규칙을 따를 마음의 준비를 한 뒤에 반드시 돈의 주인이 되겠다고 다짐하면 미래는 활짝 열려 있다. 앞으로 여러분은 다른 사람을 대접하고 기쁘게 할 수 있는 능력이 생긴 데에 감격하며, 돈 걱정 없이 사는 기쁨을 누리게 될 것이다. 얼마나 행복한 삶인가. 이런 삶을 살 준비가 되었다면 이 책을 끝까지 읽자. 앞으로 함께 살펴볼 것들이 정말 많다.

제가 해냈어요!

20대 중반에 남편과 결혼 준비를 하는데 너무 막막하더라고요. 담임목사님께 상담을 받고 싶었지만, 목사님이 사는 곳과 저희가 사는 곳이 너무 멀어서 여의치가 않았어요. 목사님께 말씀 드리니 데이브 램지 선생님의 수업을 들어보라고 권하시더군요. 저희는 집에서 가까운 곳에서 열린 선생님의 교육 프로그램을 수강했어요.

당시 남편은 학생이었고 저는 정규직이긴 했지만 낮은 임금을 받으며 1년 조금 넘게 일한 상태였어요. 신용카드 빚이 3500달러(약 350만 원) 정도 있었는데, 데이브 램지 선생님을 만난 후 4개월 만에 신용카드 대금을 다 갚고 5000달러(약 500만 원)나 저축할 수 있었어요. 어떻게 이런 일이 가능했는지 궁금하시죠?

저희는 보통의 신혼부부라면 하지 못할 일을 해냈어요. 아직도 어제 일처럼 생생하게 기억나요. 결혼식 축의금 3000달러(약 300만 원)를 들고 신혼여행을 떠났는데, 데이브 램지 선생님이라면 그 돈을 신용카드 대금을 갚는 데 썼을 거라는 생각이 들더라고요. 그래서 저희도 그렇게 했어요. 만약 데이브 램지 선생님을 만나지 않았더라면 보통의 젊은 사람들처럼 흥청망청 노는 데 돈을 다 써버렸을 거예요. 데이브 램지 선생님은 저희가 저축할 기회를 놓치지 않도록 도와주었고, 그 덕분에 많은 돈을 저축할 수 있었답니다.

- 텍사스주 잭슨빌에서, 메러디스

★ 이 장의 키포인트

1. 저축을 최우선으로 생각하자.
2. 비상자금을 위해, 물건을 사기 위해, 그리고 부를 쌓기 위해 반드시 저축해야 한다.
3. 배우자와 함께 어떤 상황이 진짜 긴급 상황인지 이야기해보자.

★ 복습해보자

1. 저축을 방해하는 요인은 무엇인가?
2. 걸음마 공식 1단계를 가장 어려워하는 사람들이 많은 이유는 무엇인가? 당신도 1단계가 어렵게 느껴지는가?
3. 긴급 상황일 때 빚(신용카드, 신용대출, 주택담보대출 등)을 지는 이유는 무엇인가?
4. 돈에 도덕성이 없다는 말은 무슨 뜻인가? 돈과 벽돌은 어떻게 비슷한가?
5. 가정에서 일어날 수 있는 돈 관련 긴급 상황은 어떤 것들이 있는가? 오늘 그런 일이 발생한다면 당신은 어떻게 대처할 것인가?

2장

돈

누구와 사느냐에 따라

돈 관리법이 달라진다

돈과 인간관계 중 하나가 삐걱하면 다른 하나도 덩달아 나빠진다. 인간관계가 좋지 않으면 자산계획이 망가지고, 잘못 세운 자산계획은 인간관계를 망친다. 돈을 제대로 통제하지 못하면 인생 전체가 망가질 수도 있다. 이 장에서 우리는 기혼자와 미혼자의 삶에 돈이 어떠한 영향을 끼치는지 알아볼 것이다. 또한 우리 아이들에게 돈을 어떻게 가르치면 좋을지를 알아보고, 돈이라는 물건이 친구나 다른 사람과의 관계를 어떻게 좌지우지하는지도 자세히 알아볼 것이다.

ᐧᐧᐧ 부부의 돈 관리법

　　미국의 전 대통령 부부인 빌 클린턴Bill Clinton과 힐러리 로댐 클린턴Hillary Rodham Clinton과 관련해 내가 좋아하는 일화가 있다. 진짜인지 아닌지는 확신할 수 없지만 나는 이 이야기를 좋아한다. 빌 클린턴 전

대통령 부부는 한 행사를 마친 뒤, 차를 타고 숙소로 돌아가는 중이었다. 이들은 잘 알려지지 않은 시골길을 지나다가, 차에 연료가 떨어져 주유소에 잠시 들르게 되었다. 나이 든 휴게소 주인은 주유기 앞에 대통령 의전 차량이 서는 것을 보고 깜짝 놀라 건물 밖으로 뛰쳐나갔다.

차 안에 있던 힐러리는 휴게소 주인을 보고 황급히 차에서 내리더니, 주유소 주인에게 달려가 반갑게 포옹했다.

그녀는 주유소 주인과 한참 이야기를 나눈 후 차에 탔고, 남편인 빌에게 말했다. "고등학교 다닐 때 만났던 해리라는 친구예요!"

그러자 빌이 입꼬리를 쓱 올리며 등받이에 몸을 기대고 말했다. "이런, 만약 당신이 저 친구와 결혼했다면 주유소 사장 아내가 됐겠군. 나와 결혼한 덕분에 세상에서 가장 힘이 센 미국 대통령의 부인이 되었지."

힐러리는 그를 돌아보고 눈을 반짝이며 말했다. "빌, 말도 안 되는 소리 말아요. 만약에 내가 저 친구와 결혼했다면 지금쯤 저 사람이 대통령이 되었을 거예요."

힐러리의 말이 맞다. 남자는 여자 하기 나름이다. 적어도 우리 집에서는 그렇다.

20년 넘게 결혼생활을 하면서, 그리고 그동안 수천 쌍의 부부를 만나면서 한 가지를 확실하게 배웠다. 결혼생활은 힘들다. 배우자와 의견을 맞추려면 엄청난 시간과 노력이 든다. 우리 집을 예로 들면 이렇다. 나는 고집이 센 사람이다. 망설이지 않으며 빠르게 결정하고 실행에 옮기는 편이다. 나는 기차가 그렇듯 무슨 일이 있어도 앞으로 달린다. 나와 만나는 사람은 기차에 타든지, 아니면 기찻길에서 비키든지 둘 중에 하나를 선택해야 한다.

　하지만 아내는 다르다. 일을 천천히 진행하면서 언제나 모든 사람의 기분을 고려해가며 결정을 내린다. 아마 내 성격대로 가족 문제를 결정하다가는 아내가 의견을 내기도 전에 모든 것이 끝나 있을 것이다. 아내가 의견을 천천히 내는 건 내 결정에 도움을 주기 싫어서가 아니다. 단지 일을 처리하는 방식이 나와 다를 뿐이다.

돈, 이혼의 가장 큰 사유

완전히 다른 두 사람이 만나 부부가 된다. 내 친구는 다음과 같이 말하고는 했다. "자신과 반대의 매력을 가진 사람에게 끌리는 법이야. 똑같은 사람끼리 만나면 한 사람은 필요 없지 않겠어?"

　한 사람이 열정적이면 다른 한 사람은 차분하고 냉정하다. 한쪽이 느려 터지면 다른 한쪽은 언제나 서두른다. 한쪽이 돈을 쓰면 다른 한쪽은 돈을 모은다. 연애할 때는 이런 차이점이 마냥 귀여워 보이겠지만 결혼하고 나면 모든 것이 다르게 보이기 시작한다.

　하지만 중요한 몇 가지에 동의만 한다면 이런 차이는 결혼생활을 더욱 재미있게 해주는 요소가 되기도 한다. 결혼상담사들은 네 가지 분야에 생각을 함께하는 부부들이 안정적인 결혼생활을 할 확률이 높다고 이야기한다. 이 네 가지는 종교(가족 공통의 종교), 시가 혹은 처가(간섭이나 영향 등), 양육 방식, 돈 관리 방식이다. 이 네 기둥을 탄탄히 유지하면 다른 부부들보다 훨씬 행복하게 결혼생활을 유지할 수 있다.

　돈을 어떻게 관리할지에 대한 남편과 아내의 생각이 다르면 그때부터 문제가 생긴다. 그것도 아주 어마어마한 문제다. 북미에서 부부가 이혼하는 가장 큰 사유는 돈 문제에서 비롯한 부부싸움이라고 한다. 하워드 J. 마크맨Howard J. Markman과 스코트 M 스탠리Scott M. Stanley◆에 따르면 부부에게 돈 문제는 평생의 다툼거리라고 한다. 씨티뱅크Citibank에서 주관한 연구를 보면 이혼한 커플의 57%가 결혼생활을 유지할 수 없었던 가장 큰 이유로 돈 문제를 꼽았다.

하지만 생각해보자. 돈이 결혼생활을 바닥으로 끌어내릴 수 있다면 천국으로 이끌 힘도 있다는 이야기다. 돈 문제는 비단 돈에만 국한되지 않기에 돈에 대한 의견을 부부가 같이하면 훨씬 더 탄탄한 결혼생활을 할 수 있다. 돈 관리를 어떻게 하느냐는 부부 사이의 주도권, 삶의 우선순위, 미래 계획, 가치관과 연관되어 있다. 부부의 입출금 내역을 보면서 돈을 어디에 썼는지 자세히 살펴보면 그들의 결혼생활이 어떤지를 알 수 있다. 소비 내역에 부부의 생활이 그대로 드러나 있다. 결혼생활이 불안정하면 돈에서 문제점이 속속 드러나며, 반대로 결혼생활을 견고하게 유지하고 있다면 돈에서 탄탄한 관계가 입증된다.

여러분이 기혼자이고 돈 문제로 배우자와 자주 다툰다면, 우선 축하한다. 여러분은 아주 평범한 결혼생활을 하고 있는 것이다. 여러분의 결혼생활에 돈이 큰 문제가 되고 있다면 어쩌면 이번이 좋은 기회가 될 수도 있다. 부부관계를 더 견고히 하면서 배우자와 돈에 대한 합의를 나눌

◆ 《행복한 결혼을 위한 세 가지 열쇠》의 저자이자 덴버 대학 부부·가정연구센터의 공동대표이다.

수 있을 것이다. 배우자와 함께 돈이 삶에 미치는 영향을 이해하고, 돈을 어떻게 관리할 것인지 의견을 맞추고 나면 서로 다툴 일이 그리 많지도 않다.

안드레아의 경험담

계획을 세웠고, 계획이 있으니 정말 행복해요. 돈을 조금이라도 더 아껴서 저축하려고 쿠폰도 모으기 시작했어요. 요즘 들어 제가 좀 이상해졌다고 말하는 사람들이 생기는 걸 보니 옳은 길로 가고 있는 것 같아요!

돈을 바라보는 남녀의 차이

오랫동안 여러 부부를 상담하면서 남자와 여자가 서로 다른 방식으로 돈에 접근한다는 사실을 알게 되었다. 당연히 지나친 일반화이고, 모든 남성과 여성이 똑같은 방식으로 행동하지는 않는다. 하지만 나의 오랜 경험으로 미루어볼 때, 반복해서 드러나는 특정한 패턴이 있는 것은 분명하다.

예를 들어 남성은 돈을 성적표라 생각해서 돈에 문제가 생기면 자존심에 상처를 입는다. 반면 여성은 돈에 문제가 생기면 두려움부터 느끼는데, 돈이 안정된 삶을 뒷받침한다고 생각하기 때문이다. 내 아내는 그 두려움을 테러당한 것 같은 위협이라고 표현하기도 했다. 남성들이 3~6개월 치의 생활비에 해당하는 비상자금을 모으고 싶어 하지 않는 것도 이런 이유다. 남성들은 그만한 돈을 은행에 두면 낭비라 생각하고, 여성들은 이 단계가 자산계획에서 가장 중요하다며 남편을 설득한다.

결혼생활에서 예산회의는 필수다

그렇다면 남성과 여성 중 과연 누가 가계 경제에 대한 결정을 내려야 할까? 정답은 '같이'다. 돈 관리는 둘 중 어느 한 사람이 맡아서 하는 일이 아니라 함께 풀어야 할 과제다. 둘 중 예산관리나 계산에 더 소질이 있는 사람이 있겠지만 결정을 내릴 때는 두 사람의 의견 모두 존중되어야 한다.

어느 부부든 괴짜인 쪽이 있고 자유로운 영혼인 쪽이 있다. 괴짜는 보통 예산 짜는 활동을 즐긴다. 상황을 통제할 수 있고, 아끼는 사람을 돌본다는 느낌도 들기 때문이다. 이들은 귀에 연필을 꽂거나 옆구리에 책을 끼지 않아도 숫자를 계산하고 계획을 짜는 천부적인 능력을 발휘할 수 있다. 준비할 시간만 조금 주어지면 약간의 돌발 상황도 이들에게는 큰 문제가 되지 않는다.

반면 자유로운 영혼은 괴짜처럼 세심하지 않아서 심혈을 기울여 만든 꼼꼼한 예산계획표를 보면, 관심받고 있다고 여기기보다는 통제당하고 있다고 생각한다. 자유로운 영혼들은 파티에서 노는 건 즐기지만, 예산회의는 숨 막히다고 생각한다. 덤벙대거나 게으른 건 아니지만, 괴짜의 관점에서 보면 이들은 무책임하기 짝이 없다.

부부를 보면 보통 '모으는 사람' 한 명과 '쓰는 사람' 한 명이 있다. 괴짜와 자유로운 영혼과는 좀 다른 문제다. 괴짜라고 항상 '모으는 사람'은 아닐 수도 있다. 우리 집을 예로 들면 나는 괴짜, 아내는 자유로운 영혼이다. 동시에 나는 '쓰는 사람' 아내는 '모으는 사람'이다.

정리해보자. 돈에 대해 부부가 함께 생각해야 건강한 결혼생활을 할 수 있다. 그런데 사람은 자신과는 반대인 사람에게 끌리기 마련이다. 남자와 여자는 다르고, 부부 사이에는 괴짜와 자유로운 영혼, 쓰는 사람과 모으는 사람이 있다. 그래서 당연히 돈 문제로 싸움이 날 수밖에 없고, 이혼으로 이어지는 경우도 많다. 그런데 정말 다행히도 나에게 이를 막을 수 있는 좋은 계획이 있다. 나는 이 방법을 예산회의라고 부른다. 결혼생활에서 예산회의에 참여하는 구성원은 남편과 아내 둘이다. 반드시 이 둘이 함께 적극적으로 의견을 내야 한다. 아이들이 있다면 아이들과 함께 해도 되지만, 결정권은 주지 않는 편이 좋다. 엄마와 아빠가 돈 문제를 책임지고 언제나 함께 결정한다. 앞으로도 여러 번 반복해 이야기할 것이다. 돈 때문에 결혼생활이 망가지지 않으려면 팀워크가 필요하다. 부부가 함께 계획을 세우고 실행해야 계획이 제 역할을 할 수 있다.

예산회의는 한 달에 한 번 연다. 회의의 목적은 새로운 한 달이 시작되기 전에 예산을 계획하는 것이다. 들어오고 나가는 돈에 대해서는 3장에서 자세히 이야기할 것이다. 지금은 괴짜와 자유로운 영혼이 성공적으로 예산회의를 하려면 어떻게 해야 하는지 이야기해보자.

괴짜를 위한 예산회의 규칙

1. 대략의 예산을 적어 회의에 참석한다. 하고 싶은 말을 한 뒤에는 입을 다물고 상대방의 의견을 듣는다.

2. 정상회담이 아닌 짧은 회의다. 자유로운 영혼의 관심을 끌 시간은 17분 정도밖에 없다. 이 시간을 의미 있게 쓴다.

3. 자유로운 영혼인 당신의 배우자가 예산계획을 마음껏 고치도록 둔다. 자유

로운 영혼에게 예산이 무엇인지 설교하지 말고 서로 동의할 수 있는 예산계획을 세운다.

자유로운 영혼을 위한 예산회의 규칙

1. 꼭, 반드시 회의에 참석한다.

2. 적극적으로 의견을 내고 성숙한 태도로 참여한다.

3. 괴짜 배우자의 예산계획에서 고칠 점을 찾는다. 괴짜만의 예산이 아니라 가족의 예산이다. 주인 의식을 가지고 괴짜의 계획안을 수정한다.

4. "당신이 좋을 대로 해요, 여보." 같은 말은 절대 하지 말자. 꽁무니 뺄 생각 말고 예산을 계획하는 과정에 반드시 참여해 배우자와 함께 결정을 내린다.

배우자와 여러분은 한 팀이다. 함께 성공하고 함께 실패할 것이다.

망설이는 배우자와 함께하는 법

남편과 아내 중 어느 한쪽이 이 과정에 동참하기를 망설인다면 어떻게 해야 할까? '어떻게 하면 제 배우자를 걸음마 공식에 참여하도록 만들 수 있을까요?'라는 질문을 정말 많이 받는다. 여성이나 남성 한쪽에만 해당하는 문제가 아니다. 천방지축 말괄량이처럼 굴며 원하는 건 당장 손에 넣어야 직성이 풀리는 아내들 때문에 골치를 앓는 남편들이 있는가 하면 돈 문제에 관여하지 않으려는 수동적이고 우유부단한 남편들 때문에 답답해하며 가슴을 치는 아내들도 많다. 가족 통장을 지키는 사람이 남편이든 아내든 혼자서 책임을 떠맡으면 울화가 치밀 수밖에 없다. 남편과 아내가 팀워크를 발휘하며 함께 노력해야 하는데, 한쪽이 부모가 되어 애처럼 울고불고 떼쓰는 배우자를 이끌어야 하는 상황은 누구에게나 힘들다. 자산계획과 결혼생활은 결국 파국으로 치닫게 될 것이다.

망설이는 배우자를 움직이게 할 방법을 소개하기 전에 '하지 말아야 할 것'부터 이야기해보자. 우선, 잔소리를 하거나 징징거려서는 안 된다. 효과도 없을뿐더러 어린애 같아 보이기만 할 것이다. 또, 이 책을 읽으라고 쫓아다니면서 강요하거나, 모든 문장을 '데이브 램지가 그러는데….'로 시작해 설교를 늘어놓지도 말자. 이런 배우자에 질려서 '나는 당신이 너무 싫어. 당신의 이름을 한 번만 더 들으면 그땐 정말 뭐든 하나는 부숴버리겠어!'라며 나에게 분노 섞인 이메일을 보내는 사람이 엄청나게 많다.

배우자를 교묘하게 속여서도 안 된다. 배우자를 꼬드기기 위해 여러분과 내가 비밀 작전을 펼치는 중이라고 생각한다면, 당장 그 생각을 접어라. 우리는 게임을 하려는 것이 아니라 솔직하고 개방적인 대화를 하기 위해 노력하는 중이다. 여러분과 내가 한 팀이 되어 배우자와 대결하려 한다면 절대 성공할 수 없다. 나는 여러분이 배우자와 같은 생각과 목표를 가지길 바란다.

마지막으로 배우자가 얼마나 멍청한지 일깨우려고 하지 말자. 공격적인 태도로 다가가면 상대는 방어적인 태도를 보일 것이다. 이 과정을 전투라고 생각해서는 안 된다. 배우자와 돈 문제로 싸우지 않기 위해 노력 중이라는 사실을 잊지 말자.

그래서 뭘 어떻게 하라는 말일까? 가장 먼저 배우자와 대화해야 한다. 우리에게는 마음을 읽는 초능력이 없으므로, 대화를 하기 전에 배우자의 생각이 여러분과 같기를 바라서는 안 된다. 배우자가 아직 이 책을 읽지 않았다면, 배우자와 함께 앉아서 여러분이 배우고 있는 내용이 얼마나 흥미로운지 들려주자. 가계 경제가 앞으로 어떻게 되기를 원하는지, 여러분이 이에 대해 얼마나 희망을 품고 있는지 배우자와 이야기하자. 한 사람이 어떤 일에 흥미를 느끼고 열정을 불태우면 다른 한쪽도 그 일에 흥미를 갖기 마련이다.

이렇게 했는데도 대화가 좀처럼 나아지지 않으면 조금만 더 노력해보자. 현재 가계 경제에서 어떤 부분이 걱정인지, 두 사람이 함께 노력할 때 어떤 변화가 일어날 수 있는지를 시간을 들여 글로 적어보자. 배우자의 주의를 끄는 데 말보다 글이 더 효과적일 수 있다.

밸런타인데이 같은 특별한 날을 이용해도 좋다. "여보, 나와 함께 예산을 짜려고 노력해준다면 그보다 더 로맨틱한 선물은 없을 거예요. 맛집이나 영화 데이트가 10점 만점에 3점이라면 빚을 어떻게 갚을지 이야기를 나누는 건 9점 정도 될 거예요."

아니면 안정적인 미래를 그려보게 하는 방법도 있다. "여보, 비상시에 쓸 수 있는 돈이 우리 계좌에 1만 달러(약 1000만 원) 정도 있다면 어떨지 생각해봤어요? 얼마나 안심이 될까요?"

여러 가지 방법을 생각해보자. 배우자는 여러분과 인생을 함께할 사람이다. 여러분이 이 과정을 얼마나 중요하게 여기는지, 이 여정을 함께하기를 얼마나 간절히 바라는지를 반드시 알려야 한다.

데이브 램지 선생님은 남편과 제가 경제적으로 같은 목표를 갖도록 도와주었어요. 결혼상담사도 이야기해주지 않은 내용이었죠. 아직 노력하는 단계이기는 하지만 우리 사이에 대화가 확실히 많아졌어요. 이런 게 축복 아닐까요?

••• 싱글의 돈 관리법

주위를 둘러보면 부자가 되기를 원하는 각기 다른 상황의 싱글들을 찾을 수 있다. 갓 대학을 졸업해 학자금대출이 한참 남은 젊은이도 있고, 나이는 있지만 아직 결혼하지 않은 사람들도 있다. 나이가 좀 있는 사람 중에서는 쭉 싱글이었던 사람도 있고, 이혼한 뒤 경제적으로나 정서적으로 다시 독립하기 위해 노력 중인 사람도 있다. 어떤 사람은 혼자 자녀를 키우기 위해 닥치는 대로 일하면서 아이들 교육 문제로 고민하기도 한다. 배우자와 사별한 지 얼마 되지 않은 50세 이상의 사람들 중에는 어떻게 혼자서 생계를 이어가고 돈을 관리할지 고민하는 이들도 많다.

상황이 어떻든 나는 싱글들에게 마음이 쓰인다. 이들은 결혼한 사람들이 오래전에 잊었거나 혹은 아직 겪어보지 못한 특별한 도전을 마주한다. 기혼자들은 하루 동안 어디에 갔고 무엇을 샀는지 물어보며 책임을 일깨워줄 사람이 항상 곁에 있다. 반면, 혼자인 사람들은 인생을 책임지기 위해 좀 더 주도적으로 움직여야 한다.

싱글이 겪는 고충

다양한 나이대의 싱글들을 상담하며 생각한 이들의 가장 큰 문제는 '시간 부족'과 '피로'였다. 싱글들은 30시간이 필요한 일을 깨어 있는 18시간 안에 우겨넣어 해치우곤 한다. 이제 막 쌓기 시작한 커리어에 스펙을 좀 더 쌓기 위해 시간과 에너지를 쏟으며 야간 수업을 듣는 젊은 청년도 있고, 온종일 뼈 빠지게 일한 뒤 하교 시간에 맞춰 아이를 축구 교실에 데려다주고, 집에 가서는 숙제를 봐주고, 먹이고 씻기고 재운 뒤 지쳐 쓰러지는 미혼모나 미혼부도 있다. 이런 상황에 교회나 봉사 활동을 나가거나 친구들이라도 만날라치면 아마 달력에서 빈칸을 찾을 수 없는 지경이 될 것이다.

수입을 함께 관리할 사람이 없다면 매달 예산계획 짤 시간은 고사하고 가계부를 정리할 시간도 없을 것이다. 열심히 살아도 목표가 없으면 그 무엇도 이룰 수 없다. 계획이 없는 상태에 피곤이 겹치면 지출은 더 많아진다. 직접 밥상을 차리고 빨래를 돌리기보다는 피자를 주문하고 세탁소에 옷을 맡기는 것이 훨씬 편하기 때문이다.

혼자인 성인들을 상담하며 발견한 또 다른 문제는 외로우면 계획에도 없던 돈을 쓰게 된다는 것이다. 얼마 전 라디오 프로그램에서 20대 싱글 청취자와 전화 연결을 한 적이 있다. 그녀는 학교를 졸업하고 일자리를 얻기 위해 이제 막 도시로 나왔다고 했다. 아직 친구도 없는 터라 매일같이 홀로 시간을 보낸다는 그녀는 이렇게 말했다. "식비 지출이 너무 많아서 감당이 안 되는데 어쩔 수 없어요. 식탁에 혼자 앉아 있는 제 모습을 상상만 해도 눈물이 날 것 같은 날이면 밖에서 밥을 사 먹고 영화까지 보곤 해요. 식당이나 영화관에서도 혼자이긴 하지만 어쨌든 다른 사람들에 둘러싸여 있으니까요."

하지만 뭐니 뭐니 해도 가장 큰 문제는 충동구매다. 싱글들은 눈치 볼 사람이 없으니 크든 작든 어떤 지출이라도 정당한 이유를 만들어낼 수 있다. 72인치 텔레비전을 새로 사고 싶다면, '좋아. 나 자신에게 주는 선물이야.'라고 할 수 있고, 친구들이 저녁 모임에서 맛있는 음식을 먹는다고 하면 '나도 끼워줘!'라고 하면 그만이고, 주말에 바닷가로 놀러 가자는 사람이 있으면 '스트레스를 제대로 날릴 수 있겠어!'라고 생각할 것이다.

혼자인 사람들이 성숙하지 않다는 뜻은 아니다. 다만 스트레스나 '자신에게 주는 선물' 증후군 때문에 충동적으로 돈을 쓰기 쉬우니 좀 더 주의를 기울여야 한다고 말하고 싶을 뿐이다. **가계 경제의 유일한 관리인인 싱글들이 돈을 잘 관리하기 위해서는 책임감을 더 무겁게 느껴야 한다. 모든 게 당신에게 달려 있다.**

싱글맘, 싱글대디

미국 상무부Department of Commerce 통계에 따르면 싱글맘의 55%가 경제적 어려움에 놓여 있다고 한다. 혼자 아이를 키우는 사람들을 많이 만나다 보면, 더 열심히 살아야겠다고 다짐하게 되면서도 마음이 너무 아프다. 몇 년 전 강연장으로 나를 찾아왔던 한 싱글맘을 잊을 수 없다. 그녀는 나의 가르침을 실천하고 있다며 조금씩 희망이 보인다고 했다. 빠듯한 주머니 사정 때문에 허리띠를 졸라매야 간신히 예산계획을 지킬 수 있었지만, 그래도 잘 해내고 있었다.

그녀가 말했다. "인생에서 처음으로 희망이 무엇인지 알게 된 것 같아요. 그렇지만…." 나는 '그렇지만'이라는 단어에 불길함이 엄습했다. 어느 금요일 아침, 그녀는 아이들의 등교 준비를 도왔다. 너무나도 힘든 한 주를 보내고 완전히 지쳐 있었지만, 곧 주말이라는 생각에 마음이 가벼웠다. 그런데 아이들을 학교로 데려다주던 중 그만 타이어에 펑크가 났다. 그녀는 비가 억수같이 쏟아지는 고속도로 위에 차를 세우고 내릴 수밖에 없었다. 타이어 때문에 학교에 늦게 되자 차 안에 있던 아이들이 불평하기 시작했다. 비에 쫄딱 젖어 물에 빠진 생쥐 꼴을 하고 사무실에 도착하니, 지각한 그녀에게 상사는 쓴소리를 늘어놓았다. 지각한 시간을 메꾸기 위해 퇴근이 늦어졌고, 그러다 보니 아이들의 하교 시간에 맞춰 학교에 갈 수 없었다. 방과 후 수업 담당자는 시간을 어긴 그녀에게 투덜대며 시간 외 수당을 청구했다. 아이들은 차에 타자마자 외치기 시작했다. "햄버거! 햄버거!"

"힘이 정말 하나도 없었어요. 도무지 집에 가서 저녁 식사를 준비할 자신이 없더라고요. 그래서 근처 현금인출기로 가서 20달러(약 2만 원)를 뽑아 맥도날드로 갔죠." 20달러가 얼마 안 된다고 생각할 수 있지만, 빠듯한 예산으로 근근이 사는 싱글맘에게는 큰돈이었다. "그날 20달러를 쓰는 바람에 개인 수표 거래가 여러 건 승인 거부되었고 그 바람에 은행에 추징금을 물게 되었어요. 그날 먹은 해피밀이 157달러(약 15만 7000원)짜리였던 셈이죠."

이런 일을 겪지 않았으면 좋겠다. 싱글맘이나 싱글대디라면, 이럴 때 숨을 크게 한 번 쉬고 햄버거를 사 달라고 노래 부르는 아이들을 집으로 데려가 빵에 피넛버터를 발라 주어야 한다. 이 순간을 어떻게 넘기느냐에 따라 힘들어질 수도, 성장할 수도 있다. 내일 또 열심히 싸우려면 꿋꿋해야 한다.

예산계획과 경제 멘토

나이가 몇 살이든, 자녀가 있든 없든, 나는 싱글들에게 두 가지 팁을 주고 싶다. 하나, 매달 예산을 정리할 것. 둘, 경제 멘토를 찾을 것. 다음 장에서 자세히 이야기하겠지만 예산을 짜면 자존감이 높아지고 자신을 책임질 힘이 생기며 스스로를 통제할 수 있게 된다. 계획이 현실화되는 모습을 직접 확인하면서, 목적지에 점점 가까워지고 있다고 생각하면 점차 자신을 믿게 된다. 예산을 정리하면 검소하게 살 수 있다. 매달 예산을 적기만 하면 된다. 돈과 예산을 적기 전에는 돈을 마음대로 쓸 수 있지만, 이후에는 예산계획표가 여러분의 돈을 책임져준다. 미래의 자신에게 어떻게 돈을 써야 할지 미리 지시하는 셈이다.

또한 이러한 책임을 뒷받침해줄 멘토가 있어야 한다. 돈을 잘 관리하면서, 모아둔 재산이 좀 있는 머리가 희끗희끗한 사람을 주변에서 찾아보자. 여러분이 책임감을 잃지 않도록 지켜봐달라고 부탁하고 예산을 짤 때나 물건을 살 때도 조언을 구하자. 이 사람은 여러분의 쇼핑 친구가 아니다. 돈을 제대로 관리하고 싶다면 필요한 순간에 쓴소리를 마다하지 않을 정도로 여러분을 사랑하는 사람으로 찾자.

ᐧᐧᐧ 부모의 돈 관리법

교회에 다니는 부모들은 잠언 22장 6절의 '마땅히 행할 길을 아이에게 가르치라. 그리하면 늙어도 그것을 떠나지 아니하리라.'라는 구절을 좋아한다. 하지만 흥미롭게도, 바로 뒤 22장 7절의 '부자는 가난한 자를 주관하고 빚진 자는 채주의 종이 되느니라.'라는 구절에는 아무도 관심을 두지 않는다. 두 구절이 나란히 붙어 있는 건 우연이 아니다. 자녀에게 돈 관리하는 방법을 꼭 가르치라는 의미로 두 구절이 붙어 있는 건 아닐까 생각했다면, 맞다.

아이들은 누구에게서든 돈 관리하는 방법을 배울 것이다. 그 사람은 당신이 될 수도 있고, 대학 입학식에서 새내기들을 노리는 음흉한 신용카드 브로커나 자동차 딜러가 될 수도 있다. 하룻밤 사이에 부자가 될 수 있다고 아이들을 속여 돈을 떼어먹으려는 사기꾼이 될 수도 있다. 자녀를 보호하고 싶다면 자녀가 세상 밖으로 나가기 전에 훈련을 시켜야 한다.

아이들은 부모의 발자국을 따른다

큰딸 데니스가 유치원에 다닐 무렵이다. 한 대담한 선생님이 아이의 발에 물감을 묻혀 판에 찍은 뒤, 그 밑에 '부모님의 뒤를 따를게요.'라고 적어서 집으로 보내주었다. 정신이 번쩍 드는 문구였다. 아이들이 나를 지켜보고 있다는 사실을 기억하기 위해 몇 년 동안이나 그 액자를 책상 위에서 치우지 않은 채 살았다. 아이들은 우리가 하는 대로 행동할 것이며, 우리가 돈을 대하는 방식으로 돈을 다룰 것이다. 우리가 배우자와 이야기하고, 계획을 세우고, 돈을 쓰고, 저축하고, 기부하면 아이들도 똑같이 할 것이다. 만약 우리가 하루 벌어 하루 먹고 살면서 원하는 것들을 다 사들이고 카드 게임하듯 신용카드를 모은다면 아이들도 그렇게 할 것이다. 아이들은 부모를 보고 배운다. 아이에게 무엇을 보여줄지 항상 생각하며 행동하자.

아이들이 부모의 행동을 거울삼아 행동하긴 하지만, 아이들이 알아서 따라오기를 기대해서는 안 된다. 뚜렷한 목표를 정해 아이들을 지도해야 한다. 아이들이 배워야 할 경제 개념은 크게 네 가지다.

1. 일: 일해야 돈이 생긴다. 돈을 운이나 다른 사람, 혹은 정부한테서 공짜로 얻을 생각을 해서는 안 된다. 일과 돈의 관계를 어릴 때부터 깨닫도록 가르치자. 우리 부부는 아이들에게 용돈 대신 일한 대가를 주었었다. 아이들은 일해야 돈을 받을 수 있었고, 일하지 않으면 아무것도 받지 못했다. 부모가 일해서 돈을 번다면, 아이들도 마찬가지여야 한다.

2. 저축: 물건 살 돈을 저축하는 방법을 가르치자. 인형을 사기 위해 돈을 어떻게, 왜 모아야 하는지 어릴 때부터 가르쳐놓으면, 자라서도 저축을 어떻게, 왜 해야 하는지 이해할 것이고, 그러면 빚 없이도 자동차나 집을 살 수 있다.

3. 지출: 저축한 돈을 스스로 계획하여 쓰게 하고, 모은 돈으로 원하는 물건을 사는 즐거움을 느낄 수 있게 해주자. 돼지저금통에 열심히 모은 돈을 절대 쓰지 못하게 하면 아이들은 지독한 구두쇠가 되거나, 반항심에 폭주하여 대학에 들어가자마자 돈을 마구 쓰고는 결국 빚에 허덕이게 될 것이다.

4. 나눔: 다른 사람과 나누는 일이야말로 돈으로 할 수 있는 가장 즐거운 일이다. 돈을 절약하여 식당 종업원에게 팁으로 주면 다른 이에게 행복을 선물하는 기쁨을 느낄 수 있다. 다만, 아이들이 스스로 모은 돈이어야 한다. 부모의 지갑에서 돈을 꺼내주면 아이들은 여러분의 돈을 전달하는 역할만 할 뿐이다. 스스

로 모은 돈을 나눌 때 느낄 수 있는 보람을 가르치자.

이 네 가지 영역(특히 나눔에 대해)을 배우는 동안 아이들은 자신감을 얻고 한 단계 더 성숙해질 것이다. 만약 이런 교육을 하지 않으면 자기 중심적이며 생각이 짧은 철없는 어른으로 자랄 확률이 높다.

자녀 연령대별 경제 교육

4세 아이에게 예금 계좌는 너무 복잡하고, 고등학교 3학년 아이에게 돼지저금통은 너무 유치하다. 아이들의 나이와 수준을 파악한 후 그에 적합한 교육법을 찾아야 한다.

3~5세: 빠른 보상과 '참 잘했어요!'

어린아이를 키우는 부모라면 4세 아이에게 "방을 정리하자."라고 했을 때, 결국은 부모가 장난감을 다 정리하고 아이는 마지막 1~2개만 정리함에 넣게 되리라는 것을 안다. 하지만 그렇다고 해도 일과 보상의 관계를 충분히 가르칠 수 있다. 어린아이가 할 수 있는 간단한 집안일을 시키고 아이가 약속한 일을 마치면 "정말 잘했어."라고 칭찬하며 즉시 보상한다. 일하면 보상을 받는다는 원리를 깨우치고, 일을 해낸 것에 스스로 자부심을 느끼게 하자.

돈이 점점 늘어나는 것을 아이가 직접 볼 수 있도록 보상으로 받은 돈은 투명한 저금통에 모으는 것이 좋다. 가끔 저금통에서 돈을 꺼내 얼마가 들었는지 확인하고, 장난감 가게에 가서 원하는 물건을 사는 뿌듯함을 느끼도록 해주자. 이 연령대의 아이들에게는 나눔을 지나치게 강조하지 않도록 한다. 6세 이전의 아이들은 수입에 따라 기부 금액이 달라지는 시스템을 이해하지 못한다. 나눔을 즐거운 활동으로 여겨 자발적으로 참여할 수 있도록 하고, 아이들에게 기부하는 모습을 보일 기회가 있다면 놓치지 말고 모범을 보이자.

6~12세: 집안일 표와 돈 봉투

우리 부부는 아이들이 6세에서 12세가 되었을 무렵 집안일 표를 만들어 냉장고에 붙였다. 아이들을 부리자고 마음먹은 게 아니었으므로 표는 아주 단순했다. 우리 부부는 일주일 동안 아이들에게 간단한 집안일 다섯 가지를 시키고 보상으로 5달러를 주기로 약속했다. 아이들은 맡은 집안일을 마치면 돈을 받았다. 만약 다섯 가지 중 세 가지만 끝내면 3달러를 받았다. 아이도 가족의 구성원이므로 당연히 집안일을 거들어야 한다고 생각할 수 있지만, 보상을 약속하고 몇 가지 임무를 주면 일과 그에 따른 보상을 가르칠 수 있는 좋은 기회가 된다.

우리는 아이들이 매주 돈을 받으면 나눔 봉투, 용돈 봉투, 저축 봉투에 각각 돈을 나눠 담게 했다. 아이가 다섯 가지 임무를 다 마치고 5달러를 받으면, 그중 1달러는 나눔 봉투에, 2달러는 용돈 봉투에, 2달러는 저축 봉투에 넣었다. 이 방법으로 돈의 세 가지 쓰임새를 가르치고, 매주 예산과 소비 계획을 어떻게 세워야 하는지 조금씩 가르칠 수 있었다.

13~18세: 자동차와 현금카드

15세 무렵, 우리 아이들은 열심히 저축을 했다. 18세가 되어도 자동차를 사 주지 않겠다고 못 박아 두었기 때문이다. 아이들은 자동차를 사기 위해 스스로 돈을 모아야 했다. 우리 부부는 '데이브 저축'이라는 계획을 아이들에게 제시했는데, 아이들이 모은 액수만큼 우리가 돈을 보태주는 방식이었다. 아이들은 자신들이 모은 돈 이상으로는 우리가 한 푼도 보태주지 않으리라는 사실을 분명히 알았다. 아이들이 모으는 금액만큼 돈을 보태줄 수 없을 것 같아 걱정인 부모도 있을 것이다. 그래도 괜찮다. 한도를 정해두면 된다. 우리 부부도 처음에는 금액을 제한하지 않았다가 둘째 딸이 돈을 너무 많이 모으는 바람에 예상보다 더 많은 돈을 준 경험이 있다. 자동차를 살 수 있을 만큼 돈을 모으고 난 후에는 아이와 함께 자동차를 보러 다니며 고가의 물건을 살 때 알아야 하는 것들을 가르칠 수 있다. 우리 부부는 차 보험이나 기본적인 수리비도 아이가 알아서 해결하도록 했다. 자신이 자동차를 온전히 책임진다고 생각해야 자동차를 다루는 태도가 달라지기 때문이다.

우리 아이들은 이맘때쯤 예금 계좌를 열고 현금카드를 만들었다(신용카드는 절대 안 된다!). 아이들에게 점점 어려운 집안일을 맡겼고 그에 따른 보상도 늘렸다. 자동차를 살 때가 다가오자 아이들은 아르바이트를 하기 시작했다. 첫째가 18세가 되어 자동차를 살 때, 아내와 나는 정확히 아이가 모은 액수만큼만 돈을 보태주었고, 이때 둘째와 셋째 역시 우리 이야기가 빈말이 아니라는 사실을 똑똑히 깨달았다.

집안일을 한 대가로 아이에게 보상을 줄 때는 어릴 때처럼 현금으로 주지 않고 예금 계좌로 돈을 송금해주었다. 아이들이 옷을 사거나 취미 생활을 하러 갈 때도 현금이나 개인 수표를 써 주는 대신 필요한 액수만큼 계좌로 직접 보냈다. 그러면 아이들은 알아서 예산을 정하고 돈을 관리했다. 영화를 보러 가거나, 학교 갈 때 입을 옷을 사거나, 하키와 같은 동아리 모임에 필요한 돈도 아이 스스로 해결했다. 무엇보다 은행 잔고가 부족해서 개인 수표 거래를 거절당하거나, 어딘가에 돈을 너무 많이 써버려서 돈이 부족할 때조차도 부모가 구제해주지 않는다는 사실을 아이들은 깨달았다. 곤란한 일을 겪지 않으려면 돈을 관리하는 방법을 터득하는 수밖에 없었다. 아이들은 가끔 실수를 하기도 했지만, 어쨌든 부모 품 안에 있을 때였으니 크게 위험할 일은 없었다. 아이들이 다 자라 집을 떠날 때는 '진짜 세상'과 맞설 준비가 되었다고 아이들 스스로 자신했고, 우리도 아무 걱정 없이 아이들을 내보낼 수 있었다.

부메랑 키즈를 세상 밖으로 쫓아내자

'진짜 세상'으로 나온 어린 청년들은 대부분 큰 충격을 받는다. 퓨 연구소Pew Research Center의 최근 조사에 따르면, 일곱 가정 중 한 가정의 아이들은 독립했다가 다시 부모의 품으로 돌아간다고 한다. 등을 떠밀어 밖으로 내보냈는데 결국 부모 품으로 다시 돌아오는 이런 아이들을 '부메랑 키즈'라 부른다. 100년 전, 장성한 자식들이 고향으로 돌아오는 이유는 가족 농장의 일손을 돕기 위해서였다. 요즈음 아이들이 집으로 돌아오는 이유는 직장에서 쫓겨나 먹고 잘 곳이 필요하기 때문이다. 이렇게 돌아온 아이들은 부모 수입의 10%를 갉아먹는다.

오해는 하지 않았으면 좋겠다. 나는 우리 아이들을 사랑하고 아이들이 어려운 상황에 처하면 언제나 발 벗고 나서서 도울 것이다. 그렇지만 '돕는다'는 말이 장성한 아이들을 집에 들인다는 뜻은 아니다. 여러분의 아이가 대학을 졸업하고도 당신 집에 얹혀살며 버즈 캐릭터가 그려진 이불을 덮고 잔다면, 아이는 버즈의 명대사처럼 '무한한 시간 저 너머로!'까지 그 방에서 지내게 될지 모른다. 만약 여러분이 공짜 식사와 청소 서비스를 제공하고 물건까지 마음대로 쓰게 한다면, 아이들은 무슨 일이든 해서 경제적으로 독립해야겠다는 의지를 잃을 것이고, 어른다운 삶을 살아보려고 노력하지도 않을 것이다. 심각한 상호 의존이다.

최근 이런 가정을 어렵지 않게 볼 수 있는데, 솔직히 나는 아이들의 세대가 걱정된다. 미국 인구조사국Census Bureau에 따르면 22세에서 34세 인구의 3분의 1이 부모와 함께 살고 있다고 한다. 정말 놀라운 결과다. 앞날이 창창한 청년 3명 중 하나가 어린 시절 머물던 방이나 지하실에 아직까지 얹혀살고 있다니 정말 믿을 수 없는 일이다. 독수리는 때가 되면 둥지를 떠나야 한다. 편안함에 익숙해진 독수리는 뚱뚱한 칠면조와 다를 게 없다.

진정으로 아이를 생각한다면 어서 세상 밖으로 쫓아내자. 어린아이 취급하며 싸고도는 태도는 다음 세대에 전혀 도움이 되지 않는다. 오히려 아이들이 언젠가 성공할 가능성을 무너뜨리고 아이들의 품격만 해치는 일이다. 부모의 울타리 안에 살며 패배의 쓴맛을 본 적 없는 아이들이 과연 승리의 짜릿함을 느낄 수 있을까? 고통도 때로는 약이 된다. 약간의 고통은 우리가 성장하도록 돕고, 가르침을 주며, 나아갈 길을 제시한다. 삶에 역경이 없다는 말은 위험을 무릅쓰고 도전하지 않았다는 뜻이고, 도전하지 않으면 승리도, 교훈도 얻을 수 없으니 결국 인간적으로 성장할 수 없다는 뜻이다.

물론 독립했던 자식이 집으로 돌아올 수밖에 없는 상황도 있다. 아이들이 위험에 처하면 부모의 집은 언제나 안전한 피신처가 되어야 한다. 하지만 나는 피신처에 아예 눌러앉아야 할 만큼 위험한 상황은 단 한 번도 본 적이 없다. **부모의 집이 피신처가 될 수는 있지만 보금자리가 되어서는 안 된다.** 매정하게 굴고 싶지는 않지만, 어른다운 삶을 시작하겠다는 결심을 '미룬' 채 자신의 잠재력과 능력을 부모의 품 안에서 낭비하는 젊은 청년들을 정말 많이 봤다. 그러니 어릴 때부터 아이들을 잘 가르쳐서 때가 되면 훨훨 날아갈 수 있도록 도와주자. 둥지를 떠나기 무서워한다면 등을 살짝 떠밀어줘도 괜찮다.

ᵗᵗᵗ 가족, 친구와의 돈 문제

부메랑 키즈 말고도 처리하기 껄끄러운 돈 문제는 많다. 돈 때문에 부모님이나 자식, 형제, 자매, 조부모, 친구들과 연락을 끊고 어색한 관계가 된 사람이 여러분 중에도 있을 것이다. 몇 년 동안 라디오 프로그램에서 사람들을 상담하면서, 돈을 빌려주고 의가 상하거나 유산 상속 문제로 싸우고 서로의 재산을 시기 질투하는 등 돈 문제 때문에 좋았던 사이가 틀어지는 경우를 수도 없이 봤다.

젊은 커플들은 어리석은 일을 저질러놓고 부모님이 해결해주길 바란다. 외벌이였던 배우자와 사별한 지 얼마 안 된 사람들은 씀씀이를 줄이지 못하고 '효자 효녀인 자식들이 당연히' 신용카드 대금을 갚아주리라 기대한다. 자동차를 사는 데 필요한 돈을 손주에게 빌려주고 영영 손주 소식을 듣지 못하는 할머니도 있고, 50달러를 빌려주면 월급날 꼭 갚겠 다는 직장 동료가 있는가 하면, 절대 손해 볼 일 없는 사업에 2만 달러를 투자하라고 권하는 형제도 있다. 이 중 여러분에게 해당하는 이야기가 하나라도 있는가?

부탁을 다 들어주면 만만한 사람일까? 뭐든 다 거절하면 쩨쩨한 사람 일까? 이런 상황은 언제 어디서든 생길 수 있으므로 이런 상황을 헤쳐 나갈 방법을 배워야 한다. 우선, 헨리 클라우드Henry Cloud 박사와 존 타 운센드John Townsend 박사가 쓴 《No라고 말할 줄 아는 그리스도인》을 읽어보기 바란다. 두 저자는 사람 사이의 경계에 대해 다음과 같이 이야 기했다. '땅 주인이 자기 땅의 경계에 맞춰 울타리를 세우는 것처럼, 우 리도 인생에서 내 책임이 어디까지인지 구분하는 정신적·육체적·감정 적·정서적 경계선을 정해야 한다.' 나는 여기에 경제적 경계선을 추가 하고 싶다.

돈을 꼭 빌려주고 싶다면

가족이나 친구의 인생에 일어나는 일까지 우리가 다 책임질 필요는 없 다. 누군가가 시간이나 돈, 정보 등 내가 가지고 있는 무언가가 필요하 다고 하면 나는 이들의 부탁을 신중하게 고민하며 자신에게 묻는다. '내 가 이 사람에게 정말 도움이 될까? 취한 사람에게 술을 쥐어주는 것과 마찬가지이지 않을까?'

내 라디오 프로그램을 통해 형제자매나 부모님, 친구에게 돈을 빌려줘도 괜찮을지 묻는 사람이 정말 많다. 이 사람들은 마치 정해진 대사를 읊듯 똑같은 질문을 한다. "이번이 정말 마지막이라고 해요. 이번에 도움을 주면 이 사람이 정말 재기할 수 있을 것 같아요. 제가 돈을 주면 위기에서 벗어나 새롭게 시작할 수 있다고 해요. 이전에도 여러 번 같은 말을 하면서 돈을 빌리기는 했지만, 이번에는 진짜라고 하더라고요. 제 조언을 들은 적도 없고, 저와 한 약속을 지킨 적도 없지만, 그래도 외면하면 안 되겠죠? 가족이니까요."

이런 고민을 하는 사람에게 나는 항상 똑같이 답한다. 우선 도움을 구하는 친구나 가족에게 더는 돈을 퍼주지 말라고 당부한다. 스스로 문제 행동을 고치지 않으면 여러분이 '도움'을 주려고 건넨 돈으로 이들은 잘못된 행동을 반복할 것이고, 결국 이들의 삶은 망가지고 말 것이다.

그리고 돈을 주더라도 당당하게 전제 조건을 덧붙여야 한다. 돈을 보태주는 대신 이 책을 읽고 느낀 점을 써서 보여주면 그 '대가'로 돈을 보태겠다고 해도 좋다. 상황이 안정될 때까지 도와주는 대신 3개월 동안 매달 예산을 짜서 보여달라고 할 수도 있다. 간섭이 심하다고 불평하면, 간섭할 수밖에 없는 상황을 만든 쪽이 누구인지 똑똑히 알려주자. 정말 도움을 받고 싶다면 돈뿐만 아니라 여러분이 주는 다른 모든 도움을 받을 준비가 되어 있어야 한다.

또한 수중에 현금이 넉넉히 있을 때만 다른 사람을 도와야 한다. 도와준답시고 보증을 서거나 여러분 이름으로 대출을 받아서는 안 된다. 이들이 빚에 쫓기는 기간이 늘어날수록 여러분과의 관계도 점점 멀어질 것이고, 이런 악순환은 끝없이 반복될 것이다.

도와달라는 사람이 있을 때 나 자신에게 물어야 할 또 다른 하나는 '내 가치관과 맞는가?'이다. 예를 들면 나는 절대 돈을 빌리지 않는 사람이고, 따라서 친구가 빚을 질 때도 보증을 서지 않을 것이다. 우정이 얕아서가 아니다. 빚이 사람의 인생을 망친다고 생각하면서 한편으로 아끼는 누군가가 빚을 지도록 등 떠밀 수는 없는 노릇이다. 내 가치관과 맞지 않기 때문이다. 부탁을 거절한다고 해서 매정하거나 탐욕스러운 사람이 되지는 않는다. 내 가치관을 지키기 위해서는 얼마든지 당당하고 단호해질 수 있다. 다른 방법으로는 얼마든지 도울 수 있지만 다른 사람들을 '돕자고' 내 원칙을 깰 수는 없다.

또한, 도움을 주더라도 절대 돈을 빌려주지는 않는다. 빚은 도움이 안 된다고 생각하기 때문에 채권자도 되고 싶지가 않다. 정말 도움이 필요한 상황이면 돌려받을 생각 없이 돈을 줘버린다. 그러니까 이 말은 내가 도울 마음이 있고, 부탁하는 사람의 상황이 절박하고, 내 가치관에 어긋나지 않더라도 돈이 없으면 도울 수 없다는 뜻도 된다. 나는 나를 위해서도, 누군가를 돕기 위해서도 빚을 질 생각이 없다. 지조 있게 자신의 가치관을 지켜나가자.

지인이 어려움을 겪고 있다면

친구나 가족이 제대로 돈 관리를 하지 못하면서도 도움을 요청하지 않으면 여러분은 어떻게 하겠는가? 이 책을 다 읽고 나면 지인이 저지르는 실수를 책에서 본 내용에 비춰 분석하게 된다. 그러고는 무방비 상태인 친구, 부모님, 형제자매에게 '데이브 램지가 그러는데⋯.'로 시작하는 잔소리 공격을 퍼붓는다. 우리 할머니께서는 늘, "아무리 설득해봤자 듣는 사람의 생각은 절대 바뀌지 않는다."라고 하셨다.

그러니 내 이름을 무기로 다른 사람을 설득하려 하지 말자. 그리고 누군가가 물어보지 않은 질문에는 절대 답할 수 없다는 사실을 기억하자. 만약 여러분의 사랑하는 친구가 돈을 날리고 있다면 무턱대고 참견하지 말고 이 친구가 여러분에게 먼저 도움을 요청하도록 만들자. 도움을 요청한 사람은 조언을 들을 준비가 되어 있다. 도와달라는 말을 듣기 전까지는 남의 삶에 간섭하는 사람 취급만 받을 뿐이고, 어쩌면 아끼는 사람과의 관계가 끊어질 수도 있다.

사람들이 먼저 도움을 요청하게 하는 방법이 몇 가지 있다. 우선, 여러분이 본을 보이는 게 가장 효과적이다. 좋은 본보기 하나가 백 마디 말보다 훨씬 설득력이 있다. 여러분이 빚에 시달리며 절망적으로 살고 있다가 어느 날 빚도 다 청산하고 그 어느 때보다 편안히 살고 있다면 주변 친구나 가족들은 이런 변화를 바로 알아볼 것이다. 삶을 변화시킨 장본인으로서 여러분은 사람들에게 강력한 자극을 줄 것이고, 삶이 어떻게 바뀌었는지 이야기할 기회도 많이 생길 것이다.

스스로 깨닫고 문제를 해결하게 하려면 책을 추천하는 방법도 좋다. 이 책이 여러분에게 얼마나 큰 도움이 되었는지 이야기하자. 단, 여러분 자신의 이야기에만 집중하고, 질문을 받기 전까지는 상대방에게 어떠한 도움이 될지 입도 뻥끗하지 않는 게 중요하다. 지인들에게 선물을 하려고 내 책을 골랐다면, 적어도 여러분이 이 책에서 어떤 도움을 받았는지 짧게나마 글로 적어 선물하자. 그러지 않으면 사람들은 이 책에 '안녕. 네가 돈을 다 날리고 망해가는 거 알아. 그래도 잘 지내, 패배자 친구야.' 같은 비꼬는 메시지가 담겼다고 생각할 것이다.

우리 세대부터 시작하자

이 장에서 소개한 원칙들을 20년 넘게 지키며 살았고, 아이들도 그렇게 키웠다. 아이들이 다 커서 결혼하고 자기 세상을 찾아가는 동안, 나와 아내는 우리가 가르친 원칙들이 열매를 맺는 모습을 보며 너무나 기뻤다. 이 원칙들은 우리 결혼생활과 아이들 교육에 밑바탕이 되어주었고, 아이들은 훌륭하게 자라서 독립한 후 가정을 꾸릴 준비를 마쳤다. 덕분에 우리 부부는 아이들이 둥지를 떠나 높이 날아오르는 모습을 지켜보며 걱정하거나 불안해하는 대신 어디에 새 둥지를 틀더라도 잘 해낼 거라 믿을 수 있었다.

'가족의 역사는 바뀔 수 있다.'는 말이 바로 이런 뜻이다. 몇 대부터 가난했든, 얼마나 오랫동안 돈 없이 살았든 '이제부터는 절대 이렇게 살지 않겠어.'라고 결심하는 한 사람만 있으면 가족의 역사는 바뀔 수 있다. 조상의 잘못된 결정으로 깜깜하기만 했던 가족의 돈 문제를 지금부터 여러분이 만회하면 된다. 후손들을 위해 여러분이 직접 '티핑 포인트'가 되어 가족의 역사를 완전히 바꿔보자.

제가 해냈어요!

2000년, 저희 세 아이가 모두 졸업했어요. 9년 동안 세 아이의 사립학교 수업료로 나가던 돈이 고스란히 손에 남으니, 마치 부자가 된 것 같더라고요. 그래서 학비로 쓰던 돈을 그 후 7년 동안 흥청망청 다 써버렸어요. 남편은 앞으로 30년간 돈을 어떻게 쓸지 계획하길 바랐지만, 저는 '그게 다 무슨 소용이지?' 싶더라고요. 저희는 갈피를 못 잡고 있었어요.

그러다 2007년에 데이브 램지 선생님을 알게 됐어요. 그다음 주에 남편이 넘어지면서 어깨가 부러졌고, 건강보험이 없던 저희는 병원비 2만 달러(약 2000만 원)를 급히 마련해야 했어요. 그때 태어나서 처음으로 예산계획을 세워야겠다고 진지하게 생각하게 됐어요.

데이브 램지 선생님의 가르침은 알아듣기 쉬워서 참 좋아요. 저는 마침내 예산을 계획하는 방법을 배웠고 지출과 빚을 제 손으로 관리할 수 있게 되었어요. 저희 부부는 전보다 대화도 훨씬 많이 하고 심지어 예산회의 날을 손꼽아 기다린답니다. 쉽지 않았지만 20개월 만에 빚 12만 달러(약 1억 2000만 원)도 갚았어요. 3년이 지난 지금은 퇴직연금, 보험을 계획대로 운영하고 있고, 이번 해에는 주택담보대출을 청산하려고 해요. 이번 달에 38주년 결혼기념일을 맞아 빚 한 푼 없이 크루즈 여행도 예약해뒀어요. 데이브 선생님, 저희에게 지혜를 나눠주셔서 정말 감사해요.

- 텍사스주 보저에서, 안젤라

★ 이 장의 키포인트

1. 남자와 여자는 돈을 보는 관점이 다르다.
2. 부부 사이에는 괴짜와 자유로운 영혼이 있고, 이 둘은 함께 노력해야 한다.
3. 싱글이라면 돈과 관련한 결정을 내릴 때 멘토와 의논해야 한다.
4. 부모는 자녀의 나이에 적합한 방법을 찾아 적극적인 태도로 돈에 대해 가르쳐야 한다.

★ 복습해보자

1. 싱글들은 자금 흐름을 관리할 때 어떤 점이 좋은가? 나쁜 점은 무엇인가?
2. 부부가 돈 관리 방식을 함께 의논해야 하는 이유는 무엇인가?
3. 사람보다 돈을 더 중요하게 생각한다고 오해받은 적이 있는가?
4. 아이들에게 돈이 무엇인지 가르칠 때 쓸 수 있는 실용적인 방법은 무엇이 있을까?
5. 돈을 어떻게 쓰는지 보면 여러분이 누구이고 무엇을 중요하게 생각하는지 보인다. 다른 사람들 눈에 비친 여러분은 어떤 사람일까?
6. 스트레스와 피곤이 자산계획에 어떠한 영향을 미치는가? 구체적인 예를 들어보자.

3장

예산

예산계획은

없던 돈도 만들어준다

몇 개월 전 톰이라는 남자가 자신의 돈 문제가 왜 좀처럼 나아지지 않는지 모르겠다며 내 라디오 프로그램에 전화 연결을 요청했다. 그는 직원 여럿을 두고 사업체를 운영하는 꽤 성공한 사업가였다. 영업 이익이 늘면서 그의 수입도 지난 몇 년간 꾸준히 늘었는데, 이상하게 빚도 점점 늘어나는 것 같다고 했다.

그는 자신의 상황이 너무 답답했다. 수입, 빚, 스트레스가 어떻게 함께 늘 수 있는지 도무지 이해할 수 없었다. 돈을 많이 벌면 빚도 줄고 스트레스도 덜 받아야 하는 게 아닐까? 아니, 그렇지 않다.

그와 몇 분간 대화한 후 나는 "사업 수완이 좋으신가 봅니다. 회사에서는 정기적으로 예산계획을 세워 들어오고 나가는 자금을 관리하시지요?"라고 물었고, 그는 그렇다고 답했다. 나는 이렇게 되물었다. "훌륭합니다. 그럼 가정에서는 어떠신가요? 집에서도 예산계획을 세우시나요?" 예상대로 그는 아니라고 답했다.

사업가와 대화를 시작한 이상 아픈 부분을 건드릴 수밖에 없었다. 나는 다시 이렇게 물었다. "가정이 회사라고 생각해보세요. 당신처럼 회사를 운영하는 사장을 계속 고용해야 할까요?" 이 질문은 그에게 답을 주었다.

••• 예산계획이 모든 일의 시작이다

사람들, 심지어는 예산과 매일 씨름하는 사업가들도 집에서는 이 상식적인 과정을 잊어버린다. 매달 들어오고 나가는 돈을 적어두지 않으면 내 자산 상황이 어떻게 돌아가는지 알 방법이 없을 뿐만 아니라 앞으로 발전하기 위한 계획을 세울 수도 없다. 돈의 주인이 되려면 '예산'이라는 요주의 단어를 가슴에 새겨야 한다.

자꾸만 돈이 사라지는 이유

작가 지그 지글러Zig Ziglar는 '목표가 없으면, 없는 목표를 매번 이룰 수 있다.'라고 했다. 정곡을 찌르는 그의 표현 방식을 참 좋아하지만, 목표가 없고 어디로 가고 싶은지 목적지를 정해놓지 않으면 가고 싶은 곳에 절대로 갈 수 없다. '준비-발사-조준'의 자세로 예산계획을 세우는 사람이 많은데 그래서는 안 된다. 돈이 생기면 일단 생각 없이 써버린 후에 왜 돈이 없는지 자신에게 질문하는 것과 같지 않은가. 어처구니없는 발상이다.

내 친구이자 작가인 존 맥스웰John Maxwell도 여기에 대해 이야기한 적이 있다. 나는 그의 이 말을 정말 좋아한다. '예산계획은 돈이 어디로 갔는지 의아해하는 대신 돈에게 어디로 가야 하는지 지시하는 일이다.' 이 문장을 읽고 찔리는 사람이 있을지도 모르겠다. 돈이 어디로 사라지는지 모르겠다는 사람을 수없이 만났다. 머릿속에서 대충 감으로 지출 계획을 세워 돈을 쓰고는 연말정산쯤 돼서 "뭐라고? 내가 7만 3000달러(약 7300만 원)나 벌었어? 그 돈은 다 어디 갔지?"라며 고개를 갸우뚱한다. 이렇게 살면 돈이 어디로 갔는지 평생 알 수 없다.

수동적으로 살면 절대 돈의 주인이 될 수 없다. 능동적인 사람만이 돈을 번다. 돈은 특정한 흐름current에 따라 움직인다. 그래서 돈을 통화 currency라고 부른다. 《성공하는 사람들의 7가지 습관》에서 저자 스티븐 코비Stephen Covey는 성공하는 사람들은 주도적이라고 이야기한다. 성공하는 사람들은 변화가 일어나기를 기다리기보다 자신이 직접 변화를 일으킨다. 부자가 되고 싶다면 스스로 변화를 '일으켜야' 한다. 그러지 않으면 돈은 붙잡을 새도 없이 우리 손가락 사이로 흘러가버릴 것이다.

성경에서는 이렇게 이야기한다. '너희 중 누군가 탑을 쌓고자 한다면 탑을 다 쌓을 수 있을 만큼의 재산이 있는지 그 비용을 먼저 계산하지 않겠느냐. 기초만 쌓고 완성하지 못하면 보는 이들이 다 비웃으며 이 사람이 완성하지도 못할 공사를 시작했다 하리라.' 요즘 사회에도 충분히 적용할 수 있는 예시다. 주변 사람들이 비웃을 거라는 점까지 현실감이 넘친다.

이 구절을 요즘 말로 바꿔보자. 여러분 가족이 살게 될 40만 달러(약 4억 원)짜리 집을 짓는다고 상상해보자. 건축업자에게 40만 달러를 건

네며 "디자인이 어떻든 상관없어요. 저기쯤에 벽을 세우고 지붕을 덮으시면 됩니다. 다 끝나면 알려주세요."라고 하는 사람은 없다. 아마 벽, 조경, 붙박이 가구, 배관, 배선, 주택 도면 등을 잔뜩 쌓아두고 집이 잘 지어지는지 꼼꼼하게 확인할 것이다. 사소한 부분조차 운에 맡기지 않는 이유는 자칫하다가는 어마어마한 손실을 볼 수 있기 때문이다.

그런데 평범한 가정에서는 5년에서 10년 사이에 40만 달러가 아무렇지도 않게 새고 있다. 번 돈을 어떻게 쓸지 꼼꼼하게 계획하지 않으면, 설계도면 없이 감으로 대충 집을 짓는 것과 마찬가지다. 반드시 계획을 세워야 한다. 그리고 우리는 이 계획을 예산이라 부른다.

스테파니의 경험담
예산 짜기는 어렵지 않아요. 원래 쉬운 일이 아니라는 걸 이해하기만 한다면 말이죠.

기본을 지키지 않을 경우

지금부터 눈을 감는 날까지 매달 예산계획을 종이에 적자. 새로운 달이 시작되기 전에 시간을 내서 예상 수입과 지출을 모두 적는다. 자유로운 영혼들은 이 단계에서 이미 부담을 느끼겠지만, 사실 괴짜들도 이 과정을 마냥 좋아하지는 않는다. 하지만 일부러 시간을 내서 수입과 지출을 적어야만 훗날 성공할 수 있다. 운에 기대서는 절대 돈의 주인이 될 수 없다.

솔직히 말하면, 첫 달에는 예산계획이 생각대로 흘러가지 않을 것이다. 잊어버리는 부분도 있을 것이고 몇몇 영역에서는 계산을 잘못할 수도 있다. 그래도 괜찮다. 이런 일은 흔하니 그러려니 여기고 포기만 하지 말자. 새로운 달이 시작되기 전에 정식 예산회의를 열고, 수정이 필요할 때마다 긴급회의를 연다.

둘째 달에는 첫 달보다 조금 진전이 있겠지만 여전히 울퉁불퉁한 비포장도로를 달리는 느낌일 것이다. 예산대로 한 달을 살아봤으니 그 경험으로 식비, 기름값, 여가비와 기타 영역에 분배하는 액수를 좀 더 적절하게 조정할 수 있다. 셋째 달에는 좀 더 매끄럽게 흘러가겠지만 그래도 아직 완벽하지는 않을 것이다. 하지만 옳은 방향으로 가고 있다고 생각해도 좋다. 이 방식에 익숙해지려면 3개월을 꼬박 예산계획에 따라 살아야 한다. 그러니 처음 90일 동안은 낙담할 일이 생기더라도 포기하지 말자. 예산계획에 따라 살기 위해서는 행동 방식을 고쳐야 하고, 행동 방식을 고치는 데는 시간이 걸린다. 여러분 자신과 배우자에게 여유를 주고 하룻밤 사이에 기적이 일어나길 바라지 말자.

예산계획과 함께 당장 오늘부터 시작해야 할 일이 하나 더 있다. 개인 수표책을 결산하자.◆ 수표책을 결산하는 법을 모르더라도 부끄러워할 필요 없다. 사회가 우리를 그렇게 만들었을 뿐이다. 수표책 결산을 하지 않아도 괜찮다고 생각하게 만들었고, 그래서 시도할 생각조차 없는 사람들이 많다. 하지만 이제는 달라져야 할 때다. 아무 노력도 하지 않은 채 다음 달을 맞이한다면 그거야말로 부끄러운 일이다. 정말 중요한 과정이니 절대 잊지 말자.

◆ 미국에서는 예금 계좌를 열면 가계 수표책을 받아 개인 신용으로 수표를 발행할 수 있다. 수표책 결산이란 간단히 말해 수입과 지출 내역을 대조하는 작업이다.

적어도 한 달에 한 번 수표책을 결산하면 예산계획을 지키는 데도 도움이 되고, 계좌에 있는 돈에 맞춰 지출을 할 수 있다. 당좌 차월 overdraft◆은 엉성하고 게으른 지출 습관을 말해주는 지표다. 은행은 '당좌 차월 방지 비용'이라며 어마어마한 추징금을 거두는데 책임 대출 센터Center for Responsible Lending에 따르면, 당좌 차월 추징금으로 은행이 한 해에 벌어들이는 수입은 무려 103억 달러(약 10조 3억 원)에 달한다고 한다. 이금액을 대출 이자라고 생각한다면, 은행은 30일간 돈을 빌려주는 대가로 833%의 이자를, 15일간 돈을 빌려주는 대가로 1667%의 이자를 거두는 셈이다. 상상을 초월하는 액수고, 우리가 수표책만 결산해도 절대 나가지 않을 돈이라 생각하면 더욱 씁쓸하다.

··· 예산계획이 어려운 이유

오랫동안 라디오 프로그램을 진행하면서 하루에 3시간씩 사람들과 소통하다 보니, 예산계획을 왜 세우지 않는지에 대한 모든 변명을 들어본 것 같다.

사람들은 다들 자신이 처한 특별한 상황 때문에 예산계획이 딱히 필요 없다고 생각한다. 하지만 틀렸다. 예산계획은 언제나 효과가 있다. 올바른 예산계획을 배우고, 실제로 실천하느냐에 모든 것이 달렸다.

◆ 계좌에 예치된 돈보다 더 많은 돈을 개인 수표나 현금카드로 지출해 잔고가 마이너스가 되는 현상. 당좌 차월이 발생한 상태에서 월말 결산이 되면 추징금을 내야 한다.

왜 예산계획을 세우지 않을까

족쇄라고 생각해서 예산계획을 세우지 않는 사람들이 있다. 그렇다고 내가 '즐거운 예산계획'이라는 제목으로 책을 쓸 일은 절대 없을 것이다. 사람들이 믿을 리가 없기 때문이다. 예산계획을 세우거나, 예산에 관한 책을 읽으며 문제를 예방하느니 차라리 썩고 나서 신경치료를 하겠다고 생각하는 사람들이 많다. 왜냐하면 예산계획이 자신을 구속하고 허리띠를 졸라매 자유와 선택의 여지를 빼앗아 간다고 생각하기 때문이다. 사람들이 완전히 오해하는 부분이다. 예산계획을 짠다고 해서 먹고 싶은 피자를 먹지 못하는 게 아니다. 돈을 어디에 얼마나 쓸지를 미리 정해둘 뿐이다. 피자를 좋아하면 예산에 '피자' 항목을 넣으면 된다. 나는 여러분이 어디다 얼마만큼의 돈을 쓸지 알기를 바랄 뿐이지 어디에 쓰든 잔소리할 생각은 없다.

예산계획을 세우지 않는 또 다른 이유는 예산에 호되게 데인 경험이 있어서다. 이런 경우는 문제를 해결하기가 만만치 않다. 통제가 심한 부모님이나 배우자가 "안 돼, 예산에 없던 돈이잖아. 포기해."라고 말하며 숨통을 조였던 기억 때문에 예산계획을 외면하는 사람들이 있다. 배우자를 이런 식으로 대하는 사람에게 해주고 싶은 말이 있다. "제발 당장 그만둬!" 백날 잔소리를 해봐야 마음이 없는 배우자를 설득할 수는 없다. 예산계획을 통해 자신의 소비 습관을 바꿀 수는 있지만, 다른 사람이 돈 쓰는 방식까지는 바꿀 수 없다. 이해가 되었기를 바란다.

물론 예산계획을 짜지 않아도 '상관없다'는 이야기는 아니다. 책임을 느끼고 배우자와 예산계획을 세우기 위해 협조해야 한다. 큰돈을 들여 사야 할 물건이 있다면 돈을 어떻게 모을지, 현명한 소비가 맞는지 배우자와 함께 고민해야 한다. 구매 계획에 대해서는 나중에 좀 더 자세히 이야기해보자.

마지막으로 극복하기 가장 어려운 이유가 하나 남았다. 진실과 정면으로 마주하기가 두려워서 예산계획을 세우지 않는 경우다. 이렇듯 현실을 부인하고 싶어 하는 사람들이 많다. 이런 사람들은 지출을 적다가 불편한 진실을 마주하게 될까 봐 겁을 먹는다.

나의 수강생 중 한 명이 예산계획 짜는 법을 배우고 집으로 돌아가 바로 자신의 자산 상황을 정리했다고 한다. 그다음 수업에서 나는 그에게 예산을 계획하며 특별히 알게 된 내용이 있는지 물었다. 그러자 그가 답했다. "네. 저희가 외식비로 매달 1200달러(약 120만 원)를 쓰고 있더라고요. 제가 왜 은퇴자금을 모으지 못하는지 알았어요. 제가 다 먹어치우고 있더군요."

진실을 마주하기 두려울 수 있겠지만 잘 생각해보자. 매달 1200달러를 말 그대로 '먹고' 있다는 사실을 알고 나면, 어떻게 해야 자산계획을 발전시킬 수 있을지가 보인다. 만약 외식비를 절약해 200달러(약 20만 원) 정도만 쓰게 되면 매달 1000달러(약 100만 원)나 저축할 수 있다. 한 달에 1000달러를 공짜로 받을 수 있다면 뭐든 할 수 있지 않을까? 심지어 연봉으로 따지면 자그마치 1만 2000달러(약 1200만 원)가 오르는 셈이다.

보릿짓의 경험담
예산을 계획하면서 저희 부부는 대화도 많이 하고 어느 때보다 행복하게 결혼생활을 하고 있답니다.

왜 계획대로 안 될까

우선 명확히 해두자. 예산계획은 확실히 효과가 있다. 여러분의 예산계획이 뜻대로 되지 않는다면 계획이 문제가 아니라 계획할 때 빠뜨린 부분이 있다는 뜻이고, 예산에 맞춰 잘 살고 있는지도 생각해봐야 한다는 의미다. 예산계획이 뜻대로 되지 않는 이유는 보통 아래와 같다.

1. 빠진 부분이 있다

배우자도, 여러분의 예산도, 여러분의 마음을 읽고 그대로 반영하지는 못한다. 예산을 짤 때 빠진 부분이 있다면 돈을 쓸 때 그 부분에 분명히 문제가 생긴다. 누가 예산을 짜든 빠지는 부분은 꼭 생기기 마련이다. 자녀의 치어리더 동아리 회비를 잊었다거나, 자동차 엔진오일을 교체할 때가 된 것을 잊었을 수도 있다. 예산에 '엔진오일' 항목이 없다고 예산을 탓하지는 말자. 알다시피 자동차 엔진오일은 때가 되면 교체해야 한다. 예상치 못하게 일어나는 상황이 아니라는 뜻이다. 이 책 부록에 소개된 예산계획표의 항목들이 굉장히 자세한 이유도 이 때문이다. 아주 작은 부분까지도 예상하고 대비할 수 있도록 심혈을 기울였다.

2. 계획을 필요 이상으로 복잡하게 짰다

괴짜들은 집중하자. 계획이 너무 복잡하면 반드시 실패한다. 100쪽 분량으로 계획을 짜거나 계획표를 인쇄하느라 종이 한 상자가 필요할 정도라면 그 계획은 이미 망했다고 봐야 한다. 예산계획을 짜는 과정은 MBA 학위가 필요한 작업이 아니고, 예산계획표를 이해하는 작업도 마찬가지다. 단순하게 생각하자. 앞으로 이 말을 여러 번 듣게 될 것이다. 돈의 주인이 된 사람들은 단순한 계획을 꾸준히 실행함으로써 그 자리까지 갈 수 있었다. 짜기에도, 보기에도, 따르기에도 쉬운 예산에서 모든 게 시작된다.

3. 예산계획을 세우지 않는다

계획이 없으면 돈은 여러분 뜻대로 움직이지 않을 것이다. 요즘 세상은 너무 빠르게 바뀌고 바쁘게 돌아간다. 하루와 일주일이 눈 깜짝할 새에 지나가버리는 탓에, 예산계획을 세울 짬도 없이 새로운 달을 맞이하기 쉽다. 하지만 이제부터는 그러지 말자. 매달, 새로운 달이 시작되기 전에 잊지 말고 예산계획을 세우자.

4. 실천하지 않는다

완벽한 계획을 짤 수는 있다. 그러나 이론만 완벽해서는 아무것도 이루어지지 않는다. 운동할 때와 마찬가지다. 어떻게 근육을 만들지 완벽하게 계획을 세워도, 운동화 끈을 고쳐 매고 실제로 운동하지 않으면 여러분의 멋진 계획은 허무하게 실패로 돌아갈 것이다. 우리는 지금 산수 실력이 아닌 행동 방식을 바꾸기 위해 노력하고 있다는 사실을 잊지 말자. 숫자는 종이 위에만 머무를 뿐이다. 계획을 삶에 녹이려면 행동해야 한다.

••• 예산계획을 세우면 좋은 점

이쯤 되면 변명이나 불평을 들을 수 있을 만큼 다 들어보았다는 내 말이 믿겨질 것이다. 불평하고 변명해봐야 어차피 결론은 하나다. 돈을 모으고 싶다면 반드시 예산계획을 세워야 한다. 여러분의 수입은 여러분이 책임져야 한다. 빚을 엄청나게 지고 빈털터리로 은퇴하더라도 누구 하나 탓할 수 없다. 경제적인 장점 외에도, 매달 예산계획표를 짜야 하는 이유는 차고 넘친다.

삶의 기본이 되는 '네 개의 벽'

계획을 세우면 돈 문제로 위기에 빠질 일이 없다. 무슨 뜻인지 이해했으리라 생각한다. 미국인의 70%는 한 달 벌어 한 달을 사는 탓에 월급이 며칠이라도 밀리면 큰 위기에 빠진다. 계획도 없고 저축한 돈도 없이 벼랑 끝에 서 있는 삶. 언제 바닥으로 떨어져도 이상하지 않을 것이다. 이런 식으로 살면 1년에 10만 달러(약 1억 원)를 벌어도 예상하지 못한 차 수리비 500달러(약 50만 원) 때문에 위기를 맞을 수도 있다.

경제적으로 여유가 있든 쪼들리든 매달 월급을 받으면 '네 개의 벽'에 가장 먼저 돈을 배분해야 한다. 이 네 가지 영역은 의, 식, 주, 교통이다. 걸칠 옷이 있고, 허기를 채울 수 있고, 비바람에도 안전한 지붕 아래 잠을 청할 수 있고, 직장으로 이동할 수단이 갖추어져 있으면, 삶이라는 전투에 임할 수 있다.

오늘부터 누가 어떤 이유로든 이 '네 개의 벽'을 침범하면 가만두지 않겠다고 다짐하자. 가족을 보살피는 일이 언제나 가장 우선이다.

안타깝게도 돈 문제로 상담을 받으러 오는 사람 중 4분의 1이 신용카드 대금은 제때 갚으면서도 주택담보대출은 제때 갚지 못한다. 순서가 뒤바뀐 것 같지 않은가? 하지만 그 이유는 이해가 간다. 신용카드 대금을 갚지 못할 것 같으면 그 즉시 빚쟁이들이 험악해지기 때문이다. 주택담보대출을 추심하는 업체는 초반에는 비교적 품위 있게 빚을 독촉하기 때문에 그다지 위협적이라는 생각이 들지 않는다. 그래서 사람들은 비자Visa와 마스터카드MasterCard에 진 빚을 갚는 동안 주택담보대출은 나 몰라라 한다. 하지만 그러면 안 된다. 이에 대해서는 5장에서 자세히 설명하겠다.

있었는지조차 몰랐던 돈

자산관리를 잘하면 같은 돈으로 더 많은 일을 할 수 있다. 정말 신기하게도 날 만나는 사람마다 똑같이 하는 이야기가 있다. "예산을 처음 짜기 시작했을 때는 마치 월급이 늘어난 기분이었어요." 왜 그랬을까? 종이에 예산을 짜면 가장 작은 단위까지 수입을 헤아리게 되기 때문이다. 돈이 얼마가 들어오고 나가는지를 알 수 있고, 지갑 속에 벌레라도 든 것처럼 내 돈을 야금야금 사라지게 했던 사소한 지출까지 막을 수 있다.

예산을 짜서 따르다 보면 계획은 점점 더 순탄하게 흘러간다. 예산계획에 근육이 붙고 힘이 더 생긴다. 앞서 말했듯이 내 수강생은 예산을 계획하며 외식비로 매달 1200달러를 쓴다는 사실을 발견했다. 생각하지 않고 살았던 '무계획 지출 습관'을 버리면, 있었는지조차 몰랐던 돈이 생긴다. **자산을 늘리는 가장 강력한 무기는 여러분의 수입이라는 말을 이제부터 자주 할 것이다.** 부를 이루고 경제적 안정을 보장받고 싶다면, 대책 없이 무작정 쓰는 소비 습관을 버리고 끝날 것 같지 않은 빚의 악순환을 끊어내야 한다.

 # 자넷의 경험담

유흥비와 외식비를 예산 항목에 넣은 이후로는 돈을 쓰면서 죄책감을 느끼지 않게 되었어요!

다툼, 죄책감, 수치심, 스트레스가 없는 삶

부부가 함께 예산계획을 세우고 이를 따르다 보면, 이혼의 가장 큰 원인인 돈으로 인한 다툼에서 벗어날 수 있다. 다만 예산을 짜다가 싸우는 경우도 있으므로 앞에서 이야기했던 내용들을 기억하자.

부부가 돈 문제를 해결하기 위해 함께 노력하다 보면, 자산관리 그 이상을 이룰 수 있다. 여러분과 배우자는 목표와 꿈, 우선순위를 공유하게 될 것이다. 자산계획을 세우면서 결혼생활이 나아졌다는 이야기를 수도 없이 들었다. 돈을 관리하는 과정은 단순히 돈에만 관련된 일이 아니기 때문이다. 이 과정은 부부의 결혼생활을 단단하게 만들어주는 강력한 힘을 지녔다. 이런 멋진 기회를 놓치지 않았으면 좋겠다.

계획을 종이에 적어 물건을 구매하면 죄책감이나 창피함, 두려움을 느끼지 않을 수 있다. 돈이 없던 시절, 아내와 슈퍼마켓에 간 적이 있다. 식료품을 고르고 계산대에서 결제를 하는데, 물건값을 치르고 나면 전기요금 낼 돈이 남아 있을지 하는 걱정에 배 속에서부터 메스꺼움이 올라왔다. 아내도 아이들이나 자신의 옷을 살 때마다 같은 기분을 느꼈다고 한다. 꼭 필요한 물건을 사는데도 이번 지출로 인해 다른 중요한 물건을 사지 못할까 봐 언제나 걱정해야 했고, 우리가 돈을 쓸 때면 언제나 이런 감정들이 검은 먹구름처럼 그늘을 드리웠다.

계획에 따라 생활하면 이런 감정을 느끼지 않아도 된다. 식비로 얼마를 더 쓸 수 있는지 정확히 알며, 전기요금 낼 돈도 예산으로 이미 책정되어 있다는 사실을 알기 때문이다. 여러분 뜻에 따라 돈이 나가고, 자산 상황이 어떻게 돌아가고 있는지도 정확히 알 수 있다. 돈을 쥐락펴락하며 여러분 자신에게 있는지도 몰랐던 놀라운 힘을 느낄 수 있을 것이다.

··· 예산계획에 도움을 주는 팁들

예산을 계획할 때 반드시 기억해야 할 중요한 사항이 하나 있다. 달마다 계획을 새로 세워야 한다. '완벽한 한 달 예산계획표'는 없으니 한 달에 한 번 새로 예산계획을 해야 하는 건 당연하다.

제로가 될 때까지 예산 짜기

영화 〈제리 맥과이어〉에 내가 가장 좋아하는 장면이 등장한다. 스포츠 에이전트인 주인공 제리가 담당 선수와 전화하며 쩔쩔매는 장면이다. 제리는 담당 선수를 만족시키기 위해 뭐든 할 준비가 되어 있었다. 담당 선수가 제리에게 무엇을 하라고 했는지, 입버릇처럼 들으려던 말이 무엇이었는지 기억하는가? 바로 "쇼 미 더 머니(돈을 내놔)!"라는 문장이다.

강연 때마다 나는 사람들에게 자리에서 일어나라고 한 뒤, '쇼 미 더 머니'를 외치게 한다. 그러면 사람들은 제리가 그랬던 것처럼 잠시 우물 쭈물하다가 작은 소리로 따라 하기 시작한다. "더 크게!"라고 하면 사람들은 땅을 쳐다보고 발을 앞뒤로 끌며 '쇼 미 더 머니'를 웅얼거린다. 거기에 만족하지 못한 내가 "다시 한번 더 크게!"라고 소리치면 사람들의 목소리는 약간 높아진다. 내가 다시 "진심을 다해 외치세요!"라고 하면 사람들은 그제야 소리치기 시작한다. 그렇게 4~5분쯤 지나고 나면 1만 명이 한목소리로 외치는 "쇼 미 더 머니!!"를 들을 수 있다. 여러분이 이제부터 예산을 짜며 종이에 대고 해야 하는 말이기도 하다. 침착하고 편안하고 조용하게 논의하려고 하면 안 된다. 종이와 계산기와 연필을 쥐고 앉아 말 그대로 소리쳐야 한다. "쇼 미 더 머니! 돈을 내놔!" 이게 바로 예산이 하는 일이다. 예산은 여러분의 돈이 어디에 있고, 어디로 가며, 무엇을 하는지 보여준다. 우리는 예산과 함께 성공에 더 가까워질 수 있으니 흥에 겨워야 마땅하다. 돈이 춤을 출 만큼 흥겹게 예산을 짜보자.

가장 효과가 좋으면서도 보기 쉽게 예산을 짜려면 '제로베이스 예산' 만한 방법이 없다. 이 책의 부록에 실린 표를 작성하며 아주 작은 단위의 돈까지 어디에 쓰이는지 알아야 한다.

부록에서 자세히 안내하겠지만 기본적으로 알아야 할 사항들은 한번 훑어보자. 제로베이스 예산에서는 다음 월급이 들어오기 전에 이번 달 수입을 전부 처분해야 한다. 종이의 제일 위쪽에 수입을 쓰고, 그 아래는 저축을 포함해 그달의 예상 지출을 전부 써 내려간다. 종이의 가장 아랫줄까지 내려가면 수입에서 지출을 뺀 값이 제로가 되어야 한다. 제로가 아니라면 다시 위로 올라가 숫자를 조정하자. 옷을 살 돈을 늘리거나, 배우자와 고급 레스토랑에서 외식을 해도 좋다. 다시 말하지만 여러분의 돈이고, 계획에 따라 쓰기만 하면 그 돈으로 뭘 하든 나는 상관하지 않는다.

하지만 아직 걸음마 공식 1~3단계를 실천하고 있다면 이야기가 달라진다. 이때는 계획하고 남은 돈을 반드시 걸음마 공식 1단계 '비상자금 1000달러 모으기'에 보태야 한다. 1단계가 끝났다면 걸음마 공식 2단계 '눈덩이 전략으로 빚 청산하기'를 실행하는 데 보태자. 2단계도 완수했다면 예산을 쥐어짜서 걸음마 공식 3단계 '3~6개월 치 생활비를 모아 완전한 비상자금 마련하기'에 보탠다. 걸음마 공식의 첫 세 단계를 실행하는 중이라면 '남는 돈'이 어디로 가야 할지 여러분은 이미 알고 있을 것이다.

#자넷의 경험담

예산에 여가비와 외식비가 포함된 이후로는 돈을 쓰면서 죄책감을 느끼지 않게 되었어요.

돈 봉투 시스템으로 재미와 이익을 한 번에

나와 아내가 빈털터리가 되었다가 다시 안정을 찾기 시작했을 무렵, 우리 부부는 어떻게 돈을 관리해야 할지 전혀 갈피를 잡지 못하고 있었다. 과거의 방식에 문제가 있어서 그 지경이 된 건 아닐까 싶어서 매달 예산을 새로 정하고 그에 맞춰 생활하려고 했지만 끊임없이 문제가 생겼다. 그때까지 우리는 식비, 주유비, 여가비로 정해놓은 예산을 전부 한 계좌에 보관하고 있었다. 그래서 장을 보고 나면 식비 예산에 어느 정도가 남아 있는지 '대충은' 알 수 있었지만 정확하지는 않았다. 결국 우리 둘 중 하나는 어딘가에서 예산보다 더 많은 돈을 쓰게 되었고, 이로 인해 한 명은 단단히 화가 나는 상황이 반복됐다. 예산계획을 세우는데도 여전히 돈을 어떻게 썼는지를 몰라 싸웠다.

당연히 뭔가가 달라져야 했다. 그즈음 래리 버켓Larry Burkett◆의 현금 기반 돈 봉투 시스템을 알게 됐다. 처음 들어본 시스템이었지만 사실 이

◆   재정상담가이자 자산 관리와 관련해 여러 권의 책을 쓴 작가.

시스템을 고안한 사람은 래리가 아닌 우리네 할머님들이다. 오래전부터 내려온 시스템이지만 이를 실행하기에 현대 사회가 너무 '세련'되어진 탓에 이 방식을 활용하는 사람은 이제 거의 없었다. 물론 여기서 '세련되다'는 말은 가난하고 게으르다는 뜻이다.

돈 봉투 시스템을 설명하자면 이렇다. 월급이 들어오면 계좌에서 당장 처리 가능한 지출, 예를 들어 퇴직연금과 공과금은 자동이체를 설정해 따로 생각하지 않아도 되게끔 한다. 하지만 지갑이나 주머니에서 결제 수단을 꺼내 직접 처리해야 하는 지출도 많다. 이때 보통 사람들은 신용카드를 쓰지만, 우리는 현금을 사용할 것이다.

우리 부부는 예산에서 현금으로 결제할 수 있는 지출을 뽑아냈다. 식비, 주유비, 여가비가 당연히 여기에 포함되었다. 식비에 얼마를 쓸지 예산을 잡고, 월급이 들어오면 계좌에서 그 액수를 인출해 '식비'라고 쓴 봉투에 넣었다. 이 봉투에 든 돈으로는 식료품 말고는 아무것도 사지 않았고, 다른 봉투에 든 돈으로 식료품을 사는 일도 없었다. 그 후로는 예산보다 돈을 더 많이 쓰는 일은 생기지 않았다.

의류비 역시 돈 봉투 시스템을 활용하기에 알맞다. 평소 옷 사는 데 돈을 너무 많이 쓴다고 타박을 듣는 편이라면 돈 봉투 시스템을 활용해 보자. 배우자와 타협해 적당한 액수를 책정하고 '옷'이라고 쓴 봉투에 넣으면 된다. 이제 봉투가 텅 비기 전까지 원하는 옷을 살 수 있다. 합의한 한도 안에서 쇼핑을 할 수 있으니 부부가 서로 비난하지 않으며 행복한 결말을 맞이할 수 있다.

미쉘의 경험담

매달 말, 돈이 남는 경지에 올랐어요. 어디에 얼마를 쓸지 정하는 것도 재미있고요. 봉투에 돈을 나눠 넣는 시스템도 정말 좋아요. 돈을 제 손바닥 위에 놓고 쥐락펴락하는 기분도 들고 행복해요.

수입이 불규칙하다면

나는 부동산 일을 오래 했기 때문에 2주에 한 번 규칙적으로 일정한 돈♦을 받아본 적이 없다. 언제나 '불규칙 소득'으로 생활했고, 이 말은 매번 급여의 액수가 달랐다는 뜻이다. 영업사원이나 부동산 업계 종사자는 이 말이 무슨 뜻인지 정확히 이해할 것이다. 내가 매달 제로베이스 예산을 짜야 한다고 하면 불규칙 소득에 의존해서 사는 사람들은 볼멘소리를 내고는 한다. 다음 달에 얼마를 벌 수 있을지 확실히 모르는 상황에서는 예산을 짤 수 없다고 생각하기 때문이다. 하지만 절대 그렇지 않다.

불규칙 소득으로 생활하는 사람들을 위한 예산계획표를 이 책의 부록에 싣기는 했지만 그래도 여기서 간단히 설명하고 넘어가도록 하겠다. 매달 얼마를 벌지 모르고, 언제 성과금을 받을지 모른다면 다음의 질문들을 고려해 예산계획을 짜면 된다. 종이의 가장 위쪽에 제일 중요한 지출 사항을 적고 자신에게 질문하자. '이번 달에 딱 한 가지만 할 수 있다면 뭘 해야 할까?' 맨 윗줄에 그 항목을 적고 다시 질문하자. '딱 한 가지를 더 할 돈이 남으면 뭘 해야 할까?' 다음 줄에 그 항목을 적는다. 대출 상환, 기부, 저축을 포함해 돈이 필요한 모든 사항을 다 적어 내려간다.

♦   미국에서는 한 달에 한 번이 아닌 2주에 한 번 급여를 받는다.

이제 월급날을 기다리면 된다. 돈이 들어오면 목록의 제일 위에서부터 예산대로 돈을 배분하고 돈이 다 떨어지면 멈춘다. 돈을 다 쓴 지점에 선을 긋고 선 위쪽의 사항들을 다음 달 예산을 짤 때 참고한다. 불규칙한 소득 때문에 예산을 짤 수 없다고 변명하지 말자. **다음 달에 얼마를 벌지, 언제 월급을 받을 수 있을지 확실하게 알 수 없다면 훨씬 더 심혈을 기울여 예산계획을 세워야 한다.**

••• 지금 당장 예산을 짜자

이 책의 부록에 월별 예산이나 은퇴자금 등 장·단기 자산계획을 세울 때 활용할 수 있는 표를 실었다. 복잡해 보이는 부록에는 자세한 설명을 덧붙였고 어떻게, 언제, 왜 이 양식들을 사용하는지도 전반적으로 설명했다. 시간을 들여 이 양식을 살펴보자. 예산계획 초보자들이 흔히 하는 실수를 바로잡아줄 것이다.

예산이 엄청나게 재미있는 주제가 아니라는 사실을 잘 안다. 그래서 이 장을 끝까지 읽은 여러분은 칭찬받아야 마땅하다. 부의 80%는 우리가 어떻게 행동하느냐에 달렸다는 사실을 잊지 말자. 지식이 차지하는 비중은 단 20%뿐이다. 실제 행동으로 옮기기 전까지는 그 어떤 책도, 양식도, 인터넷 자료도 여러분의 삶을 바꿀 수 없다. 열심히 정보만 파서는 아무 일도 일어나지 않는다. 그러니 이쯤에서 잠시 속도를 늦추고 부록을 펼쳐 예산계획을 짜보자. 예산계획을 처음 세워보는 사람이라면 이번 주가 끝날 때까지 다음 달 예산계획을 세워보라고 조언하고 싶다. 오늘이 며칠이든 상관없다. 언젠가는 해야 할 일이고, 오늘이 바로 그날이다.

최대한 명확히 해두고 싶다. 예산계획을 세워 실행하기 전에는 절대 경제적으로 안정될 수 없고, 돈의 주인 역시 될 수 없다. 내가 가르치는 내용이 어렵고 귀찮겠지만 실천하기만 한다면 노력은 여러분을 결코 배신하지 않을 것이다.

─── 돈 없이도 돈 모으는 법

제가 해냈어요!

우리 부부는 주택담보대출을 제외하고도 1만 5000달러(약 1500만 원)가 넘는 빚이 있었어요. 남편 회사에서 받은 대출도 5만 달러(약 5000만 원)나 있었고요. 악몽 같은 시간이었어요. 저축을 하고 싶었지만 계속해서 날아오는 청구서를 처리하는 것만으로도 바빠서 그다음은 생각조차 할 수 없었어요. 단돈 25달러(약 2만 5000원)도 없어서 돈을 구할 궁리를 하다가 울다 지쳐서 잠드는 날도 많았고요. 온갖 청구서들과 씨름하고 있을 때 남편이 한 말이 저를 가장 서럽게 했어요. "우리 부부 정도면 평범한 편이지." 허리띠를 졸라매고 거지처럼 살고 있는데도 빚을 감당하기가 벅차던 때였거든요.

램지 선생님을 만나기 시작한 날부터 돈을 바라보는 남편의 관점이 달라졌고, 저희는 한 팀이 되어 문제를 헤쳐나갈 수 있게 되었어요. 6개월 동안 자잘한 빚은 다 갚았고, 4000달러(약 400만 원)나 모았답니다. 회사 대출금을 처리할 방법도 협의가 되었고요. 만나는 사람 모두에게 저희의 경험을 공유하고 있어요. 그 사람들도 이제 새로운 시각으로 돈 문제를 바라볼 수 있겠죠!

— 미네소타 레이크시티에서, 로렌

★ 이 장의 키포인트

1. 돈의 주인이 되고 싶다면 매달 어디에 얼마가 필요할지 생각해서 종이에 써보자.
2. 돈 봉투 시스템은 식비, 여가비, 주유비 같은 주요 예산을 관리하는 데 유용하다.
3. 예산계획은 처음부터 뜻대로 되지 않는다. 막힘없이 흘러가기까지는 3개월 정도가 걸린다.
4. 돈 문제를 직접 통제할 수 있도록 이 책의 부록을 활용하자.

★ 복습해보자

1. 종이에 예산계획을 직접 쓰면 어떤 점이 좋은가?
2. 예산계획은 결혼생활에 어떤 영향을 미치는가? 미혼자에게는 어떤 도움이 되는가?
3. 예산계획에 따라 살고 있다면 여러분이 세운 목표를 지킬 수 있도록 도와주는 특별한 방법에는 어떤 것들이 있는가? 예산계획을 세운 경험이 없다면 이를 망설이는 이유는 무엇인가?
4. 네 개의 벽(의, 식, 주, 교통)은 지출의 우선순위를 정하는 데 어떠한 도움을 주는가?
5. 여러분의 지출 우선순위를 다른 사람(채권 추심자, 영업사원, 가족 등)이 정했던 적이 있는가?
6. 돈 봉투 시스템을 적용할 예산 항목에는 무엇이 있을까?

4장

부채

빚은 죄악이다

관점이 다를 때 어떠한 차이가 생기는지 가르치기 위해 한 영어과 교수가 쓰는 기발한 방법을 들은 적이 있다.

A WOMAN WITHOUT HER MAN IS NOTHING

교수는 교실 칠판에 위와 같은 문장을 적고 남자와 여자 각 한 명씩 지원자를 뽑았다. 그리고는 지원자들을 칠판 앞으로 부른 뒤 위 문장에 적절한 문장 부호를 넣어보라고 제안했다. 남자 지원자가 먼저 망설이지 않고 문장 부호 3개를 추가해 다음과 같은 문장을 만들었다.

A WOMAN, WITHOUT HER MAN, IS NOTHING.
(여자는, 남자 없이는, 아무것도 아니다.)

자신의 신속하고 멋진 답에 만족한 듯, 남자 지원자가 미소를 지으며 뒤로 물러났다. 이제 여자 지원자의 차례였다. 그녀는 칠판으로 가서 고 개를 가로젓더니, 역시 망설임 없이 남자 지원자가 넣은 문장 부호 중 2개를 지우고 다음과 같은 문장으로 고쳐 썼다.

A WOMAN: WITHOUT HER, MAN IS NOTHING.
(여자: 그녀 없이, 남자는 아무것도 아니다.)

같은 것을 보고도 다르게 해석할 수 있다는 교훈을 이 수업에서 배울 수 있다. 세상만사 모두 관점에 달렸고, 관점을 조금만 달리하면 인생을 통째로 바꿀 수 있다. 나는 특히 빚을 보는 관점이 달라져야 한다고 생 각한다.

···• 빚을 바라보는 두 가지 관점

빚은 나에게 유명세를 안겨준 동시에 가르치기 가장 어려운 주제 이기도 하다. 빚을 바라보는 나의 관점은 우리 사회가 이야기하는 방식 과 매번 부딪힐 것이다. 나라 경제가 완전히 무너지기 전, 사람들은 주 택담보대출을 어마어마하게 받아 집을 사고 끝도 없이 신용카드를 긁 어댔지만 아무도 잘못되었다고 생각하지 않았다. 2008년 이후 경제가 엉망이 되자 몇몇 사람들이 마침내 '빚을 지는 것은 정신 나간 짓'이라 는 사실을 깨달았다. 큰 위기를 겪은 대가로 얻은 점이 한 가지는 있었던 셈이다.

몇 년 전,《월 스트리트 저널Wall Street Journal》은 미국인의 70%가 이
번 달 월급에 의지해 근근이 살고 있다는 통계를 발표했다. 같은 통계를
몇 년간 활용하다가 최근 사정은 좀 달라졌나 궁금해서 조사해보니 변
한 게 없었다. 2008년 미국이 노동절을 맞아 실시한 온라인 설문조사를
봐도 미국 가정의 70%는 월급이 한 번만 밀려도 생계를 유지하기 힘든
형편이라고 한다. 마음이 좋지 않다. 여러분이 사는 동네에서 열 집 중
일곱 집은 이번 달 월급이 밀리면 파산할 수도 있다는 이야기다. 문제는
과소비와 지나친 빚에 있다.

빚은 역사상 가장 훌륭한 마케팅이다

이제껏 사람들은 빚을 아주 다양하고 공격적인 방법으로 홍보했고, 덕
분에 빚을 지지 않고 살기 위해서는 현재의 사고방식을 완전히 바꿔
야 할 정도가 되었다. 이 말은 즉, 우리가 빚을 생각하고 대하는 방식을
180도 바꿔야 한다는 뜻이다. 우리 사회는 빚을 소비자를 위한 서비스
나 보상인 것처럼 믿게 만들었지만, 전부 거짓말이다. 빚은 역사상 가장
성공적으로 마케팅된 상품이다.

은행과 금융 서비스 업계는 빚을 미화하는 데 성공했고, 사람들의 개
념까지 완전히 바꿔놓았다. 우리가 가게에 들어가면 직원이 다가와 아
주 적극적으로 묻는다. "찾는 제품 있으세요?" 그러면 여러분은 어떻게
반응하는가? 보통 본능적으로 방어 태세를 취하며 "아니요, 괜찮습니
다. 그냥 둘러보는 중이에요."라고 말한다. 이 말의 속뜻은 이렇다. "날

좀 그냥 두세요."

그런데 빚에 대해서는 어떻게 반응하는가? 신용카드 영업사원에게 "제발 꼭 신용카드를 만들어주세요. 정말 필요해요!"라고 한다. 그리고 신용카드 발급의 '축복'을 입으면 특별한 사람이 된 것 같은 기분을 느낀다. 우리는 그들이 마치 호의를 베풀어 상품을 하사한 것처럼 생각한다. 회원 전용 컨트리클럽 이용권이라도 얻은 듯, 선택받았다고 느낀다. '나는 특별해, 플래티넘 카드가 바로 그 증거 아니겠어?'

마케팅에 잔뼈가 굵은 나로서는 이 산업을 인정할 수밖에 없다. 이들은 상품을 홍보하는 데 아주 훌륭하게 성공했다. 자신들의 상품을 미국인 대부분에게 팔았을 뿐 아니라 마치 자신들이 호의를 베풀어 구매를 허락한 것처럼, 소비자로 하여금 선택받았다는 특별한 기분을 느끼도록 마케팅 설계를 했다. 상품 홍보를 이렇게까지 할 수 있다는 사실이 소름 끼칠 정도다.

빚이 홍보되고 판매되는 상품이라고 생각하기 힘들다면, 이 이야기가 도움이 될지도 모르겠다. 최근 1년 동안 미국 신용카드 업계의 매출은 1500억 달러 이상이었다. 이집트, 푸에르토리코, 바하마의 국민 총생산을 다 합친 것보다도 큰 액수다. 정말 어마어마한 액수다. 빚은 이들의 돈벌이 수단이지 이들이 제공하는 서비스가 아니다. 이제 빚을 바라보는 관점을 바꾸고 사실 그대로를 받아들일 때다.

부모님의 방식보다 더 크고, 더 비싸고, 더 빠르게

아내와 나는 대학을 졸업하고 바로 결혼했다. 학자금 대출이 조금 있었고, 갚아야 할 신용카드 대금도 있었다. 가진 건 많지 않았지만 그래도 괜찮았다. 그맘때는 다들 그렇지 않은가. 당시 우리는 가진 돈이 정말 하나도 없었는데, "여보, 우리가 돈은 없지만 사랑은 넘치잖아."라고 말할 수 있는 사이라서 참 다행이었다. 우리는 말 그대로 빈털터리였다.

그즈음 내 친구들이 아내의 차를 놀려댔고 나는 창피한 마음에 아내에게 새 차를 한 대 사 주었다. 당시 우리 집에 있던 텔레비전은 아내와 내가 나란히 붙어서 시청해야 할 만큼 크기가 작았는데 어느 날 텔레비전이 버벅대기 시작했고 당장 전자제품 매장에 가서 입체 음향 텔레비전을 샀다. 텔레비전에 맞는 오디오도 당연히 새로 샀다. 새 물건들을 들여놓으려니 집이 너무 좁아서 멀티미디어 수납장도 장만했다.

친한 친구들이 곧 하나둘씩 집을 사기 시작하자 우리가 살던 방 하나짜리 작은 아파트가 너무 갑갑하게 느껴졌다. 우리는 돈이 없었기 때문에 계약금까지도 전부 빚을 져서 집을 장만했다. 사람들은 이런 방법을 '창의적 자금 조달'이라 부르지만, '집을 살 수 없을 정도로 가난하다'는 말을 허울 좋게 부르는 이름일 뿐이라는 걸 지금은 안다.

내가 어린 시절을 보낸 동네 근처에 우리의 새 보금자리를 얻었다. 나중에 이 당시를 돌아보니 머리를 한 대 맞은 기분이었다. 우리는 우리 부모님과 같은 생활 수준을 결혼 직후에 누리려고 했던 것이다. 래리 버킷이 말하기를 요즘 젊은 부부들은 그들의 부모가 35년 이상 노력해서 얻은 생활 수준을 결혼하고 5~7년 만에 누리기를 원한다고 한다.

요즘은 다들 이런 식으로 결혼생활을 시작한다. 학자금대출과 자동차대출을 안고 학교를 졸업한 뒤, 최대 한도로 대출을 받아 엄청나게 비싼 집을 사고, 90일 무이자 결제를 이용해 집 안에 가구를 채우지만 정작 수입은 형편없다. 평범한 27세 부부의 평균 연 수입은 2만 7047달러(약 2704만 7000원) 정도밖에 되지 않는다. 결혼한 지 얼마 되지 않아 이혼하는 부부가 많은 게 어쩌면 당연한 일이다. 족쇄에 매인 채 새로운 삶을 시작했으니 멀리 나아갈 턱이 없다.

제니퍼의 경험담
비상시에 신용카드를 쓰면 안 된다고 배웠어요. 그러니 당연히 돈을 모아둬야죠.

••• 신용카드의 역사는 아주 짧다

여러분이 아는 대부분의 부부들은 앞에서 말한 시나리오에 따라 결혼생활을 시작했을 것이다. 우리는 빚을 지지 않고도 잘 살아왔다는 사실을 완전히 잊어버렸다. 미국 역사에서 빚은 비교적 새로운 개념이다. 우리의 증조할아버지 시대까지 빚은 죄악으로 여겨졌다. 빚을 지는 행위 자체를 부도덕하다고 생각했다. 나에게 쇼핑몰 시어스Sears의 1910년도 카탈로그가 있는데 여기에는 분명히 이렇게 적혀 있다. '어리석은 사람만 빚을 내서 물건을 삽니다!' 지금의 시어스 쇼핑몰을 생각하면 이런 카피는 꿈조차 꿀 수 없다.

빚에 반대하던 회사는 시어스 쇼핑몰 말고도 더 있다. 쇼핑몰 J.C. 페니J.C. Penney의 'J.C.'가 무슨 뜻인지 아는가? 바로 회사 창립자의 이름인 제임스 캐시 페니James Cash Penney의 약자다. 그는 쇼핑몰의 어떤 상점에서도 신용 거래를 할 수 없게 했다. 그가 세상을 떠난 뒤에야 J.C. 페니는 신용카드와 상품권을 받기 시작했다. 제임스 '캐시' 페니가 지하에서 탄식하는 소리가 들린다.

헨리 포드Henry Ford 또한 빚을 혐오해서 다른 회사들이 자동차대출 제도를 만든 지 10년이 넘도록 신용 거래를 용납하지 않았다. 그러나 헨리 포드가 세상을 떠난 지 오래인 지금, 포드 그룹에서 포드 모터 신용Ford Motor Credit의 수입이 차지하는 비율은 굉장히 높다.

빚은 우리 증조부 세대에게는 곧 죄악이었다. 할아버지 세대는 그렇게까지 엄격하지는 않지만 여전히 물건을 사기 위한 빚은 어리석다고 생각하며 꼭 필요할 때에만 빚을 졌다. 1950년, 프랭크 맥나마라Frank Macnamara가 다이너스 클럽Diner's Club이라고 적힌 플라스틱 조각으로 미국 금융의 새 지평을 열었다. 그는 다양한 가게에서 공통으로 사용할 수 있는 결제 수단에 동의하는 뉴욕의 레스토랑 몇 곳과 계약을 맺었다. 신용카드는 이렇게 세상에 나왔다.

몇 년 뒤인 1958년, 미국 서부의 작은 은행이었던 뱅크 오브 아메리카Bank of America가 뱅크아메리카드BankAmericard라 적힌 플라스틱 조각을 고객 6만 명에게 보냈다. 같은 해, 소비자가 물건을 쉽게 구매할 수 있도록 '돕는다'는 취지로 아메리칸 익스프레스American Express라는 새로운 회사가 등장했다. 우리 세대는 아메리칸 익스프레스보다 아메리칸 익세스American Excess◆가 좀 더 어울릴 것 같지만, 어쨌든 당시 우리 조부모들은 그 정도는 아니었다.

◆　express와 철자가 유사한 excess(과잉)를 사용해 미국인의 탐욕스러움을 비꼬는 표현이다.

부모님 세대에 와서는 사람들이 빚에 의지하는 일이 많아지며 더 다양한 신용카드들이 등장했다.

빚의 역사는 굉장히 흥미롭다. 50년 전만 해도 신용카드 없이 잘 살았지만 이제는 신용카드나 자동차대출이 없는 삶은 상상할 수조차 없다. 백화점에서 현금을 내고 물건을 사면 특이한 사람으로 취급받는 세상이다. 1970년에는 미국인의 15%만 신용카드를 가지고 있었다. 믿어지는가? 하지만 요즘은 77%가 신용카드를 가지고 있고, 이들은 평균 7개의 카드를 소지하고 있다고 한다. 비자는 신용카드가 처음 만들어졌을 때부터 있었지만 이렇게 유명해진 지는 30년 정도밖에 되지 않았다. 다시 한번 말하지만 정말 놀라운 마케팅 능력이다.

••• 빚에 대한 잘못된 상식

빚지지 않아도 잘 살 수 있다. 우리는 그동안 감쪽같은 거짓말에 깜빡 속아 넘어간 것이다. 잘못된 상식이나 거짓말을 입 밖으로 오랜 시간 자주 말하다 보면 결국 사실로 믿게 된다. 우리가 빚을 대하는 태도가 바로 그렇다. 우리는 신용 거래가 정상적이고 이로운 방식이라는 잘못된 믿음에 빠져 살고 있다.

대수롭지 않아 보이지만 여러분의 경제적 안정을 무너뜨릴 수 있는 자잘하고 교묘한 거짓 상식들이다.

잘못된 상식: 돈을 빌려주면 친구나 친척을 도울 수 있다.

진실: 관계가 불편해지거나 결국 깨질 것이다.

잠언 22장 7절에 '부자는 가난한 자를 주관하고, 빚진 자는 빌려준 자의 종이 되느니라.'라는 구절이 있다. 성경에서 '종'이라는 단어를 그냥 썼을 리 없다. 이 문장에는 진리가 담겼다. 아들에게 1000달러를 빌려주면 아들과의 관계는 변하기 마련이다. 추수감사절 저녁 식사 자리가 결코 예전 같지 않을 것이다. 사랑하는 가족과 함께 하는 자리가 아니라 종과 칠면조를 먹는 자리가 된다. 칠면조 맛마저 예전 같지 않을 것이다.

여러분이 그럴 의도였든 아니든, 나를 믿든 말든 상관없다. 이런 일은 확실히 일어난다. 우리가 선택할 수 없는 문제이고, 성경에도 등장하는 삶의 진리다. 뱅크레이트닷컴 Backrate.com 에서 실시한 조사에 따르면 응답자의 57%가 채무 때문에 가족이나 친구 사이에 금이 간 경우를 본 적이 있고, 63%는 친구나 가족에게 빌린 돈을 갚지 않는 사람을 본 적이 있다고 한다. 가까운 친구와 쌓은 우정을 망치고 싶다면, 돈을 빌려주자.

잘못된 상식: 보증으로 친구나 친척을 도울 수 있다.

진실: 은행은 돈을 빌리러 온 사람이 돈을 갚지 못할 것 같을 때 보증인을 요구한다.

잊지 말자. 빚은 역사상 가장 마케팅이 잘된 상품이다. 은행은 돈을 빌려줄 고객을 찾기 위해 다른 은행과 치열하게 경쟁하며 자신들의 서비스를 한 번이라도 더 고객에게 보여주려고 갖은 애를 쓴다. 은행은 시간과 돈과 골칫거리 들을 기꺼이 감당하면서도 누군가에게 돈을 빌려주고 싶어 안간힘을 쓴다. 그런데 그런 은행이 대출 요청을 거절했다면? 이유를 오래 생각할 필요도 없다. 빌려준 돈을 받지 못할 것 같기 때문이다.

놀랍게도 자식이나 손주에게 보증을 서주다 늪에 빠지는 사람이 정말 많다. 그러면서 이들은 "사람들이 우리 아이를 잘 몰라서 그래요."라고 말한다. 여러분이 맞을지도 모르지만 이런 방면에서 은행은 여러분보다 더 현명하다. 은행은 지나친 자식 사랑이나 믿음 때문에 판단력이 흐려질 일이 없고, 당신의 아이가 돈을 떼먹을 기회나 노리는 게으름뱅이라는 사실 역시 똑똑히 볼 수 있다. 나도 돈을 빌려야 했던 적이 두 번 있었기에 이런 상황에 대해 잘 안다. 살면서 두 번 보증을 부탁했고, 다행히 두 번 다 돈을 갚았다. 한 번은 제때 갚지 못해서 보증을 서준 쪽이 대출금을 갚아줘야 했던 적도 있었다. 나중에 그 돈을 다 갚기는 했지만, 요점은 그게 아니다. 보증은 인간관계를 산산조각 내고 여러분을 가난하게 하는 끔찍한 악몽이다.

잘못된 상식: 소득이 낮은 사람들은 현금서비스, 월세로 내 집 마련 rent-to-own ◆, 자동차담보대출, 중고차캐피탈 같은 상품으로 생활에 도움을 받을 수 있다.

진실: 판매자를 제외하고는 누구에게도 이득이 되지 않는 바가지 상술이다.

◆　　집주인과 임대 계약을 체결한 후 다달이 낸 월세를 보증금 삼아 집을 구입할 우선 권리를 갖는 제도.

동네 한복판에서 '현금서비스'나 '월세로 내 집 마련' 상품을 광고하는 업체가 몇 개인지 세보면 그 동네의 경제 상황을 알 수 있다. 이런 업체들은 부유한 동네에서는 좀처럼 보기 힘들지만, 가난한 동네에서는 아주 흔히 볼 수 있다. 가난의 굴레에 사람들을 계속 붙잡아두는 것이 무엇인지를 아주 잘 보여주는 광경이다.

부자 동네에서 이런 업체들을 찾아보기 힘든 이유가 '돈 많은 사람들'은 이런 '서비스'를 이용할 필요가 없어서라고 생각할지도 모르겠다. 하지만 틀렸다. 부유한 사람들은 이런 말도 안 되는 상품을 이용할 생각조차 하지 않는다. **부자라서 이런 상품이 필요 없는 게 아니라, 이런 돈을 쓰지 않아서 부자가 될 수 있었던 것이다.** 부유한 사람들은 자기 돈을 쓸데없는 데 낭비하지 않는다. 현금서비스는 가난한 사람들을 위한 상품이다. 나는 가난해지고 싶지 않다. 부자가 되고 싶다면 부자들을 따라 하면 되고, 빈털터리가 되고 싶으면 빈털터리들이 하는 대로 하면 된다. 아주 간단한 이치다.

연이율을 계산하기 전까지 단기 대출의 서비스 수수료는 푼돈처럼 보일 수 있다. 그러나 연 할부 수수료율이 800%에서 최대 1,800%나 되는데 과연 이 상품이 괜찮다고 말할 수 있을까? 절대 아니다. 약자의 피를 빨아먹는 단기 대출을 바람직하다고 생각하지 말자. 가난한 사람들이 헤어 나올 수 없는 빚의 구렁텅이로 빠지는 가장 큰 이유다. 한 마디로 쓰레기 같은 상품이다.

잘못된 상식: 복권이나 도박을 통해 부자가 될 수 있다.

진실: 복권은 숫자 계산을 할 줄 모르는 사람에게 세금을 뜯어내는 방법이다.

복권판매점 앞에 길게 늘어선 줄에서 멀끔한 양복이나 비싼 옷을 입고 귀한 보석까지 걸친 사람을 본 적이 있는가? 나는 없다. 복권으로 돈을 벌 수 있다면 분명 그 줄에 부자도 있었을 것이다. 하지만 줄에 서 있는 사람은 가난한 사람들뿐이다.

텍사스 테크Texas Tech 대학에서 조사한 결과 고등학교를 마치지 못한 사람들은 복권에 한 달 평균 173달러(약 17만 3000원)를 쓰고, 대학교육을 마친 사람들은 49달러(약 4만 9000원)를 쓴다고 한다. 이 연구결과는 참 불편하다. 가난한 사람들이 한 달에 173달러나 복권에 쓴다는 사실을 받아들이기는 너무 힘드니, 49달러를 쓰는 사람들의 경우를 살펴보자. 만약 25세부터 70세까지 수익률이 12%인 주식시장에 매달 50달러(약 5만 원)를 투자한다면 195만 2920달러(약 19억 5292만 원)를 벌 수 있다. 운이 좋아야만 하는 것도 아니고 숫자를 잘 골라야만 하는 것도 아니다. 언제든 이만큼의 돈이 생긴다.

연봉이 2만 달러(약 2000만 원) 이하인 사람들이 연봉 4만 달러(약 4000만 원) 이상인 사람보다 복권을 살 확률이 두 배나 더 높다는 연구결과도 있다. 복권은 가난한 사람들에게 세금을 뜯어가는 방법이다. 이렇게 말하는 사람도 있을 것이다. "하지만 재미있잖아요!" 여러분은 변기에 돈을 버리는 게 재미있는가? 그럼 중간 과정은 걷어내고 월급을 받는 즉시 변기에 돈을 넣고 물을 내리면 어떨까? "하지만 복권 수익금은 교육 정책에 쓰이잖아요!"훌륭하다. 가난한 사람들이 돈을 모아 부 잣집 아이들 대학 입학을 도와주다니. 나에게 더 나은 계획이 있으니 이 제부터 복권판매점은 그냥 지나치자. 어려운 이유를 댈 필요도 없다. 복 권은 가난한 사람들이나 하는 놀이이기 때문이다.

잘못된 상식: 자동차 할부금은 어쩔 수 없는 빚으로 피할 방법이 없다.

진실: 백만장자는 자동차 할부금이 없는 중고차를 타고 다닌다.

이런 이야기를 매일 수백 번씩 듣는다. "자동차대출은 어차피 받아야 해요. 할부금은 삶의 일부죠. 어차피 할부금을 내야 하니 이왕이면 좋은 차를 사는 게 낫지 않을까요." 대출 업계에서 하는 가장 큰 거짓말이지 만 포장이 잘된 탓에 이 말을 믿는 사람이 아주 많다. 할부금을 숙명이 라 생각하면, 평생 할부금만 갚으며 살 수 있도록 여러분을 도와줄 사람 을 수도 없이 만나게 될 것이다.

사람들은 자동차를 참 좋아한다. 마치 "나는 렉서스야."라고 말하듯 자동차로 자신의 정체성을 표현하려 한다. 신호등 정지선에 서 있을 때 조차 기죽지 않으려고 한 달에 600달러(약 60만 원)나 되는 할부금을 감 수한다. 길에서 만나는 알지도 못하는 사람들을 위해서 말이다. 말도 안 되는 행동이며, 백만장자들은 절대 이렇게 살지 않는다. 그들은 보통 출 고된 지 2~3년 정도의 깔끔한 중고차를 현금으로 구매하며, 새 차를 사 는 경우는 거의 없다.

사람들은 이렇게 변명한다. "제가 백만장자라면 당연히 현금을 주고 자동차를 샀을 거예요." 아니다. 백만장자이기 때문에 현금을 주고 자동차를 산 것이 아니라, 현금으로 자동차를 사는 사람이기 때문에 백만장자가 된 것이다. 평범한 미국인이 자동차 할부금으로 평생 지출하는 비용을 생각해보자. 사람들은 매달 자동차 할부금으로 평균 464달러(약 46만 4000원)를 낸다고 한다. 괜찮은 뮤추얼펀드에 30세부터 70세까지 매달 464달러를 투자하면 500만 달러(약 50억 원) 이상을 모을 수 있다. 나도 차를 좋아하지만, 값어치가 500만 달러인 차는 본 적이 없다.

빚과 씨름 중이라며 〈데이브 램지 쇼〉에 전화를 거는 사람에게 나는 첫마디로 "자동차를 파세요."라고 말한다. 돈 관리를 제대로 하고 싶다면 통제할 수 없는 생활 방식부터 과감히 잘라내야 한다. 보통 제거 대상 1호는 자동차 할부금이다.

잘못된 상식: 똑똑하고 돈을 잘 아는 사람은 자동차를 리스 한다.
진실: 자동차 리스는 자동차를 가장 비싸게 주고 타는 방법이다.

자동차 딜러들이 차 판매보다 리스에 더 많은 광고비나 영업 기술을 쏟는 이유가 궁금하지 않은가? 답을 달려주겠다. 리스로 돈을 가장 많이 벌 수 있기 때문이다. 딜러가 현금을 받고 자동차를 판매하면 80달러(약 8만 원)를 남길 수 있다. 딜러로서는 그다지 좋은 거래가 아니다. 그러나 할부로 은행 대출을 끼워 팔면 775달러(약 77만 5000원) 정도를 벌 수 있다. 현금 거래보다 훨씬 낫다. 리스의 경우 자동차 한 대당 1300달러(약 130만 원) 이상 남는다. 그러니까 현금 거래는 80달러짜리, 리스는 1300달러짜리 거래다. 여러분이 딜러라면 어느 쪽을 선택하겠는가? 답은 뻔하다.

고급브랜드 자동차매장을 운영하는 친구 하나가 있다. 이 친구에 따르면 자동차의 78%가 리스 계약으로 출고된다고 한다. 친구 가게를 찾는 고객 4명 중 3명이 자신을 고급차로 포장하기 위해 나쁜 거래에 빠진다는 뜻이다. 이 사람들은 가난하고, 가난한 사람들이 하는 행동을 그대로 한다. 부자들은 "얼마예요?"라고 묻지만 가난한 사람들은 "계약금 얼마에 월 상환금은 얼마예요?"라고 묻는다. 부자가 살 돈이 있다고 하면 정말 그만큼의 현금이 있다는 이야기다. 가난한 사람이 살 돈이 있다고 하면 직장에서 쫓겨나지만 않으면 매달 할부금을 낼 수 있다는 이야기다. 가난한 사람들이 사는 대로 살면 절대로 부자가 될 수 없다.

자동차를 리스 했을 때 받을 수 있는 세액공제 혜택◆에 대해 말해봐야 소용없다. 법인 차의 경우 주행거리와 감가상각으로 세액공제 혜택을 받을 수 있어서 리스로 받는 금액적 혜택과 거의 동일하다.

잘못된 상식: 괜찮은 조건으로 새 차를 살 수 있다.

진실: 새 차는 4년 후 그 가치가 70% 하락한다.

구매 이후 가치가 하락하는 물건 중 가장 비싼 것이 차다. 자동차의 가치는 쇳덩이가 추락하듯 빠르게 하락한다. 숫자와 함께 살펴보자. 만약

◆ 　미국에서는 법인 차의 주행거리와 감가상각을 계산해 세액공제 혜택을 준다.

2만 8000달러(약 2800만 원)를 주고 새 차를 샀다면 4년 후에 이 차의 가치는 8400달러(약 840만 원)가 된다. 매달 408달러(약 40만 8000원)씩 가치가 하락한다는 이야기다. 이 정도는 감수할 수 있다고 생각한다면, 일주일에 한 번씩 차창 밖으로 100달러(약 10만 원)짜리 지폐를 버린다고 상상해보자. 할 수 있겠는가? 아마 하지 못할 것이다.

책, 강연, 라디오 등 돈에 대해 말하는 자리에서는 절대 자동차 이야기를 빼먹지 않는다. 그리고 새 차를 좋은 조건에 살 방법은 없다는 말로 이야기를 마무리한다. 새 차를 사면 매장에서 나오는 순간부터 돈을 잃기 시작해 아무리 빨리 달려도 그 속도를 따라잡지 못한다. 새 차를 사도 괜찮냐고 물어본다면 나는 이렇게 답하고 싶다. "예금 계좌에 100만 달러(약 10억 원)가 있고, 재미로 몇천 달러씩 쓸 능력이 된다면 당연히 괜찮습니다." 만약 그렇지 않다면 백만장자들의 방식대로 연식이 오래되지 않은 중고차를 현금으로 사도록 하자.

잘못된 상식: 30년 만기 주택담보대출을 받고, 기간보다 빨리 갚겠다.

진실: 살다 보면 중요한 일은 계속 생기기에, 정해진 월 대출상환금보다 더 많은 돈을 갚는 사람은 거의 없다.

주택담보대출의 종류를 다루는 장이 따로 있으니 자세한 내용은 그때 가서 이야기하자. 지금은 어떤 대출을 받아야 하는지 최대한 간단하게 이야기하겠다. 당연히 나는 '계약금 100%' 계획이 제일 좋다고 생각한다. 현금으로 집을 구매하라는 이야기다. 불가능한 소리로 들리겠지만 꼭 그렇지만은 않다. 하지만 반드시 대출을 받아야 하는 상황이라면 15년 이하의 고정금리 상품을 선택하고, 월 상환금은 실소득의 25%를 넘지 않아야 한다.

변동금리, 벌룬론◆ 등 엉터리 같은 상품들은 멀리하자. 특히 30년 만기 상품은 반드시 멀리해야 한다. 22만 5000달러(약 2억 2500만 원)를 금리 6%에 30년 만기 상품으로 빌린다면 월 상환금은 1349달러(약 134만 9000원) 정도다. 만약 같은 대출을 15년 만기로 빌린다면 월 상환금은 550달러(약 55만 원)가 늘어나 약 1899달러(약 189만 9000원)가 된다. 적어도 대출 창구에서 보여주는 계산은 이렇다. 하지만 부자들은 "한 달에 얼마가 드나요?"라고 묻는 대신 "총 얼마인가요?"라고 묻는 다는 사실을 잊지 말자. 자, 이제 각 대출 상품의 '총비용'이 얼마인지 한번 살펴보자.

위 예시에서 30년 만기로 22만 5000달러를 빌리면 총 지불 금액은 48만 5000달러(약 4억 8500만 원)다. 반면 15년 만기 대출의 경우에는 34만 1000달러(약 3억 4100만 원)만 갚으면 된다. 매달 550달러를 더 내면 14만 4000달러(약 1억 4400만 원)를 아낄 수 있을 뿐 아니라 빚에 허덕이는 기간도 15년이나 줄게 된다. 게다가 15년 만기 대출을 받은 사람들은 언제나 15년 이내에 대출금을 상환한다. 만약 30년 만기 대출을 받아 15년 안에 돈을 갚겠다고 생각했다면 여러분은 자신을 속이는 것과 다름없다. 분명 대출금 상환에 버금가는 중요한 일이나 긴급한 사

◆   일정 금액을 분할 상환하다가 남은 원금을 마지막에 일괄 지불하는 대출 방식.

정이 생길 것이고, 그러면 절대 대출금을 빨리 갚을 수 없다.

잘못된 상식: 자동차를 렌트 하거나 웹이나 전화로 물건을 사려면 신용카드가 필요하다.

진실: 현금카드로도 가능하다.

나는 직원이 300명인 큰 회사를 운영하고 있다. 회사에는 세계 여러 나라로 출장을 다니는 부서가 있고, 나 역시 여러 나라를 여행한다. 우리는 매일 자동차를 빌리고 호텔을 예약하고 식비를 결제하고 온라인으로 물건도 산다. 그리고 그 결제는 모두 현금카드로 처리한다.

내 지갑에는 카드가 두 장 들어 있다. 하나는 회사 일을 보는 데 쓰는 현금카드고, 하나는 개인적으로 쓰는 현금카드다. 두 장이 전부다. 현금카드에 비자나 마스터카드 로고만 새겨져 있으면 신용카드가 필요한 일을 전부 해결할 수 있다. 빚이 쌓이지 않는다는 점만 다를 뿐이다.

잘못된 상식: 신용카드 대금을 매달 잘 갚기만 하면 과소비나 빚 걱정 없이 여러 혜택을 누릴 수 있다.

진실: 플라스틱 조각으로 결제하면 돈을 더 많이 쓰게 된다.

어렵게 번 돈을 지갑에서 꺼내 쓸 때 우리 몸과 두뇌는 특정 반응을 일으키는데, 신용카드를 쓸 때는 이런 반응이 일어나지 않는다고 한다. 카네기 멜론Carnegie Mellon 대학은 비싼 물건을 살 때 우리 신경계에 어떤 반응이 일어나는지를 연구했는데 (나를 제외한 사람들이) 깜짝 놀랄 만한 결과가 나왔다. 연구진은 물건을 사는 여러 상황을 실험자에게 제시한 후 MRI 촬영으로 뇌파의 변화를 관찰해 실험자가 물건을 실제로 구매할 것인지를 예측했다. 현금으로 물건을 사는 시나리오에서는 통증을 담당하는 뇌 부위가 크리스마스트리처럼 빛을 냈다. 현금을 사용할 때 뇌가 실제로 고통을 느낀다는 이야기다. 그러나 플라스틱 쪼가리를 사용하는 시나리오에서는 이 부위에 자극이 거의 없었다. 이는 곧 물건을 살 가능성이 크다는 신호다.

맥도날드는 이런 사실을 몇 년이나 일찍 깨달았고, 신용카드를 결제 수단으로 받기 시작했다. 뉴스 프로그램 〈나이트라인Nightline〉의 보도에 따르면 패스트푸드점에서 신용카드를 결제 수단으로 활용한 뒤 고객들이 지출하는 평균 금액이 4.75달러(약 4750원)에서 7달러(약 7000원)로 올랐다고 한다. 결제 수단 하나를 더 추가했을 뿐인데 매출이 47%나 늘었다. 주머니에 지폐가 몇 장이나 있는지 생각할 필요가 없어지면 감자튀김을 라지 사이즈로 바꾸고 애플파이를 추가하기가 훨씬 쉽기 때문이다.

잘못된 상식: 10대 자녀가 책임감 있게 돈 쓰는 법을 배울 수 있도록 신용카드를 만들어 줘야 한다.

진실: 10대는 카드회사의 집중 타깃이다.

이는 카드회사가 화려하게 포장한 마케팅으로 많은 사람을 설득시킨 잘못된 상식이다. 카드회사는 여러분의 10대 자녀를 호시탐탐 노린다. 왜일까? 여러분에게는 더 이상 팔 상품이 없기 때문이다. 이들에게는 채무자가 되어줄 다음 세대가 필요하다.

우리 아이들은 '쉬운' 빚의 유혹을 뿌리치지 못하고 결국 문제를 만든다. 어른들도 감당하지 못하는데 당연하지 않은가. 미국의 경우, 학업 문제로 학교를 떠나는 학생 수보다 신용카드 빚 때문에 학교를 떠나는 학생 수가 더 많다고 한다. 2001년 대학졸업생 수보다 더 많은 젊은이가 파산 신청을 했다. 아주 심각한 문제이다. 자녀들에게 신용카드는 절대 도움이 되지 않는다는 사실을 알았으면 좋겠다.

잘못된 상식: 홈 에퀴티 론home equity loan ◆은 부채를 정리하기 좋은 방법이며 비상자금이 필요할 때도 유용하다.

진실: 비상 상황에서도 빚을 져서는 안 된다.

이 상황은 여러분에게 급한 불을 끌 수 있는 비상자금이 하나도 없다는 뜻이다. 정말로 어리석다. 홈 에퀴티 론을 이용하면 빚의 수렁에 더 깊이 빠지게 된다. 사정이 생겨 급하게 돈이 필요하더라도 집이 무너질 만큼 깊게 구덩이를 파지 말자.

◆　주택담보대출을 받은 후에 주택의 순가치를 담보로 또다시 받는 대출.

잘못된 상식: 채무통합을 하면 이자를 아낄 수 있고, 월 상환금도 저렴해진다.

진실: 채무통합은 사기다. 빚을 져서는 빚을 해결할 수 없다.

채무통합을 하더라도 이자는 약간만 낮아지거나 거의 변함이 없다. 기존 빚에 저금리 대출을 하나 추가하는 방식이기 때문이다. 채무통합은 원인(낭비)이 아닌 증상(빚)만을 치료하기에 더 문제가 된다. 집을 담보로 잡아서 빚 여러 개를 하나로 통합하는 사람들은 보통 신용카드 빚을 다시 지게 되어 있다. 그러면 통합한 상환금에 더해 신용카드 빚까지 갚아야 하기에 결국 이전보다 더욱 나쁜 상황이 된다.

'월 상환금이 낮다'는 말은 '상환 기간이 늘어난다'는 이야기다. 최대한 빚에서 빨리 해방되어야 하는데, 상환금을 찔끔찔끔 갚아서는 결코 빚에서 빠져나올 수 없다. 빚에서 벗어나고 싶다면 무슨 일이든 해서 매달 부담이 되는 정도의 금액을 꼬박꼬박 갚아야 한다. 빚을 쉽게 갚을 방법은 없다. 시간이 걸리고, 씀씀이도 절제해야 하고, 허리가 휘도록 일해야 한다.

잘못된 상식: 빚은 재산을 늘리는 도구다. 잘 이용하면 부자가 될 수 있다.

진실: 돈을 빌린 사람은 빌려준 사람의 노예가 된다.

빚으로 재산을 늘릴 수 있다고 나에게 처음 가르쳐준 사람은 '가난한' 경제학 교수님들이었다. 뭔가 이상하지 않은가? 학교에서 배운 내용은 이랬다. '빚은 양날의 검이어서 우리를 다치게 할 수도, 도울 수도 있다.

빚은 돈이 없어도 투자할 수 있도록 해주며, 타인의 돈으로 이득을 볼 수 있게 해준다.' 거짓으로 똘똘 뭉친 가르침이었고, 나는 이 가르침을 토씨 하나 놓치지 않고 철저히 따른 덕분에 쫄딱 망했다. 하지만 이제 그런 일은 일어나지 않을 것이다.

나는 이제 돈 없는 사람이 하는 돈에 대한 조언은 듣지 않는다. 돈을 많이 벌고 싶다면 경제적으로 성공한 사람들을 만나 그 사람들이 하라는 대로 해야 한다. 몸짱이 되고 싶다면 몸을 탄탄하게 잘 관리한 사람과 시간을 보내야 하고, 잉꼬부부가 되고 싶다면 결혼한 지 60년이 지나도록 손을 잡고 산책하는 노부부를 찾아가 시간을 보내야 한다. 마찬가지로 돈의 주인이 되고 싶다면 부자들을 만나 그들이 하라는 대로 해야 한다. 그래서 나는 바로 실행에 옮겼다.

운이 좋게도, 지난 몇 년간 엄청나게 성공한 사람들과 시간을 보낼 수 있었다. 그들이 생각하는 빚은 빈털터리 경제학 교수들이 말한 내용과는 아주 달랐다. 여태까지 나에게 "신용카드의 캐시백 혜택이 내 비결이야." 또는 "비자카드의 항공사 마일리지 적립 혜택 덕분에 세계일주를 할 수 있었다네."라고 말하는 백만장자는 한 번도 보지 못했다. 그들은 오히려 빚을 지지 않고, 빚이 없는 상태를 유지해야만 재산을 늘릴 수 있다는 조언을 들려주었다.

재산을 늘리는 데 쓸 수 있는 가장 좋은 도구는 우리의 월급이다. 한평생 일하는 동안 상상조차 못 할 만큼 큰 돈이 우리의 손을 스쳐 지나친다. 우리는 로또도 아니고 단기 대출도 아니고 신용카드도 아닌, 이 돈으로 부자가 될 것이다. 비장의 무기인 월급으로 매달 상환금이나 갚

── 돈 없이도 돈 모으는 법

는다면 미래의 자신에게서 100만 달러(약 10억 원)를 훔치는 것과 다름 없다.

돈을 빌린 사람은 빌려준 사람의 노예가 된다. '노예'라는 말에 주목하자. 노예는 다른 사람을 위해 일하느라 자신이 원하는 곳에는 평생 갈 수도 없고, 하고 싶은 일을 선택할 수도 없다. 자신을 위해 결단을 내릴 수 없으며, 자신이 원하는 대로 살 수도 없다. 빚을 지는 순간 여러분은 이렇게 살아야 한다. 빌린 돈은 나에게 이득을 가져다주는 도구가 아니다. 여러분을 노예로 만들어 주인에게 복종하도록 만든다. 빚을 이보다 더 명확하게 설명할 수는 없다.

••• 빚을 청산할 때의 자세

잘못된 상식이 오랫동안 진실처럼 받아들여진 탓에 갑자기 생각을 바꾸려면 굉장히 낯설게 느껴질 것이다. 평범한 미국인에게 '평범한' 상태는 가난이다. 나는 평범하게 살지 않겠다. 가난하게 사느니 이상해지는 편이 낫다. 잘못된 상식을 믿고, 신용카드를 열심히 사용하며, 준비도 안 된 상태에서 어마어마한 대출을 받아 집을 마련하고, 그 상황에서 자기 연봉보다 더 많은 빚을 져서 새 차를 사는 사람들을 나는 거의 매일 만난다. '다들 이렇게 살지 않나요? 원하는 물건을 갖거나 하고 싶은 일을 하려면 원래 빚을 져야 하잖아요. 아닌가요?' 절대 아니다.

가젤의 집중력을 발휘하자

어리석은 사람만 빚을 내서 물건을 산다는 내 말에 설득이 되었다면, 이제는 빚에서 벗어나는 비결을 이야기해주고 싶다. 빚에서 벗어나는 과정에서 반드시 기억해야 할 규칙이 하나 있다. 이 기본 규칙을 무시하면 어떤 훌륭한 이론이나 원칙, 연구 결과도 빚더미에서 벗어나는 데 도움이 되지 못한다. 이 규칙은 바로 '가젤의 집중력'이다.

몇 년 전, 잠언집을 읽으며 시간을 보내던 중 이런 내용을 발견했다. '아들아, 네가 만일 친구를 위해 보증을 선다면 (…) 네 눈을 절대 잠들게 해서는 안 된다. 눈꺼풀조차 감기게 하지 말아라. 가젤이 사냥꾼의 손에서 벗어날 때처럼 행동해야 한다.' 나는 이 구절을 내 이전 책에서 다음과 같이 풀어서 설명했다.

텔레비전 채널을 돌리다가 우연히 디스커버리 채널을 보게 됐다. 가젤들이 평화로운 시간을 보내는 장면이 나왔는데 역시나 디스커버리 채널답게 수풀 뒤에 숨어 호시탐탐 기회를 노리는 늘씬한 몸매의 치타도 연이어 등장했다. 다행히 가젤 한 마리가 냄새를 맡아 치타의 사냥 계획을 눈치챘고 다른 가젤들도 위험을 알아채고 신경을 곤두세웠다. 치타가 보이지 않는 상황에서 잘못 도망쳤다가는 치타를 향해 돌진할 위험이 있기에 가젤들은 치타가 먼저 움직일 때까지 숨을 죽인 채 주변만 살피고 있었다.

곧이어 가젤에게 들통났다는 사실을 안 치타는 온 힘을 다해 수풀에서 뛰쳐나왔다. 깜짝 놀란 가젤들은 사방으로 펄쩍펄쩍 뛰며 흩어졌다. 그날 방송은 치타가 단 네 발자국 만에 시속 72킬로미터의 속도로 달릴 수 있는, 초원에서 가장 빠른 동물이라는 사실을 똑똑히 보여주었다. 또한 가젤은 치타보다 빠르지는 않지만, 쉽게 지치는 치타의 특성을 전략적으로 이용해 이길 수 있다는 사실 역시 보여주었다. 치타가 가젤 사냥에 성공하는 건 열아홉 번 중 한 번 정도라고 한다. 빚에서 벗어나려면 당신도 가젤처럼 집중해서 승리한 뒤, 뒤돌아보지 말고 도망쳐야 한다.

빚은 여러분을 바짝 쫓으며 사냥하려 할 것이다. 여러분을 유인해서 빚을 진 상태를 편안하게 느끼도록 할 것이다. 여러 가지 혜택을 여러분 앞에 흔들어 보일 것이고, 여러분을 코너로 몰기 위해서 무슨 짓이든 할 것이다. 빚에서 벗어나고 싶다면 뛰어라! 주변에서 서성거리지 말고 주변을 구경할 생각도 하지 마라. 목표를 잊지 않고 가젤의 집중력을 발휘해야 빚에서 벗어날 수 있다.

빚을 청산하는 과정

앞으로 이야기할 모든 내용의 밑바탕이 되어줄 가젤의 집중력을 이해했다면, 빚도 스트레스도 없는 삶으로 우리를 이끌 네 가지 방법을 배울 차례다.

1. 돈을 빌리지 마라

계속 바닥만 파면 절대 구덩이에서 빠져나올 수 없다. 빚에서 벗어나기 위해서는 우선 문제가 되는 행동을 멈춰야 하는데, 그러려면 당장 오늘부터 동전 하나도 빌리지 않겠다고 다짐해야 한다. 신용카드도 사용해서는 안 된다. 가위로 신용카드를 자르고 절대 뒤돌아보지 말자. 이 과정을 나는 플라스틱 절제술이라 부르는데, 돈 관리를 위해 실천하게 될 여러 과제 중 여러분의 인생을 가장 눈에 띄게 바꿀 것이다. 친구들 앞에서 신용카드를 잘라버리며 플라스틱 절제술을 널리 전파하는 것도 좋다.

2. 반드시 저축하라

사람들의 지갑에서 신용카드를 버리게 하는 게 그 어느 것보다도 어렵다. 어떤 사람들은 플라스틱 쪼가리에 너무 의존해서 신용카드가 없으면 당장이라도 죽을 것처럼 두려워한다. 신용카드는 평범한 사람들의 비상자금이 되었고, 사람들이 경제적인 성장을 이루지 못하는 가장 큰 이유다. 그래서 나는 걸음마 공식 1단계에서 비상자금 1000달러를 모으도록 하고 있다. 비상자금이 있으면 뭐가 달라질까? 타이어가 터졌을 때 신용카드를 쓰지 않고도 타이어를 교체할 수 있다.

3. 팔아라

집에서 꼭 필요하지 않은 물건은 전부 정리해 중고시장에 팔자. 집 안을 돌아다니며 물건들을 둘러보고, '빚을 갚는 것보다 이 물건이 더 중요한가?'를 자신에게 물어라. 현금을 마련하기 위해 물건을 팔 정도로 여러분의 우선순위가 달라졌다는 사실을 깨닫게 될 것이다.

평범한 사람들 집에는 쓸 데가 없어 처박아둔 고물들이 가득하다. 그들이 가난한 이유 중 하나다. 온라인 중고시장을 통해 물건을 팔고 나면, 잡동사니도 처분할 수 있고 빚을 갚는 데도 도움이 된다. 그렇게 돈을 벌면 며칠 안에 비상자금 1000달러를 모을 수 있을지도 모른다.

4. 일하라

할머니께서 말씀하셨다. "돈이 없을 때 가야 할 좋은 장소가 있단다. 바로 직장이야." 아이들에게 일찍부터 가르치고자 했던 진리가 하나 있는데 바로 '돈은 일해서 벌어야 한다'는 것이다. 일을 하면 월급을 받는다. 더 많은 돈이 필요하면 일을 더 하면 된다. 여러분이 남은 생을 워커홀릭으로 살기를 바라지는 않지만, 빚에서 영원히 해방되는 데 필요한 돈이 8000달러(약 800만 원) 수준이라면 나에게 좋은 생각이 있다. 부업으로 피자 배달을 하는 거다. 장담하는데 1년 안에 빚에서 벗어날 수 있다. 부업에 대해서는 11장에서 자세히 다루도록 하겠다.

••• 눈덩이 전략으로 빚을 청산하자

걸음마 공식 1단계와 3단계를 1장에서 다뤘다. 이제 비어 있는 공간을 채우기 위해 걸음마 공식 2단계에 대해 이야기해보자. 걸음마 공식 1단계에서는 초보자용 비상자금 1000달러를 모아야 했다. 현금이 급히 필요한 상황에서 자신을 지켜줄 안전 장치를 마련했다면 이제 다음 단계로 넘어가보자.

걸음마 공식 2단계 눈덩이 전략으로 빚 청산하기

눈덩이 전략이란 여러분이 갚아야 할 빚 리스트에서 금액이 가장 낮은 빚부터 시작해 점차 큰 금액의 빚을 갚아나가는 방식이다. 계획은 간단하다. 주택담보대출은 제외하고, 잔여 상환금이 적은 순서로 시작하는 빚 리스트를 만든다. 이제 우리는 위에서부터 차례차례 빚을 격파할 것이다. 가끔 "금액을 생각하면 이자율이 큰 빚부터 갚는 게 맞지 않나요?"라고 묻는 사람도 있다. 하지만 어느 쪽이 이득인지 따지는 사람이었다면 애초에 신용카드 빚을 안 만들지 않았을까?

이 과정은 여러분의 행동을 바꾼다. 목표를 빨리빨리 달성해야 열정이 식거나 사기가 저하되지 않는다. 여러분을 성가시게 하던 소액의 체납고지서들을 처리하고 나면 자신감이 붙을 것이다. 리스트에서 빚을 하나씩 지울 때마다 태어나서 처음으로 목표 지점에 가까워지는 기분을 느끼며 에너지도 솟고 가속도도 붙을 것이다. 소소한 성취감을 느끼며 목록을 지워가다 보면, 빚 때문에 겪어야 했던 감정의 롤러코스터는 이제 내리막길을 시원하게 달리는 자전거가 된다.

빚 리스트에서 가장 윗줄에 있는 작은 빚에 초점을 맞추고, 가젤의 집중력을 발휘하자. 그 빚을 제외한 나머지 빚들은 최소 상환금 정도만 갚는다. 그리고 당장 갚아야 할 빚과 영원히 작별할 수 있을 때까지 모을 수 있는 돈을 끌어모아 쏟아붓는다. 빚 하나를 다 갚고 나면 그 빚에 들어가던 돈을 다음 빚을 갚는 데 쓴다. 리스트 아래로 갈수록 여러분은 점점 더 수월하게 돈을 갚을 수 있게 된다. 그래서 눈덩이 전략이다. 여러분의 눈덩이는 언덕을 구르면서 주변의 눈을 모아 점점 더 크기가 커질 것이고, 언덕의 중간쯤에서는 눈사태가 되어 모든 것을 격파할 것이다.

빚을 갚는 동안 퇴직연금은 어떻게 할까

눈덩이 전략을 따르는 동안 퇴직연금은 잠시 제쳐두는 편이 좋다. 이렇게 이야기하면 불안해하는 사람이 많다. 물론 나도 이해한다. 그래서 마음 편히 퇴직연금에 투자할 수 있도록 될 수 있는 한 빨리 빚을 청산하라고 이야기한다.

내 책을 읽고 실행하는 사람들은 대부분 상환 기간이 채 18개월도 남지 않은 주택담보대출 하나 말고는 빚이 없기 때문에 보통 1년 반 정도만 퇴직연금을 제쳐두라고 이야기한다. 그 돈을 빚 갚는 데 보탤 수 있기도 하거니와, 퇴직연금을 빨리 다시 시작해야 한다는 조바심이 '신속한 빚 상환'이라는 목표를 이룰 수 있도록 돕는 연료가 되어주기 때문이다. 매달 갚던 상환금이 없어지면 얼마나 더 많이 저축하고 투자할 수 있을지 생각해보자. 빠져나오는 데 몇 년이 걸릴지 모르는 극단적인 늪에 빠져 있지 않는 이상, 길게 봤을 때는 퇴직연금을 잠깐 미루는 편이 더 도움이 된다.

하고 싶은 말이 하나 더 있다. 퇴직연금을 잠시 손에서 놓더라도 빚을 갚는 데 쓰겠다고 연금 계좌를 해지해서는 안 된다. 만기일 전에 계좌를 해지하면 세금과 수수료로 원금의 상당 부분을 손해 보게 된다. 모아둔 돈의 절반에 가까운 액수를 창문 밖으로 던지는 정말 바보 같은 짓이다. 파산이나 압류를 막아야 하는 초긴급 상황이 아니라면, 해지하고 싶은 마음이 굴뚝같더라도 참자.

재산을 늘리기 위한 가장 강력한 무기

다시 한번 말하지만 월급은 재산을 늘리기 위한 가장 강력한 무기다. 천운이나 복권은 잊어라. 여러분이 부자가 되기 위해 사용할 도구는 일의

대가로 받는 월급뿐이다. 빌린 돈을 갚느라 매달 월급을 다 써버린다면 부자가 될 절호의 기회를 놓치는 셈이다. 빚을 갚는 과정은 걸음마 공식 전체를 통틀어 가장 중요한 단계다. 이 과정을 통해 여러분은 빚 없이 살겠다고 확실히 다짐하게 될 것이며, 부를 쌓기 위한 가장 강력한 무기가 되어줄 월급도 되찾을 수 있을 것이다.

제가 해냈어요!

결혼 25년 차 부부입니다. 잘사는 것처럼 보였겠지만, 실은 언제 파산해도 이상하지 않은 아슬아슬한 상황이었어요. 17년 동안 사업을 했고, 5년 전에는 새로운 사업을 하나 더 시작했어요. 그때부터 빚이 쌓이기 시작하더니 주택담보대출을 제외하고도 빚이 42만 5000달러(약 4억 2500만 원)나 생겼어요. 신용카드 빚만 17만 달러(약 1억 7000만 원)였죠. 사업이 하락세를 보이던 2년 전, 시장 경기가 좋아지겠거니 막연히 생각하며 저희는 살아남기 위해 반드시 해야 할 일들을 하지 않았어요.

　작년에는 파산 신청 직전까지 갔었어요. 하지만 파산 신청 대신에 채권자와 해결책을 찾아보기로 했고, 더는 신용 거래를 하지 않기로 다짐했어요. 그리고 9월, 데이브 램지 선생님을 알게 됐어요. 사실 선생님께 배운 내용으로 극복하기에는 저희 상황이 너무 심각한 것 같아서 그만두려고도 했었어요. 하지만 포기하지 않고 실천한 덕분에 빚을 3만 달러(약 3000만 원)나 갚았어요. 아직 갈 길이 멀지만 빚을 다 갚을 때까지 선생님의 가르침을 잊지 않으려고 해요. 장담하는데, 여러분의 상황이 선생님의 가르침으로 해결할 수 없을 만큼 심각하지는 않을 거예요.

- 미주리주 세인트찰즈에서, 익명의 독자

★ 이 장의 키포인트

1. 빚은 역사상 가장 큰 성공을 거둔 마케팅 상품이다.
2. 비자카드가 성공을 거둔 지는 35년밖에 되지 않았다.
3. 빚을 '평범'하다고 생각하게 된 지는 얼마 되지 않았다.
4. 우리가 보고 듣고 믿어온 빚에 관한 이야기들은 대부분 사실이 아니다.
5. 빚은 우리의 성공을 돕는 도구가 아니다.
6. 빚에서 벗어나려면 가젤의 집중력으로 눈덩이 전략을 실천해야 한다.

★ 복습해보자

1. 언제 처음 신용카드를 만들었는가? 처음 신용카드를 받았을 때 어떤 기분이 들었는가?
2. 갚을 빚이 전혀 없다면 어떤 기분이 들겠는가?
3. 매달 빚을 갚는 데 쓰는 금액은 얼마인가. 그 돈이 계좌에 고스란히 남는다면 무엇을 할 수 있겠는가?
4. 이 장에 소개된 '잘못된 상식' 중 여러분이 믿었거나 퍼뜨렸던 내용이 있는가?
5. 빚을 갚는 데 가젤의 집중력이 중요한 이유는 무엇인가?
6. 빚 때문에 노예가 된 것 같은 느낌을 받았던 적이 있는가?

5장

신용과 채권 추심

불리한 상황에서

코 베이지 않으려면

내가 진행하는 교육 프로그램에서는 재미있는 활동을 하나 한다. 수업이 진행되는 동안 수강생들이 우편으로 받은 신용카드 혜택 안내서를 가져오는 활동이다. 메일로 들어오는 신용카드 안내서는 보통 바로 휴지통으로 들어간다. 우편함 옆에는 문서 세단기를 두는 게 더 나을지도 모르겠다. 우리는 습관처럼 신용카드 안내서를 거른다.

최근 한 수업에서 여러 명의 신용카드 안내서를 모아 총 이용 한도를 더해봤는데 그 자리에 있던 모두가 깜짝 놀랐다. 열 두 가정이 등록된 한 반에서 몇 주 동안 모은 신용카드 혜택 안내서의 총 한도액은 무려 790만 달러(약 79억 원)였다. 내일 우편함을 확인하면서 건물의 총 우편함 개수를 한번 세어보자. 신용카드사가 그 많은 우편함에 제시하는 빚은 모두 얼마일까?

우리는 신용 거래를 쉽게 생각하지만 그렇게 해서는 안 된다. 빚이 무엇이며 왜 빚에 의존하면 안 되는지를 분명히 해야 한다. 하지만 빚은 이미 현실의 문화로 깊게 뿌리내렸다. 이들은 우리 삶을 망가뜨릴 기회를 수도 없이 제시하고 우리는 빚에 폭격을 당하며 살고 있다. 이들의 공격에 적절히 방어할 줄 알아야만 신용 업계에 대응할 수 있다.

••• 갚아야 하는 빚이 없더라도

개인신용조회회사*나 채권추심은 알 필요가 없다고 생각할 수도 있다. 이 책을 집었다는 건 평범한 사람들보다 한발 앞서 있다는 셈이고, 대단히 잘 해내고 있는 상태일 수도 있다. 빚을 청산하고 비상자금도 두둑이 마련한 상태라 수금원의 빚 독촉에 가슴 졸일 일은 아마 평생 없을지도 모른다. 여러분이 만약 이러한 상황에 있다면 아주 훌륭하다고 축하해주고 싶다. 하지만 아무런 돈 문제가 없는 사람이라도 이번 장을 읽어두면 언젠가는 분명 도움이 될 것이다.

돈을 올바르게 관리하면 이상한 일이 생기기 시작한다. 여러분의 변화된 일상을 보고 주변인들이 당신에게 도움을 요청할 것이다. 그들은 여러분이 신용카드를 자를 때 옆에서 비웃던 사람일 수도 있다.

우리 회사 직원들에게 흔히 생기는 일이다. 직원들은 우스갯소리로 이야기한다. "데이브 램지 회사에서 일한다고 말하려면 돈 문제를 들어

◆   개인신용 정보를 토대로 신용도를 평가하여 금융회사 등에 판매하는 회사. 한국의 신용조회회사로는 NICE평가정보, 코리아크레딧뷰로, SCI평가정보 등이 있다.

줄 준비부터 해야 해요." 직원 중 하나가 생명보험에 가입하기 전에 피검사를 받으러 갔다가 겪었던 일을 떠올리며 말했다. 그의 담당 간호사가 개인정보 서류에서 데이브 램지라는 이름을 보고는 크리스마스에 자기가 돈을 얼마나 낭비했는지 이야기하기 시작했다고 한다.

이렇게 생각하자. 여러분 주변에는 도움이 필요한 사람이 많다. 여러분이 안정적으로 살고 있다면 그들은 여러분을 탈출구로 생각하며 도움을 받고 싶어 할 것이다. 수금원의 독촉 전화를 여러분이 직접 받을 일은 없겠지만, 여러분이 아끼는 누군가가 그런 전화를 받을 가능성은 얼마든지 있다. 그들이 도와달라고 부탁했을 때, 희망과 함께 필요한 정보도 주기 위해서는 이 장을 반드시 읽어야 한다.

··• 신용 점수는 그만 따져라

잘못된 상식 하나가 청년들을 함정에 몰아넣고 있다. 여러분도 아마 들어본 적이 있을 것이다. 다음 문장의 빈칸을 채워보자. '○○○○을 높이려면 신용카드를 쓰거나 자동차를 살 때 대출을 받아야 한다.' 빈칸에 들어갈 말로 '신용 점수'를 생각했다면 정답이다. 하지만 여러분이 이 말을 믿었다면 정확하게 틀렸다.

신용 점수는 돈을 얼마나 잘 관리하는지를 보여주는 점수가 아니다. 이 점수는 100% 빚을 기반으로 매긴 점수다. 미국의 신용 점수 평가기관 FICO Fair Isaac Corporation는 '빚을 얼마나 사랑하는지'를 수치로 매겨 여러분에게 보여준다. 돈을 얼마나 저축했는지는 조금도 상관없다.

보통은 신용 점수가 높으면 돈 관리를 바르게 하고 있다는 뜻으로 받아들이지만 이는 사실이 아니다. 신용 점수는 우리가 빚을 얼마나 즐기고 있는지를 보여줄 뿐이다. 증명할 수도 있다. FICO는 다음과 같은 요소들로 점수를 매긴다.♦

부채 이력 35%

부채액 30%

신용 거래를 한 총 기간 15%

신용 거래 형태 10%

기간 내 신규 신용 거래 이력 10%

FICO 점수표에 수입, 저축, 은퇴계획, 부동산, 뮤추얼펀드 포트폴리오가 보이는가? 보일 리 없다. 앞에서 말했듯 이 점수는 우리가 빚을 얼마나 사랑하는지에 대해서만 관심이 있다. 돈을 얼마나 벌어 얼마나 저축했는지는 전혀 관심이 없다.

나는 오래전부터 빚이 나쁘다고 생각했기 때문에 20년 넘게 돈을 빌리지 않았다. 이렇게 사는 동안 신용등급이 어떻게 변했을지 궁금해져서 온라인으로 한 번 확인해본 적이 있는데 다음과 같은 메시지가 나왔다.

죄송합니다. 오류가 발생했습니다. 귀하는 FICO 점수 산출 기준을 충족하지 않아 신용등급을 확인할 수 없습니다. FICO 점수를 산출하려면 개설한 지 6개월

♦　FICO와 우리나라 신용 점수 제도는 다를 수 있다.

이상인 계좌가 1개 이상 있어야 하며, 적어도 1개 이상의 계좌에 최근 6개월 내업데이트 기록이 있어야 합니다. 또한 계정주가 사망하지 않았음이 확인되어야 합니다.

'계정주가 사망하지 않았음이 확인되어야 한다.'라는 문구를 보고 충격을 받았다. 신용 점수가 없는 나 같은 사람은 대출 중독 사회에서 '죽은 사람'이나 마찬가지였다.

아내와 나는 오랫동안 재테크를 하며 모은 재산이 꽤 있는데도 FICO 점수는 없다. 여러분이 당장 다음 주에 1000만 달러(약 100억 원)를 상속받는다고 하더라도 FICO 점수에는 아무런 영향이 없다. 연봉이 무려 100만 달러(약 10억 원)가 올라도 FICO 점수는 꿈쩍도 하지 않을 것이다. 무슨 뜻인지 이해가 되었기를 바란다. 별것도 아닌 FICO 점수 좀 올려보겠다고 미래를 희생하지는 말자. 말도 안 되는 거짓말이 여러분의 삶을 망치게 두어서는 안 된다.

··• 잘못된 신용평가 보고서를 수정하려면

앞에서 말한 것처럼 FICO 점수는 돈을 얼마나 가졌고 얼마나 성공했는지와는 아무런 관계가 없다. 그러니 신용 점수를 높이기 위해 억지로 노력하지 않아도 된다. 하지만 이건 확실히 해두자. 신용 기록이 나쁜 것과 신용 기록이 없는 것의 차이는 엄청나다.

청구서는 반드시 기간 내에 처리하고 성실한 태도로 빚 문제를 해결해야 한다. 그렇게 하다 보면 점수가 폭락할 일도 없고, 빚지지 않는 시간이 쌓이며 나빴던 점수가 점차 회복될 것이다.

마지막 신용 거래일 기준 7년간의 계좌 정보가 신용평가 보고서에 포함된다. 결제 대금을 안 갚고 버텨봐야 기록은 쉽게 사라지지 않는다. 채권자나 카드회사가 여러분의 계좌를 조회할 때 그 기록은 '활동 내역'으로 남아 계속해서 여러분의 계좌에 얼룩을 남길 수 있다. 새 활동 내역이 생길 때마다 당연히 7년은 다시 계산된다.

이 시스템은 과거의 실수는 밀어내고 여러분의 최근 활동을 우선으로 여기기 위한 것이다. 4년 전 실직한 탓에 자동차 할부금을 몇 번 밀려냈더라도 그 실수가 당시만큼 치명적인 영향을 끼치지는 않는다. 시간이 갈수록 과거 기록은 점점 덜 중요해지다가 결국에는 사라진다. 하지만 이 점이 여러분의 문제를 해결해줄 거라고 생각해서는 안 된다. 파산 신청을 할 때는 예외로 10년간 기록이 남는다.

신용평가 보고서에서 합법적으로 삭제할 수 있는 정보는 잘못된 정보뿐이다. 그러니 신용정보 기록을 삭제해준다는 사기 수법에 넘어가서는 안 된다. 공익연구협회 National Association of State Public Interest Research 가 발표한 연구 결과를 보면 신용평가 보고서의 79%에서 잘못된 정보를 찾을 수 있고 그중 25%는 대출 심사에서 탈락할 만큼 심각한 오류라고 한다. 또한 신용평가 보고서의 30%는 이미 해지한 계좌를 여전히 사용 중인 계좌로 반영하고 있으며, 주택담보대출을 받은 사람들의 보고서 중 25%에서 동일한 대출이 중복 기재된 문제점이 발견됐다.

다른 사람의 실수지만 보고서를 주기적으로 확인해 잘못된 부분을 고쳐야 하는 사람은 여러분이다. 1년에 한 번은 자신의 보고서를 직접 확인하는 걸 추천한다. 미국 법에 따라 1년에 한 번 개인신용조사회사에서 자신의 보고서를 무료로 받아볼 수 있다.♦ 그러니 보고서를 요청해서 자세히 확인하고 평가 항목들을 꾸준히 관리하도록 한다.

미국 법에 따르면 개인신용조사회사는 보고서에 잘못된 정보가 있다는 사실을 통보받은 30일 이내에 정보를 수정해야 한다. 신용조사회사에서 책임지고 문제를 처리해야 하고, 비자카드나 마스터카드 등 잘못된 정보를 제공한 주체와 함께 오류를 찾아야 한다. 만약 신용조사회사가 30일 이내에 문제를 해결하지 못하거나 채권자가 신용조사회사에 30일 이내에 답을 주지 않는 경우, 법에 따라서는 문제가 있는 항목을 아예 삭제할 수 있게 되어 있다. 하지만 그러려면 우선 여러분이 아래와 같은 절차를 시작해야 한다.

잘못된 정보를 신용조사회사에 알릴 때는 종이에 적거나 인쇄해서 등기우편으로 보내고 배달증명서도 함께 신청한다. 이렇게 하면 어디까지 배송되었는지 추적할 수 있고, 배송된 날짜를 증명할 수도 있다. 그리고 여러분은 배송 완료된 날짜로부터 30일을 세면 된다. 이렇게 해야만 신용조사회사가 수정 요청을 받은 적이 없다고 잡아떼더라도 반박할 수 있다.

신용평가 보고서 관련 가장 안 좋은 사례는 신원을 도용당해 점수가 바닥을 치는 경우다. 본인 잘못으로 보고서가 엉망이 돼도 머리가 아픈데 다른 사람의 범죄 때문에 기록이 엉망이 된다면 악몽 같은 나날을 보

♦ 한국의 경우 회사의 정책에 따라 유료 또는 무료로 신용평가 보고서를 조회할 수 있다.

내게 될 것이다.

범죄라는 단어에 주목하자. 나는 신원 도용 문제로 〈데이브 램지 쇼〉에 전화 연결을 한 청취자들에게 이는 엄연한 범죄라고 끊임없이 이야기한다. 왜냐하면 이 문제로 상담을 신청한 사람 중 절반이 친구나 가족처럼 잘 아는 사람들에게 신원을 도용당했기 때문이다. 어머니가 여러분의 명의로 신용카드를 만들었는데 대금을 제때 내지 못했다면 이는 엄연한 범죄다. 어머니는 신분도용 범죄자다. 귀여운 실수로 생각하고 가볍게 웃어넘길 일이 아니며, 어머니로서 당연히 누릴 수 있는 권리도 아니다.

••• 채권 추심 업체를 상대할 때

채권 추심원과 추심 절차에 대해 이야기해보자. 여러분이 빚 독촉 전화를 받아본 적이 한 번도 없다면 앞으로도 그럴 일이 없기를 진심으로 바란다. 하지만 여러분에게 한 가지는 말하고 싶다. 나는 빚 독촉 전화를 받아본 적이 있는데, 수화기 너머로 느껴지는 이들의 표독스러움과 저급함에 당시 굉장한 충격을 받았다.

이런 심각하고 가슴 아픈 문제를 지금도 몇백만 가정이 겪고 있다. 여러분은 운이 좋아 겪지 않을 수 있지만, 여러분이 아끼는 누군가는 겪을 수도 있는 문제다. 그럴 때 여러분이 조언 몇 마디라도 해줄 수 있다면 좋지 않을까? 인생의 문제들이 다 그렇지만 특히 채권 추심은 아는 만큼 힘이 된다. 채권 추심 절차가 어떻게 진행되는지, 채권 추심원이 해도 되는 일과 안 되는 일이 무엇인지만 알고 있어도 훨씬 잘 대응할 수 있다.

채권 추심원이 하는 일은 딱 한 가지, 여러분에게 돈을 받아내는 일이다. 여러분에게 돈을 받을 수만 있다면 말과 행동을 가리지 않고 나쁜 놈이 되는 것도 감수한다. 이들은 보통 처음에는 친근하게 다가온다. 부드러운 말투로 친구의 입장에서 여러분을 돕고 싶다고 말할 것이다. 알다시피 다 거짓말이다.

채권 추심원은 여러분의 동료도, 재무상담사도, 친구도 아니다. 이 사람들은 잘 훈련된 영업사원 또는 텔레마케터이다. 그들이 하는 일은 서비스 지원이 아닌 영업이다. 이 사람들은 여러분의 자녀가 이번 주 내내 끼니를 걸렀다는 사실 따위에는 관심이 없다. 이 사람들은 여러분에게 돈을 받아내기 위해서는 무슨 짓이든 한다. 《스마트머니SmartMoney》잡지사의 보고서에 따르면 채권 추심 업체는 매년 4000만 달러(약 400억 원)가 넘는 빚을 처리한다고 한다. 1990년대와 비교해 채권 추심 업체는 두 배나 많아졌고 매출은 세 배가 되었다. 채권 추심은 실속 있는 사업이다.

그러나 높은 매출에 비해 이 바닥에서 오랫동안 꾸준히 일하는 사람은 매우 드물다. 채권 추심 업계는 보수도 적고 퇴사율도 높다. 주간지 《비즈니스 위크Business Week》는 대형 채권 추심 업체의 연간 직원 회전율이 85%에 달한다고 발표했는데, 그 이유를 어렵지 않게 추측할 수 있다. 이미 벼랑 끝에 선 사람들을 괴롭히는 일이 업무의 전부라면 어떨까. 연봉이 얼마든 이런 일을 오래 하고 싶은 사람은 없을 것이다.

기억하자. 이들은 전문가가 아니다. 여러분에게 전화를 건 사람은

800킬로미터 떨어진 사무실에 앉아 있는 풋내기 영업사원일 뿐이다. 그런데도 사람들은 채권 추심 업체와 통화하길 두려워하며 이들에게 줄 돈을 우선으로 여긴다. 힘겹게 사는 사람에게 전화해서 험한 말을 퍼부으며 당장의 식비를 뜯어내는 사람이 20대 초반의 풋내기라는 사실을 생각하면 어이가 없다.

이들은 직무교육을 통해 가장 먼저 채무자의 감정을 건드리는 방법을 배운다. 채권 추심 업체는 여러분을 화나게 하거나 슬프게 하거나 울게 하거나 죄책감을 느끼게 하고 싶다면 당장에 그렇게 한다. 돈을 받기 위해서라도 자신들이 원하는 방향으로 여러분이 느끼고 생각하도록 할 것이다. 이들은 여러분의 가족이 어떻게 될지는 전혀 신경 쓰지 않는다. 채권 추심 업체가 몇 달마다 대대적으로 새 직원을 뽑아야 하는 이유다.

수잔의 경험담
채권 추심 업체가 하는 말이라면 뭐든 믿었고 매번 두려웠어요. 그런데 이 사람들이 하는 말이 다 꾸며낸 이야기라고 생각하니 대응하기가 한결 편해졌어요. 마음을 단단히 먹고 계획한 예산대로 살며 저 자신을 믿으니 오히려 그 사람들이 제게 겁을 먹던데요.

네 개의 벽부터 챙기자

빌린 돈을 갚지 말라는 이야기가 아니다. 나는 채권 추심 업체에 단호한 만큼, 일부러 돈을 갚지 않거나 갚을 의지가 없는 사람들에게 더 단호한 목소리로 그건 도둑질이나 다름없다고 강조한다. 이 장에서 이야기하는 내용은 사기 수법이 아니다. 법의 보호 아래에서 채무자가 행사할 수 있는 권리를 알려주고, 그들이 돈을 갚아나갈 용기와 자신감을 가질 수 있도록 힘을 주고 싶을 뿐이다.

—— 돈 없이도 돈 모으는 법

채권 추심 업체를 상대하는 과정에서 우선순위를 정하는 사람은 그들이 아닌 여러분이어야 한다는 사실을 잊지 말자. 어느 날 저녁, 이 주제로 강연을 마치자 젊은 여성이 눈물이 그렁그렁한 채로 다가와서 이렇게 말했다. "이런 강의를 해주셔서 정말 감사해요. 제 편에 서서 해주는 이야기를 들어본 적이 없어요. 저희 아버지는 무슨 일이 있어도 신용 점수를 지켜야 한다고 항상 말씀하셨어요. 그래서 신용카드 빚을 밀리지 않으려고 하다 보니 결국 이번 주에 한 끼도 먹지 못했어요." 그녀는 진지했다. 신용카드 산업과 채권 추심 업체에 대한 두려움, 그리고 그 대단한 FICO 점수가 그녀의 한 끼 식사마저 먹어치웠다.

무엇보다 여러분 자신을 먼저 챙겨야 한다. 채권 추심원이 얼마나 크게, 얼마나 오랫동안 소리를 지르든 여러분과 가족들에게 꼭 필요한 부분을 해결하기 전까지는 이들에게 절대로 돈을 보내지 말자. 네 개의 벽이라고 부르는 의, 식, 주, 합리적인 수준의 교통수단이 여기에 해당한다. 다시 한번 말하지만 걸칠 옷이 있고 배를 채울 수 있고 몸을 누일 곳이 있고 직장까지 갈 방법이 있어야 삶이라는 전투에 임할 수 있다.

크리스티의 경험

채권자와 이야기하는 데 자신감이 생겼고, 이제 겁도 나지 않아요. 아는 게 힘인 것 같아요. 그 사람들이 거짓말을 하거나 법의 테두리에서 벗어나려고 할 때를 대비하려면 알아야 할 게 아직 더 많네요.

프로라타 계획으로 빚을 갚자

다시 한번 말하지만, 돈을 안 갚는 방법을 가르칠 생각은 없다. 여러분이 법을 알고 있고 채권자와 맞설 능력이 있다고 하더라도 갚아야 할 빚을 제때 갚지 않으면 당연히 소송을 당하게 될 것이다. 만약 여러분이 최소 상환금*도 갚지 못할 정도로 돈이 없다면 프로라타 계획The Pro Rata Plan을 적용해볼 수 있다.

프로라타는 '적정한 비율'이라는 뜻이다. 프로라타 계획은 가처분 소득에서 적정한 비율을 정해 채권자 모두에게 공정하게 빚을 갚아나가는 방법이다. 이해하기는 어렵지 않다. 우선 총수입을 적는다. 그리고 총수입에서 최소 생활비(네 개의 벽)를 뺀다. 총수입에서 최소 생활비를 뺀 액수가 가처분 소득이다. 이 돈을 채권자들에게 보내면 된다.

여러분이 갚아야 할 빚 리스트와 월 상환금을 확인해서 빚이 전부 얼마인지 계산한 후, 매달 갚아야 할 최소 상환금이 모두 얼마인지 더해보자. 최소 상환금을 다 더한 액수가 가처분 소득보다 많으면 최소 상환금을 갚을 돈이 충분하지 않다는 이야기다. 매달 어떤 빚을 갚고 어떤 빚을 그냥 둘지를 고르는 대신, 5달러(약 5000원)가 안 되는 적은 돈이라도 채권자 모두에게 보내야 한다.

'적정한 비율'은 바로 이 지점에서 자신의 역할을 한다. 여러분이 갚아야 할 빚이 총 5개가 있고 전부 더하면 2000달러(약 200만 원)라고 하자. 이 중에서 시어스 쇼핑몰에 진 빚이 200달러(약 20만 원)라면 총 빚에서 시어스 쇼핑몰은 몇 퍼센트를 차지하는가? 2000달러를 200달러로 나눠보면 시어스 쇼핑몰에 진 빚이 전체 빚의 10%라는 사실을 알 수 있다. 10%를 차지하는 시어스에 가처분 소득의 10%를 보낸다. 최소 상

◆   미국에서 신용카드를 사용하는 경우, 매달 대금에 대한 최소 상환금이 설정되고, 최소 상환금을 결제하면 당장의 연체를 막을 수 있다. 은행마다 계산하는 법이 다르지만 보통 전체 대금의 5%를 넘지 않는 수준이다.

환금에 미치지 않는 금액이더라도, 채권자에게 적은 액수나마 갚는 성의를 보일 수 있다.

여러분의 월 소득, 총 부채액과 함께 프로라타 계획을 종이에 적어 채권자 모두에게 보내자. 여러분이 매달 갚는 돈이 최소 상환금에 미치지 못하지만, 계획이 있고 최소한의 성의라도 보이려고 노력하고 있다고 설명하자. 이들이 험한 말을 하거나 막무가내로 소송을 걸겠다고 협박할 수도 있다. 하지만 이 일을 오랫동안 하면서 지켜본 결과 꾸준히 돈을 보내면 채권자들도 꾸준히 돈을 받아줬다. 게다가 프로라타 계획은 오랫동안 실행하는 계획이 아니다. 부업으로 수입을 늘리기 전까지만 이 방법으로 견디면 그다음부터는 눈덩이 전략으로 가젤의 집중력을 발휘해 빚을 갚을 수 있다.

••• 채권자와 거래해 빚 깎기

이 장을 마무리하기 전에 채권자와 합의할 때 쓸 수 있는 실용적인 팁 몇 가지를 더 주려 한다. 청구서가 밀린 지 몇 달 안 된 경우에는 빚을 깎을 수 있다. 법에 어긋나지 않고 여러분의 능력 안에서 채무를 이행할 좋은 방법이다. 이럴 때 여러분이 따를 수 있는 가이드라인이 있다.

1. 빚을 처리하기 위해 다른 사람을 고용하지 말자. 평판이 좋지 않은 신용상담 사들이 판을 치는데, 이들은 채권자가 합의안을 받아들일 때까지 몇 달간 빚을 갚지 말라고 여러분을 설득한다. 잘못된 방법일 뿐 아니라 여러분의 신뢰까지 떨어뜨린다. 돈이 있으면 빚을 갚아야 한다. 채권자와 합의하고 싶으면 직접 하

자. 돈까지 쓰면서 다른 사람을 시킬 필요는 없다.

2. 계약서를 써라. 구두로 협상했더라도 돈을 보내기 전에 기록으로 남겨야 한다. 내 변호사 친구는 항상 '기록으로 남지 않으면 일어난 적 없는 일'이라고 말한다. 채권 추심 업체가 하는 말을 절대 믿지 말자. 계약서에 옮긴 말만 믿자.

3. 계좌 접근 권한을 넘기지 말자. 특히 채권 추심 업체가 험악하게 행동하는 경우에는 절대 넘겨줘서는 안 된다. 2000달러(약 200만 원) 중 500달러(약 50만 원)만 가져가겠다는 말을 믿고 계좌 정보를 주면 이들은 2000달러 전부를 가져갈 것이다. 장담할 수 있다.

4. 자료를 전부 보관하자. 이미 갚은 빚이 몇 년 후 신용 보고서에 또 등장할 수도 있으니 빚을 다 갚았다는 증거 서류들은 전부 모아둔다.

채권 추심은 굉장히 민감하고 사적인 문제다. 채권자와 변호사, 판사가 법정에 모여 내가 왜 빚을 갚을 능력이 없는지 이야기하는 것을 듣고 있던 때의 기분을 나는 결코 잊을 수 없다. 나 자신이 그렇게 초라하게 느껴졌던 적이 없었다. 하지만 만약 여러분이 이 상황에 놓여 있다면 평생 그렇게 살지 않아도 된다는 사실을 알았으면 좋겠다. 지금 여러분이 읽고 있는 이 책의 내용은 어떤 상황에서 시작하든, 누구에게나 효과가 있다. 그 과정이 언제나 쉽고 재미있을 수는 없다. 결과가 당장 보이지도 않겠지만 언젠가는 반드시 노력에 보답할 것이다.

제가 해냈어요!

회사에 있을 때 채권 추심원이 전화를 했어요. 몇 년 전에 받았던 의료 검진 비용 531달러(약 53만 1000원)가 미납되었다면서 어떻게 갚을 건지 묻더라고요. 보험회사에 비용을 청구하려고 제가 검사를 받은 기관의 연락처를 달라고 하니 검사한 지 2년이 넘었기 때문에 보험회사에 청구해도 돈을 받지 못할 거라고 했어요.

그래서 저는 이렇게 답했어요. "그쪽 말이 맞을지도 모르죠. 하지만 일단 보험회사에 비용을 처리해줄 수 있는지 물어보고 싶은데요. 제가 왜 당신 말을 믿어야 하죠? 채권 추심 업체에서 일하는 분 아니세요? 제 돈만 받아내면 그만이잖아요. 보험회사에 전화하고 생각해볼게요."

여자가 제 말을 끊더니 "소용없다니까요! 돈 안 주면 고소할 겁니다."라고 하더군요. 그때는 저도 화가 나서, "아뇨, 그쪽은 아무것도 못 해요. 사무실 책상 앞에서 전화나 하고 있겠죠."라고 받아쳤죠. 그랬더니, "그렇게 말하면 기분이 좀 나아져요? 빚이나 갚으세요. 그럼 저도 전화할 일 없을 테니까."라고 하더라고요.

저는 웃으며 말했어요. "나 같으면 그런 일은 억만금을 줘도 안 하겠어요. 참 딱하시네요." 그렇게 통화가 끊겼답니다.

— 인디애나주 인디애나에서, 휘트니

★ 이 장의 키포인트

1. FICO 점수는 부를 판단하는 기준이 아니다. '빚을 사랑하는' 사람들을 위한 점수다.
2. 잘못된 정보를 고치기 위해 정기적으로 신용 보고서를 확인해야 한다.
3. 채권 추심 업체는 무슨 짓이든 해서 여러분의 돈을 받아내는 일을 한다.
4. 채권 추심 업체에 계좌 접근 권한을 주지 말자. 채권자와 합의한 내용은 증거로 남기자.
5. 최소 상환금도 못 낼 형편이라면 프로라타 계획을 실행해보자.

★ 복습해보자

1. '신용 점수는 훌륭한 돈 관리와 관련이 없다'는 이야기를 들었을 때 어땠는가?
2. 신분 도용범으로부터 자신을 보호할 수 있는, 실제로 쓸 만한 방법으로는 무엇이 있는가?
3. 채권 추심 업체가 감정을 자극하는 방법을 가장 효과적인 무기로 삼는 이유는 무엇인가?
4. 채권 추심 업체와 상대할 때 왜 네 개의 벽(의, 식, 주, 교통)을 우선순위로 둬야 하는가?

6장

소비

소비 권하는 사회에서

내 돈을 지키려면

오래전부터 우리 가족은 건축업, 도급업, 중개업과 같은 부동산 업계에서 일해왔다. 그래서 내가 고등학교를 졸업하자마자 부동산업에 뛰어들었을 때 우리 가족은 아무도 놀라지 않았다. 당시 부동산 중개인 자격증 공부를 하다가 한 라틴어 문장을 보게 되었다. 카베아트 엠프토르Caveat emptor. '구매자가 위험을 부담하게 한다'는 뜻이다.

당시에는 매도인이 중개인을 끼고 물건을 판 뒤 그 보답으로 수수료를 냈다. '매수인의 대리인'은 흔치 않은 시절이었다. 이로 인해 대리인은 매도인 측의 사람일 수밖에 없었고, 대리인이 매수인에게 해줄 수 있는 건 스스로 위험을 판단해야 한다고 알리는 것뿐이었다. 그러니까 내가 하려는 일에도 '구매자 위험 부담'이 존재하는 셈이었다.

부동산 업계는 그때보다 환경이 조금 나아졌지만, 소비자가 인내심을 가지고 충분히 정보를 파악한 뒤 결정을 내려야 한다는 사실은 그때나 지금이나 같다.

소비도 마찬가지다. 현대 사회에서 마케팅은 엄청난 힘을 발휘한다. 그래서 주의하지 않으면 잡동사니가 되어 창고에 처박힐 물건들을 사모으다가 평생 빈털터리로 살게 된다. 사방팔방에서 우리를 공격하는 마케팅 수법으로부터 스스로를 보호할 방법을 배워서 구매자 위험 부담을 확 줄여나가야 한다.

··· 결코 피할 수 없는 마케팅

텔레비전을 켜거나, 라디오를 틀거나, 웹 서핑을 하거나, 쇼핑몰 안에 들어갈 때는 여러분의 돈을 지킬 전투를 벌인다고 생각해야 한다. 기업들은 돈을 서로 차지하기 위해 상상할 수 있는 방법을 총동원해 여러분을 공격한다. 기업 입장에서 마케팅은 소비자를 자신들의 울타리 안으로 완벽히 끌어들이기 위한 필수 사항이다. 생각해보자. 오프라인에서 온라인에 이르기까지 동일한 물건을 파는 매장이 수천 개가 존재한다. 매장들은 가능한 한 가장 매력적이고 흥미로운 방법을 사용해 여러분의 눈길을 끌기 위해 분투한다.

1초에 1만 달러짜리 광고

《소비중독 바이러스 어플루엔자》라는 훌륭한 책에 따르면, 주목받고 싶어 발악하는 광고 메시지를 소비자는 하루 평균 3000개 이상 접한다고 한다. 우리 아이들이 성인이 되기 전까지 보게 되는 상업광고는

100만 개쯤이며, 평생 보게 될 광고까지 따지면 꼬박 2년을 텔레비전 광고만 보며 지내는 셈이라고 한다.

마케팅 시장의 크기 또한 엄청나다.《소비중독 바이러스 어플루엔자》에 따르면 30초짜리 지상파 채널 광고를 제작하는 데 30만 달러(약 3억 원)가 든다고 한다. 1초에 1만 달러(약 1000만 원)가 든다는 이야기다. 놀라운 사실이 하나 더 있다. 텔레비전 프로그램을 하나 제작하는 데 드는 돈은 얼마인지 아는가? 약 30만 달러로 30초짜리 광고를 만드는 데 드는 제작비와 비슷한 수준이다. 텔레비전 프로그램 한 회 제작비가 1초에 83달러(약 8만 3000원)인데, 프로그램 중간에 잠깐 나오는 광고를 만드는 데 1초에 1만 달러가 든다는 이야기다. 텔레비전에서 광고가 가장 재미있다고 이야기하는 사람들이 어쩌면 핵심을 가장 정확하게 꿰뚫고 있는지도 모른다.

게다가 이런 광고들은 확실히 효과가 있다. 얼마 전에 본 어느 연구결과에 따르면 평범한 미국 가정에 사람 수보다 텔레비전 개수가 더 많다고 한다. 기업에 화가 나는 건 아니다. 이들은 잘못이 없다. 큰 회사를 운영하면서 나도 여러 종류의 광고를 집행한다. 그러므로 소비자는 언제나 마음의 준비를 단단히 해야 한다.

줄리의 경험담
'구매자가 위험을 부담한다'라는 말은 어리석은 소비가 전부 제 책임이라는 뜻이죠.

달콤한 쿠키 냄새

쇼핑몰을 걸으며 그냥 둘러보기만 할 수 있다고 생각하는가? 가게들은 온갖 기상천외한 방법으로 우리의 방어막을 뚫는다. 예를 들어 후각을 공략해 소비자의 지갑을 열게 하는 상점들이 많다.《USA 투데이USA Today》는 기업들이 특정 감정을 자극하는 향기를 매장에 사용하기 시작했다고 보도했다. 소니 스타일Sony Style은 고객들이 안정감을 느끼며 소비에 경계심을 낮출 수 있도록 바닐라와 만다린 오렌지 향으로 매장을 관리한다. 백화점 블루밍데일즈Bloomingdale's는 매장의 특성에 따라 각각 다른 향을 사용한다. 유아용품 판매장에서는 옅은 베이비파우더 향이 나고, 수영복 판매장에서는 선탠로션 향을 맡을 수 있다. 이러한 전략은 아이쇼핑만 하겠다던 처음의 다짐은 잊게 만들고 나도 모르는 사이에 물건을 구매하게 한다.

우리 회사 사무실을 방문하면 누구나 정문을 통과하는 순간 갓 구운 쿠키 냄새를 맡을 수 있다. 쿠키 냄새에 홀려 우리 상품을 많이 이용하라는 뜻은 아니다. 다만 나는 사람들이 긴장을 푸는 데 이만한 방법이 없다는 사실을 알 뿐이다. 게다가 쿠키는 공짜이기까지 하다.

···• 방어벽을 무너뜨리는 마케팅 기술

중심을 잡지 못하고 여기저기에 휘둘리며 일생을 허비하는 소비자가 너무 많다. 여기저기 비틀거리며 기웃대다가 온갖 마케팅 함정에 빠져서는 어느 날 정신이 번쩍 들어 "맙소사, 난 망했어!"라고 외친다. 이렇게 되고 싶지 않다면 기업에서 주로 사용하는 마케팅 기술을 알아야한다. 물론 이 밖에도 우리는 수없이 많은 방식으로 상품이나 서비스에 현혹되지만, 대표적인 전략 네 가지만 알고 있어도 큰 도움이 된다.

개인 판매

조심해야 할 첫 번째 마케팅 기술은 개인 판매다. 잘만 성사되면 재미있고, 쉽고, 자연스러운 과정으로써 서로 윈윈 할 수 있다. 하지만 반대의 경우에는 모두에게 끔찍한 경험으로 남는다.

진짜 프로 영업사원이라면 고객과 소통하는 방법을 알고, 상대 앞에서 부끄러워하지 않는다. 작가이자 영업사원이었던 저지 지글러Judge Ziglar는 '영업사원이 쭈뼛거리면 집에 있는 아이들은 배를 곯는다.'라고 했다. 영업사원은 인생을 걸고 물건을 팔아야 한다. 훌륭한 영업사원은 고객의 질문에 단답형으로 대답하지 않는다. 일 잘하는 영업사원은 질문을 받았을 때 질문으로 답하는데, 그 질문의 답변은 곧 물품주문서에 하나하나 채워지기 마련이다.

자동차를 산다고 생각해보자. 고객이 "이 모델로 파란색 있나요?"라고 물었을 때, 간단히 "네."라고 답하는 영업사원이 있다면 이 사람은 한 달 내로 직장을 잃고 쫄쫄 굶게 될 것이다. 그렇게 되지 않으려면 "있을 것 같은데 우선 확인해보고 말씀드리겠습니다. 파란색 스포츠 패키지로 하시겠어요? 아니면 고급 패키지로 하시겠어요? 아, 고급 패키지요. 좋습니다. 그러면 선루프도 필요하시겠군요?"라고 답해야 한다.

이처럼 영업사원은 끊임없이 질문해야 하는 사람들이다. 고객은 질문에 답하는 동안 자신이 원하는 차를 머릿속에 정확히 그릴 수 있을 정도가 된다. 그렇게 영업사원이 이끄는 대로 따라가다가 정신을 차려보면 계약서에 서명하기 직전까지 가 있을 것이다. 알아채기 힘들지만 이 과정에는 비법이 숨어 있다.

여러분이 꿈꾸는 차를 세세히 묘사했을 때 과연 "죄송해요. 저희 회사에 그런 차는 없네요."라고 말하는 영업사원이 있을까? 절대 없다. 이들은 없다는 말 대신 "운이 좋으시네요. 저희 시스템에 딱 그런 차가 있네요. 내일 아침에 바로 가지고 가실 수 있도록 준비할게요."라고 할 것이다. 이 말은, 당신이 원하는 차가 지금 여기에는 없지만 이를 가지고 있는 다른 딜러를 알고 있고, 그 딜러에게 자동차를 가져와 때 빼고 광을 내서 다음 날 아침까지 준비를 끝내놓겠다는 뜻이다.

자동차 딜러는 고객이 자동차를 사지 않고 매장을 나서면 다시 돌아오지 않는다는 사실을 안다. 사람들은 대부분 시승 후 48시간 이내에 자동차를 산다. 돌아오겠다고 하면서 매장을 나가는 사람은 결코 다시 오지 않는다. 고객의 눈에서 어떤 차든 사겠다는 메시지를 읽은 영업사원이라면 고객을 붙잡아두기 위해 무슨 짓이든 할 것이다.

할부

4장에서 빚을 상품으로 봐야 한다고 말했다. 이번에는 빚을 다른 각도에서 한번 살펴보자. '무이자' 또는 '6개월 동안 한 푼도 내지 마세요!'라는 광고에 혹했다면, '할부'라는 가장 위험한 마케팅 수법에 낚인 셈이다.

할부는 여러분이 "얼마예요?"라고 묻는 대신 "계약금이 얼마인가요?", "한 달에 얼마를 내나요?"라고 묻게 만든다. 자동차 광고 전단을 예로 들면, 자동차의 실제 가격은 찾을 수 없고 한 달에 얼마를 내면 되는지와 '계약금 없음'이라는 문구만 큼지막하게 보일 뿐이다.

신문에서 이런 광고 전단이 수십 장 떨어지지 않는다면 해가 서쪽에서 뜨지는 않았는지 확인해야 한다. 그 광고 전단들이 어떻게 신문에 끼워지는지 생각해본 적이 있는가? 광고주들은 할인 판매 전단을 소비자에게 전달하기 위해 수십만 달러를 쓴다. 이들이 너그러운 할부 정책으로 여러분에게 '공짜 돈'을 주려고 그 모든 수고와 돈을 투자한다고 생각하는가? 그런 기대는 꿈에도 하지 마라. 이들이 광고에 돈을 들이는 이유는 할부 옵션을 본 사람들이 매장으로 몰려올 것이고, 그들을 통해 회사가 큰 돈을 벌 수 있다는 사실을 너무나도 잘 알기 때문이다.

장담하는데 어떤 종류의 할부 상품도, 심지어 90일 동안은 현금이나 다름없다고 광고하는 '90일 무이자 결제'도 절대 현금과 같을 수 없다. 결제 담당 매니저로 일하는 내 친구가 말하길, 자신이 근무하는 매장에서 승인된 '90일 무이자 결제' 중 88%는 결국 90일이 지나 연이율 24% 할부 결제로 전환된다고 한다. 이 이자율은 물건을 처음 구매한 날부터 적용되기 때문에, 고객은 순식간에 물건 가격과 함께 3개월 치 이자까지 더해진 액수를 빚지는 꼴이 된다.

가구점, 중고차 딜러, 소매업자가 여러분에게 공짜로 돈을 나눠줄 리 없다. 상술에 넘어가는 순진한 사람들이 있고, 이를 이용해 배를 채울 수 있다는 걸 너무나도 잘 아는 회사가 있기 때문에 벌어지는 일이다. 이들은 고객을 어떻게 이용해야 하는지 속속들이 알고 있다. 그러니 매장에 들어가며 이들이 짜놓은 판에서 이길 수 있다고 생각했다가는 큰 코다치게 된다.

영업사원은 좋은 물건을 싼 가격에 소개하는 사람이 아니라 물건을 파는 사람이에요. 그래서 물건을 사기 전에 소비자인 우리가 해야 할 일이 많죠.

미디어 광고

텔레비전, 라디오, 인터넷 등 대중 매체의 마케팅 효과를 부정하는 사람은 없을 것이다. 이런 매체들은 가장 영리한 방법으로, 가장 기억에 남도록, 가능한 한 자주 소비자의 눈에 띄도록 광고를 기획한다.

라디오 프로그램을 20년 동안 진행하면서 라디오 광고를 수없이 많이 팔았다. 우리 회사 상품을 홍보하기도 했고, 협찬 광고를 하기도 했다. 라디오는 어쩔 수 없이 듣게 되는 매체다. 저녁 7시면 어김없이 꽉 막힌 도로 한복판에 갇히는 사람에게 계속 같은 광고를 들려주면 그는 그 상품의 이름을 기억할 수밖에 없다.

반복은 효과적이다. 여러분도 1분 안에 기억나는 광고 카피가 수십 개 있을 것이다. 영화배우 클라라 펠러 Clara Peller가 세상을 떠난 지 30년이 지난 지금도 사람들은 그가 모델로 등장해 유행시킨 패스트푸드 광고 카피 '소고기는 어디 갔대?'를 기억한다. 이런 문구들은 뇌리에 박혀 있다가 그 매장 앞을 지날 때면 '소고기는 어디 갔대?'를 되뇌며 드라이브스루 입구로 핸들을 돌리게 만든다.

제품 포지셔닝

슈퍼마켓에 들어가면 입구 옆에 음료수 포스터가 붙어 있다. 가게 매니저가 아무 의미도 없이 포스터를 그 자리에 배치했을까? 절대 아니다.

가게 안에 있는 물건들은 전부 마케팅 연구 결과에 따라 그 자리에 놓인 것이다. 브랜드 인지도부터 색상, 진열대의 위치, 상품 패키징까지 소비자가 가게 안에서 경험하는 것들은 아주 작은 부분까지도 모두 계획된 것이다.

우선 브랜드 인지도부터 살펴보자. 음료회사의 마케팅팀이 제대로 일을 했다면, 우리는 가게 안에 붙은 포스터를 보고 이전에 접한 광고를 떠올리게 된다. 가게 안에 붙은 포스터에서 그 상품이나 메시지를 처음 보게 되는 경우는 거의 없다.

마케팅에 관심이 있는 사람이라면 몇 년 전 하인즈Heinz와 헌츠Hunt's 사이에서 일어난 케첩전쟁을 들어본 적이 있을 것이다. 이 두 브랜드는 광고에 많은 돈을 들여서 슈퍼마켓의 자체브랜드 케첩이 '맛도 연하고 질척거리는' 반면 자신들의 케첩은 '진하고 풍미가 깊다'고 소비자를 설득한다. 그 결과 소비자들은 수많은 케첩을 보고도 무의식적으로 '진하고 풍미가 깊다'고 광고하는 하인즈 케첩을 고른다. 유명한 브랜드 상품이 더 비싼데도 사게 되는 이유는 기업들이 광고를 통해 소비자의 마음속에 씨앗을 심어두었기 때문이다. 사실 알고 보면 '진하고 풍미가 깊은' 케첩은 '맛도 연하고 질척거리는' 케첩과 같은 공장에서 생산된다. 그저 병에 붙은 라벨스티커만 다를 뿐이다.

제품 포지셔닝에 쓰이는 또 다른 요소는 색상이다. 제품 라벨의 색 조합이 어쩌다 만들어졌다고 생각하면 오산이다. 디자이너의 느낌에 따라 적당히 고른 색이 아니라, 철저한 계획에 따라 신중히 선택되어진 색이다.

부동산 중개인으로 일을 막 시작했을 때가 생각난다. 그때 내가 다니던 회사의 매물 표지판 디자인은 정말 괴상했다. 고깔 모양의 주차 금지 표지판과 거의 똑같은 형광 주황 표지판이었다. 처음에는 정말 괴상망측한 표지판이라고 생각했지만, 왜 그런 색을 골랐는지 곧 알게 되었다. 자동차를 타고 주택가를 지나는 사람의 주의를 끌기 위해서는 나무와 비슷한 어두운색이나 잔디와 같은 녹색은 사용할 수 없었다. 이런 색의 표지판은 주변 환경에 묻혀 눈에 띄지 않았다. 마당에 있는 다른 물건과 겹치지 않으면서도 튀는 색을 사용해야만 했다. 슈퍼마켓에 진열된 물건도 마찬가지다. 아무도 보지 않으면 아무도 사지 않는다.

당연한 이야기지만 상품의 진열 위치도 중요하다. 재고 담당자나 가게 매니저가 원하는 대로 물건을 진열하는 상점은 없다. 나는 그동안 책을 여러 권 내면서 출판사나 서점과 일할 기회가 많았다. 서점 출입구 근처나 재테크 매대 위에 내 책이 전시되도록 하려면 그만큼 돈을 내야 했다. 서점에서도 책을 아무 자리에나 진열하지 않는다. 가게에 있는 물건들은 전부 계획에 따라 자리가 정해지고, 가장 좋은 진열 위치를 차지하기 위해서는 당연히 돈이 든다.

동네 슈퍼마켓의 시리얼 코너를 떠올려보자. 유명 브랜드 시리얼, 만화 캐릭터가 그려진 시리얼, 달콤한 맛 시리얼 상자가 누구의 눈높이에 맞춰 진열되어 있는가? 이런 시리얼은 부모가 아닌 아이들을 타깃으로 한다. 시리얼회사는 아이들이 좋아할 만한 귀여운 시리얼 상자가 쇼핑카트에 담길 확률이 훨씬 높다는 사실을 안다. 그래서 통곡물이나 오트밀로 만든 제품은 가장 위 칸에 진열되고 알록달록한 시리얼은 중간이나 가장 아래 칸에 진열된다. 진열대에 상품을 놓는 데도 다 규칙이 있다.

••• 목돈이 드는 물건을 구매할 때

마케팅 전략은 지갑을 열게 한다. 여러분은 계산대 옆에 진열된 껌한 통이나 음료수 한 캔을 살 수도 있고, 대형 텔레비전이나 자동차를 살 수도 있다. 쓰려는 돈이 얼마이든 우리는 치밀한 마케팅 화살의 표적이라는 사실을 잊지 말자. 물론 음료수 한 캔을 사는 순간에는 자동차 판매장에 머물 때만큼의 강력한 마케팅 힘을 느끼지 못한다. 물건값이 비쌀수록 마케팅 힘이 세지고, 우리의 맥박도 빨라진다.

큰돈이 드는 물건을 구매할 때는 가족과 함께 '특별 구매'의 기준을 정해두자. 지금이라면 눈 하나 까딱하지 않고 몇천 달러를 쓸 수 있지만, 나 역시 20달러(약 2만 원)짜리 셔츠를 눈앞에 두고 고민해야 했던 시절도 있었다. 평범한 가정에서는 300달러(약 30만 원) 언저리로 기준을 정하면 된다.

소비자의 감정 변화

비싼 물건을 살 때는 신체에서부터 변화가 일어난다. 심박동 수가 올라가면서 허리 아래쪽에 살짝 땀이 나고 손바닥이 축축해진다. 동공이 확장되고, 엔도르핀과 아드레날린이 분출되면서 감정을 걷잡을 수 없게 된다.

이런 변화가 시작되면 우리 뇌는 곧 흐리멍덩해지면서 합리적으로 생각할 수 없는 상태가 되는데, 영업사원은 이러한 변화를 귀신같이 알아채고 공격을 퍼붓는다. 자동차 판매장을 '둘러보기만 하겠다'고 다짐했음에도 다음 날 집 앞에 새 차가 주차되어 있는 이유도 이 때문이다. 마음의 준비가 되지 않은 상태에서 큰돈을 들여 물건을 사면 심각한 후회에 빠질 수밖에 없다.

부동산 중개 일을 하던 시절 내가 다니던 회사에 계약해지 건이 연달아 발생했다. 집을 구매한 사람이 덜컥 겁을 먹고 72시간이 지나기 전에 계약을 무르겠다고 통보를 해왔다. 이 문제를 심각하게 여긴 본사에서는 결국 영업 트레이너를 보내 판매 과정에서부터 고객의 감정 변화에 대비할 수 있도록 직원들을 교육했다.

그 후 우리는 집을 구매하는 사람들에게 '구매자의 후회'라는 감정 변화를 안내하고 계약 후 느낄 수 있는 감정에 대비할 수 있도록 도왔다. 계약서에 서명한 다음 날 가벼운 공황 상태에 빠지더라도 이는 자연스러운 현상이라고 설명하고, 이런 현상이 생기는 이유는 단순히 큰돈을 썼기 때문이지 큰 실수를 했거나 계약 조건이 나빠서가 아니라고 안내했다. 큰돈을 들여 물건을 샀을 때 생기는 자연스러운 현상이라는 사실을 고객이 이해할 수 있게 충분히 설명했다.

무슨 일이 일어날지 설명하고 이해시켰을 뿐인데도 계약해지 문제로 고민하는 고객은 거의 없어졌다.

바닥을 구르며 떼쓰는 아이

우리 부부는 아이들이 통제 불능이 되어 화를 내거나 돌발행동을 하면 절대 그냥 넘어가지 않았다. 그런 행동을 하면 눈물이 쏙 빠지도록 혼을 냈다. 하루는 막내가 시리얼 통로에서 떼를 쓰기 시작했고, 나는 아이가 곧 울고불고 난리를 치겠다고 생각했다. 내가 나서기 전에 첫째와 둘째가 막내의 팔을 붙잡고 "그만하는 게 좋을 거야."라며 동생을 말렸다. 아이들은 일이 어떻게 돌아갈지 알았고, 그 끝이 막내가 좋아할 만한 결말이 아니라는 것도 알았다.

사람들 마음속에는 슈퍼마켓에서 바닥을 구르며 떼쓰는 막무가내 꼬마가 하나씩 살고 있다. 내가 '미성숙함'이라고 부르는 이 녀석은 주로 우리가 쇼핑할 때 깨어난다. 전자제품 판매장에서는 대형 텔레비전을, 야외용품점에서는 모터보트를 사고 싶어 하고, 가구점에 가면 가죽소파를 사달라고 조른다. 이 녀석이 시키는 대로 물건을 사다가는 빈털터리가 되어버릴 것이다. 아이들은 기분 내키는 대로 행동하지만, 어른이라면 계획을 세우고 이에 따라야 한다.

베스의 경험담

사려는 제품을 조사한 후 자신에게 물어보세요. '이 물건이 진짜 필요한가? 곧 쓰레기봉투에 처박히지는 않을까?'

••• 현명한 소비를 하기 위해서는

돈을 절대 쓰지 말라거나 자신을 위한 물건을 사면 안 된다는 말이 아니다. 다만 계획을 세워 돈을 쓰고, 상황에 맞게 물건을 사면 좋겠다.

낭비하기는 참 쉽다. 금융업은 바로 이런 점을 노린다. '90일 무이자 결제'가 인기가 많은 이유는 대부분의 소비자가 현금을 가지고 있지 않아서다. 없는 돈을 쓰는 사람들은 그러한 소비 습관을 이어가며 언제까지고 돈이 없을 것이다. 우리는 언제든 버는 돈보다 더 많이 쓸 수 있고, 그러므로 돈을 관리하는 힘을 길러야 한다. 다음은 현명한 소비를 도와주는 다섯 가지 가이드라인이다.

1. 하루를 기다려라

비싼 물건을 사기 직전 우리 몸은 흥분상태가 된다. 그럴 때 집으로 가서 하룻밤을 보내자. 흥분이 가라앉으면 객관적으로 상황을 파악할 수 있다. 나를 믿어도 좋다. 여러분이 사려던 물건이 하루 사이에 품절 되는 일은 없다. 만약 그렇게 된다면 하늘의 계시라고 생각하자.

2. 동기를 파악하자

왜 그 물건을 구매하려고 하는가? 필요하거나 원하는 물건인지, 아니면 다른 사람을 행복하게 하거나 아이들을 기쁘게 하는 물건인지 생각해보자. 만족감이나 성취감은 물건을 얼마나 가졌는지와 관련이 없다. 내가 수상스키용 모터보트를 산 이유는 우리 가족이 즐거운 시간을 보낼 수 있기 때문이지 그 물건 자체가 나를 행복하게 해서가 아니다. 돈으로 즐거운 시간을 살 수는 있지만, 행복은 살 수 없다. 물건이 '필요해서'가 아니라 '원해서' 산다고 하더라도 얼마든지 합리적일 수 있다. 자산계획에 맞게, 물건을 사는 이유에 대해 충분히 납득한 상태에서 사기만 한다면 '원해서' 사더라도 절대 잘못된 구매가 아니다.

3. 이해하지 못하는 물건은 사지 말자

특히 투자나 보험 같은 금융상품에 해당하는 이야기다. 멋져 보인다는 이유로, 혹은 다른 사람의 말을 들으니 그럴듯하다는 이유로 지갑을 열어서는 안 된다. 웹 서핑이나 카드 게임을 하는 데 최고 사양 컴퓨터는 필요 없다. 무슨 물건인지, 어떻게 사용하는지 모르면 사지 않는 게 좋다.

4. 기회비용을 생각하자

돈은 한정적이다. 쓸 수 있는 돈에 한계가 있다는 말이다. 1만 달러(1000만 원) 짜리 차를 사면서 뮤추얼펀드에 동일한 금액을 투자할 수는 없다. 이게 바로 기회비용이다. 비싼 물건을 구매하기 전에는 그 돈으로 할 수 있는 더 나은 일이 없는지 자신에게 물어보자.

5. 배우자와 이야기하자

아내의 반대를 무릅쓰고 뭔가를 사면 어김없이 돈을 많이, 그것도 아주 많이 쓰게 된다. 값이 나가는 물건을 독단적으로 사는 건 뇌를 반쪽만 쓰는 것과 같다. 그 결과가 좋을 확률은 거의 없다. 배우자와 상의만 했어도 파산까지는 가지 않았을 부부가 많을 거라고 장담한다. 아직 결혼 전이라면 2장에서 이야기했던 경제 멘토와 상의하자.

여러분이 즐거운 소비 생활을 하길 바라지만 노련한 마케팅 수법에 넘어가거나 충동구매의 유혹에 놀아나지는 않았으면 좋겠다. 언제 어디서 어떻게 마케팅 대상이 될지 모르니 경계를 늦추지 말자. 현란하고 빛나는 겉모습이 아닌 물건의 본질을 보고, 여러분과 여러분 가족에게 이 물건이 어떤 이득을 가져다줄지를 생각하자. 필요하거나 원하는 물건이 있으면 계획을 세워 당당하게 사자. 그러면 그 물건을 후회 없이 즐길 수 있다.

제가 해냈어요!

데이브 램지 선생님의 교육 프로그램을 수강하고 아내와 저는 정말 만족했어요. 빚을 다 갚은 얘기는 예외로 하고, 물건을 살 때 현금을 사용하라는 말씀이 가장 공감됐어요. 그래서 소파 봉투를 만들어 몇 달 동안 돈을 모았어요. 이미 여러 가구점을 둘러봤고, 마음에 드는 소파도 골라뒀죠. 돈을 다 모은 후 가구점에 전화해서 원하는 소파를 이야기하고 현금으로 계산할 테니 좋은 가격에 달라고 말했어요. 직원이 다시 전화하겠다고 하더라고요.

가구점에서 전화가 왔는데 받지 못했어요. 직원이 음성사서함으로 남긴 제안가를 들어보니 저희 예산보다 몇백 달러나 더 비싸더라고요. 답장을 하지 않았죠. 결국 그 직원은 다시 메시지를 남겼는데, 저희 예산보다도 더 저렴한 금액에 주겠다고 하더라고요. 드디어 소파를 살 수 있게 된 거죠.

결제하러 매장에 갔는데, 서비스 요금이라며 100달러(약 10만 원)를 더 붙였더라고요. 그 돈은 줄 수 없다고 했더니 "그러지 마세요. 돈 있으시잖아요."라고 하길래 '소파'라고 적힌 돈 봉투를 열어 돈을 보여줬어요. 그제야 직원은 돈을 받았고 심지어 배송도 추가 요금 없이 해주었어요.

정확히 얼마를 쓸지 알고 그 액수만 가져가면 돈을 더 많이 쓸 걱정은 하지 않아도 돼요. 영업사원이 주는 무언의 압박도 피할 수 있고요.

– 조지아주 애틀랜타에서, 데이빗과 홀리

★ 이 장의 키포인트

1. 기업은 여러분의 지갑을 차지하기 위해 마케팅 계획을 아주 치밀하게 세운다.
2. 자주 쓰이는 마케팅 기술을 알아두면 충동구매는 피하고 현명한 구매를 하는 데 도움이 된다.
3. 큰돈을 들여 물건을 살 때는 하루를 더 기다려라.
4. 기혼자라면 비싼 물건을 사기 전에 배우자와 의논하자. 미혼이라면 경제 멘토와 의논하자.
5. 이해할 수 없는 제품이나 서비스에는 절대 돈을 쓰지 말자.

★ 복습해보자

1. 마케팅 담당자는 상품 판매를 위해 소비자의 감정을 어떻게 이용하는가?
2. 물건을 사기 전 하루를 기다리면 무엇이 달라지는가?
3. 비싼 물건은 얼마부터인가? 이에 대한 부부의 생각은 왜 같아야 하는가?
4. 미혼자가 충동구매의 유혹에서 자신을 지키려면 어떻게 해야 하는가?
5. 구매한 물건을 즐기기 위해서는 물건을 살 때 어떤 절차를 거쳐야 하는가?

7장

보험

적은 돈으로 큰돈 지키기

몇 년 전 9월의 어느 날, 사무실에서 열심히 원고를 쓰고 있었다. 집중이 깨지면 책을 마무리 짓지 못할 것 같아서 방해금지 표지판을 여기저기에 걸었다. 내 비서가 사무실에 들어와 누군가가 나를 만나러 왔다고 했다. 여유가 없어서 그다지 만나고 싶지 않았다.

　　하지만 비서는 누구보다 나를 잘 알며, 나는 그녀를 믿었다. 그녀가 중요하다고 말했으니 진짜 중요한 일이려니 했다. 나는 로비로 나가 거기에 있던 젊은 남자에게 환하게 웃으며 손을 뻗었다. "안녕하세요, 데이브 램지입니다."

　　털모자를 쓴 키가 크고 마른 체형의 남자가 내 손을 잡고 흔들며 말했다. "선생님, 만나게 되어 영광입니다. 제 이름은 스티브 매니스입니다. 선생님께 꼭 감사 인사를 드리고 싶었어요. 선생님 덕분에 저희 부부의 삶이 바뀌었거든요."

자주 듣는 이야기지만, 들을 때마다 항상 힘이 나는 말이다. 그래서 나도 그에게 고마움을 표시했고, 아마 이렇게 말했던 것 같다. "제가 더 감사하네요. 마침내 돈의 주인이 되셨군요."

그랬더니 그가 "아니요, 선생님. 오해하신 것 같네요."라고 말하며 털 모자를 벗었고 나는 깜짝 놀랄 수밖에 없었다. 빡빡 민 남자의 머리에는 아주 커다란 흉터가 있었다. "저는 28세인데, 뇌암 판정을 받았어요. 의사는 가망이 없다고 하더군요." 이런 말은 자주 듣는 말이 아니었다. 내가 당황해서 말을 더듬었는지 그가 이렇게 말했다. "아뇨. 괜찮습니다. 선생님의 가르침 덕분에 저희는 4만 6000달러(약 4600만 원)를 12개월 만에 갚았고 이제 빚 없이 살고 있어요. 비상자금도 아주 충분하고요. 본인부담금 5000달러(약 500만 원)를 내면 진료비 100%가 보장되는 좋은 건강보험도 있고요. 그리고 병을 알기 전에 40만 달러(약 4억 원)짜리 생명보험에 가입했어요. 선생님께서 하라는 대로 한 덕분에 아직 23세인 저의 아내는 저 없이도 잘 살 수 있을 거예요."

적당한 말이 떠오르지 않았다. 이 남자는 영웅이었다. 그는 내가 만나본 그 누구보다 믿음과 기쁨으로 삶을 살아가고 있었다. 우리는 그날 이후 친구가 되었고, 꾸준히 연락을 주고받았다. 얼마 뒤 나는 그에게 내 책에 실을 짧은 글을 부탁했고, 그는 다음과 같이 썼다.

4만 6000달러나 되는 빚을 어떻게 갚을지 고민하면서 병원비까지 마련해야 했다면 정말 끔찍했을 거예요. 생명보험에 가입하지 않았다면 나중에 혼자가 될 아내 걱정에 땅을 치고 후회할 뻔했어요. 선생님께 정말 감사해요. 선생님 덕분에 저희 부부는 굳건히 싸움을 계속할 수 있어요. 저희는 꼭 이길 겁니다.

스티브는 지금도 이기는 중이다. 천국에서 자신의 승리를 흐뭇하게 지켜보고 있을 것이다. 그는 이 글을 쓰고 얼마 뒤 세상을 떠났다. 아들이 태어나기 3일 전이었다. 남편을 잃고 엄마가 된 그의 아내가 얼마나 힘들었을지 상상조차 할 수 없다. 하지만 스티브가 대비한 덕분에 샌디와 아들은 지금 잘 견뎌내고 있다. 그는 재미있거나 흥미롭지 않았을 텐데도 '만약의 상황'에서 가족들을 지키겠다는 마음으로 매우 중요한 일을 하고 떠났다.

사람들에게 보험의 중요성을 강조하려고 스티브 사례를 자주 언급한다. 보험은 꼭 알아둬야 한다. 건강보험이나 생명보험이 없고 유언장도 마련해두지 않았다면, 오늘 안에 꼭 처리해야 할 중요한 문제다. 스티브의 아내와 아이를 생각하면 그 이유를 쉽게 알 수 있다.

보험은 함정과 술책이 난무한 세계다. 반드시 필요한 부분과 그렇지 않은 부분을 정확하게 설명하려고 하니 단단히 준비하길 바란다.

필수로 가입해야 하는 보험

보험료를 기분 좋게 내는 사람은 없다. 오랫동안 엄청난 돈을 투자하면서도 그 돈을 쓸 일이 없기를 바라는 딱 한 가지가 바로 보험이다. 하지만 예상치 못하게 큰일이 닥쳤을 때 보험은 무척 감사한 존재다. 물론 보험을 제대로 가입했을 때의 이야기다.

아직 없다면 당장 가입해야 할 중요한 보험 일곱 가지가 있다.

1. 자동차보험

2. 주택화재보험

3. 건강보험

4. 소득보상보험

5. 노인장기요양보험

6. 신분도용보험

7. 생명보험

보험에 가입하는 이유는 딱 하나, 위험 부담을 줄이기 위해서다. 보험 회사는 여러분이 감당해야 할 경제적 손실을 대신 책임져준다. 여러분의 돈이 비를 맞지 않도록 큰 우산을 쓴다고 생각하자. 이 우산이 없다면 여러분은 비를 쫄딱 맞게 될 것이다.

로빈의 경험담

종신보험 해지 후 정기보험에 가입하려고 합니다.

••• 자동차보험, 주택화재보험, 건강보험

이 세 보험은 함께 묶어 설명할 수 있다. 이 보험들은 물건(주택, 아파트, 자동차)이나 나의 건강에 손해가 생겼을 때 그 피해를 여러분이 책임지지 않도록 보상하는 역할을 한다. 주택화재보험과 자동차보험은 가격이 비싼 경우가 많고, 특히 자동차보험은 운전 경력, 사고 이력, 운

전자의 나이 등에 따라 가격이 천차만별이다.

적당한 본인부담금 산정하기

보험료를 낮추려면 본인부담금을 평균보다 많이 내면 된다. 본인부담금은 의료비로 납부해야 하는 전체 금액 가운데 본인이 책임지고 내야 하는 돈이다. 저축한 돈 없이 빚더미만 안고 사는 사람이라면 본인부담금이 낮은 250달러(약 25만 원)짜리나 100달러(약 10만 원)짜리 보험에 가입하려 할 것이다.

하지만 이렇게 할 경우 결론적으로 돈을 엄청나게 쓰게 된다. 매달 내는 보험료가 높아질 뿐 아니라, 작은 문제들이 생겼을 때도 스스로 해결하지 않고 이것저것 자주 청구하게 된다. 청구를 많이 할수록 여러분의 보험료는 갱신을 하며 당연히 올라간다.

본인부담금은 1000달러(약 100만 원) 정도가 적당하다. 1000달러가 너무 많다고 생각하는 사람도 있을 것이다. 이해한다. 하지만 우리에게는 계획이 있지 않은가. 걸음마 공식을 따르고 있다면 여러분은 3~6개월 치 생활비만큼의 비상자금을 모았을 것이다.

만약 여러분이 비상시 쓸 수 있는 돈을 1만 달러(약 1000만 원)나 1만 5000달러(약 1500만 원) 정도 저축해놓았다면 자동차 접촉 사고가 났을 때 본인부담금 1000달러 정도는 해결할 수 있을 것이다. 이제 걸음마 공식의 각 단계가 왜 필요한지 이해가 되는가? 비상자금이 있으면 마음도 편안해지고 매달 나가는 보험료도 줄일 수 있다.

보험설계사에게 연락해서 본인부담금을 늘려달라고 말하기 전에, 이 방식이 정말 더 이득일지 잠시 계산을 해보자. 이를 손익분기점 분석이라 한다. 예를 들어 자동차보험 본인부담금을 250달러에서 1000달러로 올린다면 여러분이 감수해야 할 부담을 750달러(약 75만 원) 더 올린다는 이야기다. 만약 사고가 나면 여러분은 250달러가 아닌 1000달러를 내야 한다.

자, 이 보험이 장기적으로 수지 타산이 맞는지 따져봐야 한다. 본인부담금을 750달러 올리면서 매년 내는 보험료가 75달러(약 7만 5000원) 낮아졌다면 10년 동안은 사고가 나지 않아야 본전이다. 본인부담금을 올리는 게 맞을까? 절약할 수 있는 돈(1년에 75달러)이 더해진 부담(750달러)을 따라잡으려면 10년이 걸린다. 10년 동안 사고를 한 번도 내지 않기란 쉽지 않으므로 이 경우에는 본인부담금을 올리지 않는 편이 현명하다.

만약 본인부담금을 올려서 낮출 수 있는 보험료가 1년에 75달러가 아니라 750달러라면 사고를 1년만 내지 않아도 본전을 뽑을 수 있다. 그렇다면 생각할 필요도 없다. 교통사고를 매년 내지는 않을 테니 당장 보험설계사에게 전화해 본인부담금을 조정하면 된다.

자동차보험

무슨 일이 있어도 자동차에 드는 책임보험(의무보험)은 가장 좋은 것으로 들어야 한다. 정말 좋은 상품인데도 괜찮은 책임보험을 들어놓지 않은 사람이 정말 많다. 절대, 절대로 대충 넘어가면 안 된다. 보상 한도가 최소 50만 달러(약 5억 원) 이상인 책임보험에 가입하자. 얼마 안 되는 보험료로 파산을 면할 수 있다.

차가 낡았다면 자기차량손해보험은 해지하자. 이 보험은 차를 수리할 때 드는 비용을 보상해준다. 앞에서와 마찬가지로 자기차량손해보험에서 본전을 찾으려면 얼마나 오랫동안 사고가 나지 않아야 하는지 손익분기점 분석을 해보자.

4000달러(약 400만 원)짜리 차를 끌고 다니는 사람이 자기차량손해보험을 해지해서 1년에 800달러(약 80만 원)를 아낄 수 있다면 5년 동안은 사고가 나지 않아야 본전이다. 여러분의 운전 경력에 따라 5년이 너무 길다고 생각하거나 당분간 새 차를 살 여유가 없다면 자기차량손해보험을 해지해서는 안 된다.

주택화재보험

주택화재보험은 임대인, 임차인 모두 가입이 가능하며 화재로 발생할 수 있는 여러 피해를 보상해준다. 우리 집뿐만 아니라 이웃이 받은 피해도 보상해주기 때문에 아파트 등 밀집된 공간에 사는 사람일수록 꼭 가입해야 하는 보험이다.

식당을 운영하는 사람들은 말할 것도 없다. 특약에 따라 불을 끄는 과정에서 발생한 피해를 보상(소방손해)받을 수도 있고, 집을 복구하는 동안 임시로 거주할 수 있는 공간을 제공(피난손해)받을 수도 있다.

나는 몇 년 전 주택화재보험의 중요성을 다시 한번 깨달았다. 세놓은 집 한 채에 불이 났을 때 그 집에 살던 젊은 세입자 부부와 나눴던 대화가 아직도 생생하다. 이들은 전 재산을 잃고 완전히 낙담한 상태였다.

부부가 나를 올려다보고 이렇게 물었다. "저희 물건에 대한 보상금은 언제쯤 받을 수 있을까요?" 그들에게 내가 가입한 주택화재보험은 세입자의 재산을 보상하지 않는다고 설명해야 했는데, 인생에서 가장 어려운 대화였다. 부부는 망연자실했지만 주택화재보험에 가입하지 않은 본인들을 탓하는 것밖에는 방법이 없었다. 이래서 계획은 반드시 필요하다.

일상생활배상책임보험

자산이 좀 늘어났다면 일상생활배상책임보험에 가입하면 좋다. 이 보험은 주로 손해보험의 특약 형태로 판매되는데, 주택화재보험이나 자동차보험이 해결해주지 않는 부분을 보상해준다. 만약 50만 달러(약 5억 원)까지 보장되는 자동차보험에 가입했다면, 사고로 100만 달러(약 10억 원)를 물어줘야 하더라도 보험회사에서는 절대 50만 달러 이상은 보상해주지 않는다. 남은 50만 달러는 여러분이 알아서 처리해야 한다. 만약 수중에 돈이 없다면 골치가 아파질 것이다.

하지만 일상생활배상책임보험에 가입하면 저렴한 보험료로 보호막을 한 겹 더 씌울 수 있다. 이 보험은 여러분의 책임을 대신 껴안아준다. 따라서 최대보상액 100만 달러짜리 일상생활배상책임보험과 최대보상액 50만 달러짜리 자동차보험에 가입되어 있다면 여러분은 책임에서 150만 달러(약 15억 원)만큼 벗어날 수 있다.

퇴직연금 계좌에 돈을 모으기 시작했거나, 만족할 만한 월급을 받고 있거나, 주택담보대출을 다 갚고 현금 재산이 좀 있거나, 지키고 싶은 소중한 자산이 있다면 일상생활배상책임보험에 가입하자. 모른 척하기에는 너무 좋은 거래다. 가입하지 않고 지나쳤다가는 평생 힘들게 모은 자산을 날릴 수도 있다.

건강보험

누구든 반드시 건강보험에 가입해야 한다. 아직도 이렇게 말로 해야 하나 싶지만 보험이 없는 사람들을 매주 만나기 때문에 계속 이 말을 하게 된다. 통계에 따르면, 미국인 중 59%만 건강보험에 가입한다고 한다. 나머지 사람들은 몸이 아플 때 각자 알아서 비용을 부담해야 한다는 말이다. 꼭 가입해야 하는 건강보험에서 돈을 절약하려면 어떻게 해야 할까? 이전과 마찬가지다. 본인부담금을 올리면 된다.

현명하게 보험료를 아끼는 법

나는 성인이 된 이후로 쭉 건강보험료를 내고 있기에 여기에 총 얼마가 들고 어떻게 해야 돈을 아낄 수 있는지를 꽤 잘 안다. 나는 보험료를 줄이기 위해 본인부담금을 높게 유지한다. 주택화재보험이나 자동차보험에서 본인부담금을 늘리면 그만큼 위험 부담이 커지겠지만, 대신에 보험료를 낮출 수 있다. 나의 강의를 듣는 사람들 중에는 본인부담금 250달러짜리 보험에 가입하는 사람은 거의 없다. 보통 본인부담금이 1000달러가 넘는 보험에 가입하는데, 비상금을 충분히 모아두었다면 전혀 문제 되지 않는 금액이다.

　기본 PPO 플랜Preferred Provider Organization◆에 가입한 사람이라면 80:20 보상이라는 말을 들어보았을 것이다. 이 말은 청구된 병원비에서

80%를 보험회사가 부담하고 가입자가 나머지 20%를 부담한다는 뜻이다. 보통 80:20으로 가장 많이 가입하지만, 비율을 조정할 수도 있다. 본인부담금을 30%로 설정하는 보험회사도 많다. 가입자가 위험 부담을 더 껴안으면 보험료는 낮아진다. 걸음마 공식을 잘 수행한 덕분에 비상자금이 충분하다면, 받아들일 수 있는 정말 좋은 조건이다.

혹은 본인이 부담할 비용의 상한선을 높이는 방법으로도 보험료를 아낄 수 있다. 진료비 내역서에서 우리가 낼 금액의 한도를 가능한 한 최고로 설정하면 된다. 예를 들어 비상자금으로 2만 달러(약 2000만 원)가 있다면, 2만 달러에 맞추어 한도를 설정하는 식이다. 이 방법은 꽤 유용하다.

하지만 보험료 걱정에 보험사 최대 지급액을 낮추는 실수는 하지 말자. 약물치료를 하거나 혈관 우회술을 받으면 병원비가 천문학적으로 든다. 항암치료를 받으면서 내 건강보다 돈 걱정을 더 해야 할 수도 있다.

의료비 저축 계좌

시장에 있는 가장 좋은 건강보험 상품은 의료비 저축 계좌 HSA Health Savings Account◆◆다. HSA는 보험회사와 정부에서 제공하는 건강보험 상품 중 혜택이 가장 좋다. 본인부담금이 연 5000달러(약 500만 원) 정도

◆　　보험회사가 의사협회에 가입된 병원이나 진료기관과 계약을 체결해 의료 혜택을 제공하는 미국의 보험 플랜 중 하나.

◆◆　　미국의 보험 상품이며, 의료비가 아닌 다른 목적으로 출금하면 벌금을 물어야 한다.

로 꽤 높기는 하지만, 비과세 혜택이 있어 유리하다.

예를 들어 내가 사는 지역에 아이가 둘 있는 30세 부부는 본인부담금 500달러(약 50만 원), 월 보험료 640달러(약 64만 원)인 PPO 플랜(80:20)에 가입할 수 있다. 딱 봐도 매달 내야 하는 보험료가 너무 많다. 그러면 이 가족은 PPO 플랜에 가입하는 대신, 월 납부금으로 316달러(약 31만 6000원)만 내고 본인부담금 5650달러(약 565만 원)인 HSA에 가입할 수 있다. 본인부담금이 많기는 하지만, 5650달러를 넘기면 그때부터는 보험회사에서 비용을 100% 부담한다.

이 가족의 예시를 보면, 매월 HSA에 들어가는 비용이 PPO 플랜보다 300달러(약 30만 원) 이상 적다. 이렇게 아낀 300달러를 HSA 저축 계좌에 넣으면 비과세 혜택을 누리면서 돈을 더 많이 불릴 수 있다. 저축한 돈으로는 반창고도 살 수 있고 병원에서 치료를 받을 수도 있다. 사용할 일이 없어 계좌에 돈을 그냥 두어도 상관없다. 비과세 혜택을 누리며 의료비만을 위한 비상자금을 차곡차곡 모아 미래를 대비할 수 있다. 이렇게나 좋은 HSA에 가입하기 전에도 꼭 꼼꼼하게 손익분기점 분석을 해야 한다.

···● 소득보상보험

소득보상보험Disability Insurance◆◆◆은 일시적 장애나 영구 장애 때

◆◆◆ 미국에서는 보편적인 보험이나, 국내에는 2019년 하반기에 처음 도입되었으며 현재로서는 기업 고객만 가입이 가능하다.

문에 급여를 받지 못하게 되었을 때 그 손해를 보상하는 보험이다. 상상하고 싶지 않지만, 일하는 동안은 소득보상보험에 의지해야 하는 상황에 처할 확률이 상당히 높다. 30세 이하일 경우, 6개월 이상 일하지 못할 상황이 발생할 확률이 무려 3분의 1 이상이다. 꼭 가입해야 하는 보험이지만, 가입률은 형편없다.

강연을 하며 이 보험에 대해 자세히 소개한 적이 있다. 그로부터 시간이 한참 지나서, 20대 후반 정도로 보이는 한 남자가 내 사인회에 찾아와 감사 인사를 전했다. "선생님께서 소득보상보험을 알려주신 덕분에 제 가족이 살 수 있었어요. 영구 장애를 진단받아 보험금으로 매년 6만 달러(약 6000만 원)를 받고 있거든요." 그는 영구 장애 판정을 받았는데, 병세가 점점 더 악화되는 병이라 앞으로는 절대 예전처럼 일할 수 없다고 했다. 병을 얻기 전, 연봉의 60%를 보상해주는 소득보상보험에 가입한 덕분에 보험금 6만 달러로 가족이 생계를 유지할 수 있다고 했다.

직업 장애 소득보상보험에 가입하는 방법도 있다. 오랫동안 몸담은 분야에서 일하지 못하게 됐을 때를 보상해주는 상품이다. 보험료가 비싸고 보장 기간도 몇 년 되지 않지만, 다른 공부를 시작하거나, 다음 직장을 찾을 수 있도록 충분한 시간을 벌어준다.

예를 들어, 내가 사고나 질병 때문에 목소리를 잃는다면 진행하고 있는 라디오 프로그램에서 하차해야 할 것이다. 이때 2년간 유효한 직업 장애 소득보상보험에 가입되어 있다면, 2년간 보험회사에서 보상금을 받을 수 있다. 앞서 설명한 영구 장애와 직업 장애는 다르다. 영구 장애가 생기면 앞으로 그 어떤 일도 할 수 없지만, 직업 장애가 생기면 그 분야의 일은 하지 못하더라도 다른 일은 충분히 할 수 있다.

··· 노인장기요양보험

　노인장기요양보험◆은 양로원이나, 요양시설, 재택의료비에 대비하기 위한 보험이다. 60세 이전에 장기요양보험에 가입하면 완전히 돈 낭비지만, 60세가 넘어가며 상황은 180도 바뀐다. 59세에는 이 보험이 필요 없지만, 60세 생일에는 당장 이 보험에 가입해야 한다.

　기대 수명이 늘어 사람들은 그 어느 때보다 오래 살게 되었고, 이로 인해 집안 큰 어른이 마땅히 누려야 할 치료비나 요양비로 가족 중 누구 하나는 빈털터리가 되는 세상이다.

　미국 노인복지협회 Homes and Services for the Aging 조사에 따르면 65세 이상의 노인 중 69%에게 장기요양 서비스가 필요한데,《카이저 헬스 뉴스Kaiser Health News》의 보도에 따르면 노인장기요양보험에 가입한 노인은 단 10%에 불과하다고 한다. 보험이 필요한 사람이 10명 중 7명이나 되는데 보험에 가입한 사람은 단 1명뿐이라는 말이다. 나머지 6명은 스스로 책임지거나, 자식들에게 기대야 한다는 소리다. 정말 좋지 않다.

당신은 끼인 세대인가?

베이비 붐 세대◆◆는 아이들의 학비뿐만 아니라 부모의 요양비로도 정

◆　　우리나라의 경우, 국민건강보험 가입자라면 별도의 가입 없이 수급 대상(피부양자 포함)이다. 일상생활이 불가능한 65세 이상을 대상으로 하며, 특수 질환을 앓을 경우 65세 미만도 혜택을 받을 수 있다.

말 많은 돈을 쓴다. 그래서 베이비 붐 세대를 '끼인 세대'로 부르기도 한다. 이들은 자녀의 대학 등록금과 부모의 요양비를 함께 감당한다. 부모가 노인장기요양보험에 가입하지 않았다면, 베이비 붐 세대는 자신들의 은퇴 후를 포기해야 할 만큼 힘든 상황에 놓일 것이다.

평생을 통틀어 죽기 전 6개월간 가장 많은 돈을 쓰고, 그 비용이 이전 10년간 쓴 액수보다 더 많을 수 있다는 연구 결과를 읽은 적이 있다. 우리 회사에서 자체적으로 진행한 연구에 따르면 중요한 응급 처치 때문에 병원을 찾은 노인들은 평균 60일을 입원한다고 한다. 두 달 내내 치료를 받는 셈이니 제대로 계획을 세우지 않으면 삶이 아주 힘들어질 것이다.

베이비파우더 증후군

부모를 '키우는' 입장이 되면 스트레스와 감정 소모가 어마어마하다. 부모들은 우리가 하는 잔소리를 아주 듣기 싫어한다. 자식이 권위가 있는 사람이어도, '자식이 하는 조언'이라는 이유로 부모는 말을 듣지 않는다. 재미있지 않은가? 이를 '베이비파우더 증후군'이라 부른다. 자녀의 엉덩이에 베이비파우더를 발라주던 어릴 적 기억만 떠올리며, 자식이 하는 돈에 관한 조언은 들으려 하지 않는다. 심지어 예수도 그의 고향에 가서는 꽤나 애를 먹었다고 한다.

예수가 자기 가족을 설득하는 데 애를 먹었다면 우리에게는 더 힘든

◆◆   미국의 경우 1946~1965년, 한국의 경우 1955~1963년에 태어난 세대를 이르는 말.

과제가 될 것이다. 하지만 부모님과 반드시 요양비에 대해 대화하자. 그렇게 하지 않으면 감당해야 할 파장이 너무 크다. 일생을 바쳐 상당한 은퇴자금을 마련하고도 부모의 요양비로 그 돈을 다 써버리는 가족을 아주 많이 봤다. 멋진 마라톤 경기에서 마지막 순간을 앞두고 무너지는 일은 없어야 하지 않을까. 계획을 세워 멋지게 결승선을 통과하자.

⁖ 신분도용보험

신분도용범죄가 북미에서 아주 빠르게 증가하고 있다. 조사에 따르면 미국인의 3분의 1이 신분 도용을 당한 적이 있으며 그 피해자 수는 매년 증가한다고 한다. 신분도용범죄가 발생하면 문제를 해결하는 데 길게는 600시간이 걸린다. 15주 동안은 일주일에 40시간을 여기에만 매달려야 문제를 말끔하게 해결할 수 있다는 이야기다. 나는 그럴 만한 시간이 없으므로 신분도용범죄를 대비해 신분도용보험◆◆◆에 가입했다.

주위를 둘러보면 질이 별로인 상품과 잘못된 정보가 넘쳐난다. 신용보고서를 관리해준다는 곳도 많은데, 이런 상술에는 넘어가지 말자. 이정도는 여러분도 할 수 있다.

여러분이 가입해야 할 상품은 신분을 도용당했을 때 복구 서비스를 제공해주는 보험이다. 여러분 대신에 시간을 들여 문제를 처리할 누군가를 찾아야 한다는 말이다. 여러분이 결제하지 않은 대금을 갚으라고 독촉하는 채권자와 맞설 준비가 항상 되어 있고 능력도 갖춘 보험회사

◆◆◆　우리나라에는 현재 이와 유사한 보험이 없다.

가 이 문제를 처리해줄 것이다.

···• 생명보험

이 장을 시작하면서 내 친구 스티브를 소개했다. 스티브가 생전에 한 일 중에 최고는 생명보험에 가입한 일일 것이다. 스티브는 젊은 20대 남자였고 아내는 그보다 어렸으며, 보험에 가입할 당시에는 아이도 없었다. 스티브 부부와 비슷한 상황에서 생명보험에 가입하는 부부가 몇 쌍이나 있을 거라고 생각하는가?

20대 때를 생각해보자. 살날이 한참 남았으니 두려울 게 하나도 없다고 생각하지 않았는가? 하지만 스티브는 그러지 않았다. 보험에 가입할 때만 해도 그 역시 자신이 큰 병에 걸릴 줄은 꿈에도 몰랐다. 아내가 20대 중반에 혼자 남게 될 줄도, 금전적으로 뒷받침해줘야 할 아들이 태어날 줄도 상상하지 못했다. 단지, 혹시 모를 상황에서 가족을 보살피려면 생명보험에 가입해야 한다는 사실을 알았을 뿐이다. 가족을 사랑하는 현명한 사람에게는 당연한 생각이다.

아플 때까지 아무 계획도 세우지 않았다면 이미 늦었다. 보험은 위험에 대비하기 위한 수단이다. 젊고 건강할 때는 생명보험에 가입하기도 쉽고 보험료도 저렴하지만, 건강에 심각한 문제가 생긴 후라면 생명보험은 물 건너갔다고 봐야 한다. 보험회사는 여러분의 가입을 거절하거나, 보험료를 아주 많이 내라고 할 것이다. 그러니 만약 생명보험에 가입되어 있지 않다면 지금 당장 보험설계사에게 전화하자. 내일 무슨 일이 일어날지는 아무도 모른다.

조의 경험담

저는 29세로 나이는 어리지만 집에서 유일하게 돈을 버는 사람입니다. 데이브 램지 선생님의 조언을 받은 그 주에 바로 수입의 10배가 보상되는 30년 만기 생명보험에 가입했어요. 이제 마음이 놓입니다.

보험과 투자는 분리하자

저축보험이 투자라며 여러분을 유혹하는 보험설계사도 있다. 그러나 보험을 투자라고 생각해서는 안 된다. 보험은 보험일 뿐이고, 보험에 돈을 쓰는 이유는 단지 위험 부담을 피하기 위해서다. 투자와 보험은 분리해서 봐야 여러모로 좋다.

우선 저축보험을 투자 상품이라고 보기에는 수익률이 너무 낮다. 주식시장의 역대 평균 수익률은 12% 정도인데 저축보험으로는 이 정도의 수익률을 거둘 수 없다. 상품마다 다르지만 보통 2%에서 7% 정도의 수익률을 보인다. 변액보험의 경우 조금 더 높기는 하지만 수수료를 떼고 나면 수익률은 정작 7~8% 정도다.

충격적인 이야기를 해보자. 조라는 사람이 30세에 12만 5000달러(약 1억 2500만 원)짜리 저축보험에 가입했다고 하자. 담배를 피우지 않고 몸이 건강하다면 매달 보험료로 140달러(약 14만 원) 정도를 낼 것이다. 140달러 중 일부는 보험료이고, 나머지는 좋은 투자라는 말에 설득당해 개설한 저축 계좌로 들어간다. 40년 동안 엄청나게 돈을 뜯기고 70세가 된 조의 계좌에는 약 6만 5000달러(약 6500만 원)가 모였다. 이때 조가 죽는다면 보험회사는 조의 아내에게 보험금으로 얼마를 지급할까? 계약한 12만 5000달러일 것이다. 조가 40년 동안 상당한 보험료를 감수하며 저축 계좌에 모은 6만 5000달러는 어떻게 될까? 보험회사가 "고객님 안녕히 가세요. 그동안 감사했습니다."라고 말하며 꿀꺽할 것이다.

조가 20년 만기로 40만 달러(약 4억 원)짜리 보험에 들었다고 치면 월 보험료는 11달러(약 1만 1000원)로 매우 저렴했을 것이다. 저축보험에 들었을 때보다 130달러(약 13만 원)나 싼 액수다.

그 130달러를 수익률이 12%인 뮤추얼펀드에 투자했다면 조는 30세부터 50세까지 13만 3000달러(약 1억 3300만 원)를 벌 수 있었을 것이고, 이 돈을 그대로 둔다면 70세에는 150만 달러(약 15억 원)까지 불릴 수 있었을 것이다.

보험과 투자는 분리해야 맞다. 인생을 바쳐 모은 돈을 보험회사에 기부하고 싶은 사람은 아마 없을 것이다.

다이애나의 경험담

전자기기 보험을 들 필요가 없다고 배웠어요. 전에는 당연히 가입해야 한다고 생각했거든요. 지금은 꾸준하게 저축하고 있으니 제 돈이 보험이 되는 셈이죠. 99.9%의 확률로 전자기기 보험이 필요 없다는 사실을 배웠고, 그 돈을 훨씬 더 나은 곳에 쓸 수 있게 되었어요.

적절한 보상금은 얼마일까

생명보험 보상금은 수입의 10배 정도로 설정하자. 연봉이 4만 달러(약 4000만 원)라면 보상금은 40만 달러(약 4억 원)가 적당하다. 10배 규칙은 아무렇게나 정해진 숫자가 아니다. 생명보험은 여러분의 수입을 대체하기 위한 장치다. 배우자가 혼자 남았을 때, 보험금 40만 달러를 수익률이 10~12% 정도인 괜찮은 뮤추얼펀드에 투자하면 1년에 4만 달러를 벌 수 있다.

전업주부도 잊지 말고 생명보험에 가입해야 한다. 가사가 가족의 주 수입원은 아니지만 분명 금전적인 이득을 가져다주는 일이다. 주부에 게 무슨 일이 생기면 주부가 하던 일을 배우자가 책임져야 한다. 당장 아이들을 돌보기 위해 비싼 돈을 들여 육아돌보미를 구해야 할 수도 있 다. 그러니 전업주부가 생명보험에 가입하는 경우에는 육아 서비스에 매년 얼마가 들어갈지 알아보고, 그 돈에서 10을 곱해 보험금으로 설정 하자.

ᐧᐧᐧ 유언장은 '사랑한다'는 말과 같다

안타까운 소식이 있다. 인간이 사망할 확률은 100%다. 사람은 언 젠가는 반드시 죽는다. 언제가 될지는 아무도 모르지만, 그렇다고 아무 런 준비 없이 죽음을 맞아도 된다는 말은 아니다. 다행히도 세상을 떠나 서도 아끼는 사람을 보살펴줄 수 있는 방법이 두 가지 있다.

유언장 쓰기

유언장은 꼭 써라. 함께 일하던 재무설계사가 말하기를 미국인의 70% 가 유언장을 남기지 않는다고 한다. 듣기만 해도 머리가 아프다. 가족들 이 너무 싫어 미치겠다면 유언장 없이 세상을 떠나도 상관없다. 하지만 가족들을 조금이라도 사랑한다면 오늘 당장 유언장을 써야 한다.

유언장 없이 세상을 떠난다면 여러분의 자손은 몇 년을 그냥 허비할 것이다. 재산이 어떻게 쓰이길 바라는지 정확히 적어둔 유언장은 가족을 위한 마지막 선물이다.

유언장 서랍 만들기

오늘 우리가 죽는다면 배우자나 가족이 여러분의 생명보험증서, 계좌 정보, 컴퓨터 비밀번호, 유언장을 바로 찾을 수 있을까?

몇 년 동안 라디오 프로그램을 진행하면서 이 문제로 쩔쩔매는 사람들을 셀 수 없이 만났다. 이들은 배우자를 잃은 슬픔을 느낄 새도 없이 각종 돈 문제를 처리하는 데 필요한 문서들을 찾지 못해 악몽 같은 시간을 보낸다.

나는 이들과 대화하며 하나 결심한 게 있다. 나에게 언제 무슨 일이 생기더라도 아내가 이러한 고난을 겪게 하지 않겠다는 다짐. 그래서 생각해낸 게 '유언장 서랍'이다. 내가 떠나고 아내가 봐야 할 서류를 집에 있는 서랍에 깔끔하게 정리해두었다.

이 서랍을 열면 생명보험 계좌, 퇴직연금 계좌, 예금 계좌 정보, 계좌 비밀번호 등을 확인할 수 있다. 또 변호사, 회계사, 세무 회계법인, 우리 회사 회계팀 연락처와 돈 문제를 어떻게 처리하면 좋을지 편지로 적어 함께 넣었다. 내가 떠난 뒤 슬퍼할 아내를 위로하기 위한 사랑의 편지도 함께 넣어둘 수 있을 것이다.

유언장 서랍을 만들면 정신없는 상황에서도 중요한 일을 놓치지 않도록 배우자를 도울 수 있다. 유언장 서랍을 준비하고 가족에게 서랍 위치와 여는 방법을 알려주자. 여러 가지 정보를 한데 모으고 문서를 복사하는 데 몇 시간이 걸리겠지만 사랑하는 사람을 위한 투자라고 생각하

── 돈 없이도 돈 모으는 법

자. 여러분이 세상을 떠난 뒤에도 가족을 보살필 수 있는 방법이니 절대

건너뛰지 말자.

제가 해냈어요!

저희는 56세 동갑내기 부부입니다. 빚은 없지만 투자와 은퇴 계획을 확실히 세우고 싶어서 데이브 램지 선생님의 교육 프로그램을 신청했어요. 그리고 보험에 대해 배운 날, 저희 부부에게 신세계가 열렸습니다.

저희 부부가 20대였을 때 각자 2만 5000달러(약 2500만 원)짜리 생명보험에 들었어요. 생명보험에 다른 정기보험 2개까지 해서 매달 보험료로 250달러(약 25만 원)가 들었죠. 수업을 듣고 나서 이전에 있던 보험은 해지하고, 선생님이 추천해주신 상품 하나에 새로 가입했어요. 저희가 가입했던 보험이 혜택에 비해 월 보험료가 너무 비싸다는 사실을 알게 됐거든요. 12만 5000달러(약 1억 2500만 원)짜리 정기보험에 가입했고 지금은 보험료로 한 달에 120달러(약 12만 원)를 내고 있어요. 가지고 있던 종신보험을 해약하면서 6개월 치 생활비만큼의 비상자금도 쌓았고요.

보험금은 높아졌는데 매달 돈은 덜 내고 비상자금까지 준비할 수 있다니. 감사합니다.

– 초롤라도주 알바다에서, 신디라 개리

★ 이 장의 키포인트
1. 자산계획을 세울 때 보험은 매우 중요하다.
2. 혹시 모를 상황에 대비하기 위해 보험에 가입한다.
3. 비상자금이 있으면 본인부담금을 높여 보험료를 낮출 수 있다.
4. 보험과 투자는 다르다. 보험으로는 재산을 늘릴 수 없다.

★ 복습해보자
1. 이 장에서 중요하게 다룬 보험에 가입하려 했지만, 경제적인 부담 때문에 포기한 경험이 있는가? 보험이 없으면 왜 위험한가?
2. 3~6개월 치 생활비에 해당하는 충분한 비상자금이 있으면 보험을 보는 관점이 어떻게 달라지는가?
3. 보험료를 낮추는 방법에는 무엇이 있는가?
4. 저축보험은 왜 좋지 않은가?
5. 여러분의 보험 계획에서 빈틈을 채우기 위해서는 무엇을 해야 하는가?

8장

거래

최상의 물건을
최적의 장소에서 최저가로 사는 법

돈을 모으고 불리는 방법을 오랫동안 가르
쳐왔지만, 이게 다는 아니다. 사실 돈을 써야만 할 때도 있다. 아무리 저
축을 좋아하더라도 돈을 쓰지 않고는 살아갈 수 없다. 걸칠 옷이 필요하
고 배를 채울 음식이 필요하기 때문이다. 자린고비도 결국은 소비자다.

　좋은 조건으로 물건을 사면 기분이 정말 좋다. 그 과정만으로도 즐겁
다. 물건을 파는 사람에게도 이득이고 나도 원하는 물건을 얻을 수 있을
때, 그 어느 때보다 기분이 좋다. 한 명은 원하던 물건을 손에 넣고, 한
명은 돈을 얻는다. 후회 없이 뿌듯하기만 한 거래다. 여러분도 이렇게
퍼즐 조각이 딱 맞는 마법 같은 거래를 어디에서든 할 수 있다.

　이 장에서는 협상할 때 꼭 필요한 "만족스럽지 않아요!"라는 문장에
대해 이야기하려고 한다. 내가 가장 좋아하는 이 문장 덕분에 상상할 수
없을 정도로 많은 돈을 아낄 수 있었다.

••• 협상은 양심에 찔리는 일이 아니다

이 내용을 가르치다 보면 좋은 조건으로 거래하기 위해 협상을 요구하는 일이 일종의 갑질이라고 생각하는 사람들이 있다. 이 사람들은 나에게 와서 "어휴, 저는 선생님이 알려주신 대로 절대 못 할 것 같아요. 물건값을 깎을 때면 왠지 파는 사람 주머니에서 돈을 뺏는 것 같아요. 다른 사람에게 해를 끼치면서까지 돈을 모으고 싶지는 않네요."라고 말한다.

우리 가족은 좋은 물건을 싸게 사는 데 도가 튼 사람들이다. 원하는 물건이 있으면 더 저렴한 가격을 찾아 헤맨다. 거래는 전 세계 어디에서나 이러한 방식으로 이루어진다. 미국을 벗어나 어디를 가든 흥정은 필수다. 해외여행을 떠나본 적이 있다면 알 것이다.

하지만 일상에서 사람들은 그렇게 하지 않는다. 바가지 쓰고 리스 한 자동차에 신용카드로 기름을 넣고, 채권으로 개통한 고속도로를 달려 쇼핑몰에 간다. 그리고는 원가의 120%인 물건을 회원제 카드를 이용해 18% 할인된 가격에 사면서 '특가'로 잘 샀다고 흐뭇해한다. 다른 사람들도 다 이렇게 산다고 생각하면서 더 저렴한 가격을 찾아보지도 않고 선뜻 가격표에 적힌 돈을 낸다.

선교 활동을 하며 해외에서 살다 온 친구가 하나 있다. 그녀가 쇼핑하는 걸 보면 선교 활동을 너무 오래 한 것 같다는 생각이 든다. 선교 현장에서 3년을 살다가 귀국한 그녀는 백화점 직원과 거의 싸우다시피 물건값을 깎았다. 버릇이 몸에 배어 미국에 돌아와서도 "깎아주세요. 더 싸게요!"라며 직원을 졸랐다.

더 좋은 조건을 위해서는 인내해야 한다고 배웠어요. 내일은 더 좋은 기회가 있을 테니까요.

모두가 만족할 수 있는 거래 원칙

더 좋은 조건을 요구해도 괜찮다는 사실을 머릿속에 새기자. 힘들게 번 돈을 아끼고 싶어 하는 건 당연하다. 협상의 기본 원칙만 잘 지킨다면 누구에게도 해를 끼치지 않고 좋은 조건으로 거래할 수 있다.

우선, 상호 진실해야만 행복한 거래를 할 수 있다. 몇 푼 아끼겠다고 진실을 감추거나 거짓말하지 말자. 양심을 속이는 건 잘못된 행동이고, 만약 이런 행동을 했다면 부끄러운 줄 알아야 한다. 물건이나 서비스, 또는 돈을 차지하겠다고 남을 속이기보다는 모두가 원하는 것을 얻을 수 있는 환경을 만들어야 한다.

둘째, 남에게 해가 되는 계획을 세워서는 안 된다. 협상하면서 다른 사람을 고통스럽게 하지 말자. 협상으로 다른 사람을 이용할 수 있다고 생각한다면 당장 그 생각을 버려라. 협상을 대하는 태도가 올바르지 못한 사람은 좋은 거래를 할 자격이 없다.

마지막으로 모두가 윈윈 하는 거래가 될 수 있게 노력해야 한다. 즉, 거래에 참여한 사람 모두가 원하는 것을 얻을 수 있어야 한다. 대화를 충분히 하면서 앞으로 설명할 과정을 잘 따르면, 함께 만든 결과에 만족하며 판매자와 구매자 모두 기분 좋은 마무리를 할 수 있다.

현금을 챙기고 가격을 비교한 다음, 조건이 마음에 들 때까지 기다릴 준비가 되어 있으면 언제나 좋은 거래를 하게 되더라고요. 물건을 사야겠다는 제 의지보다 물건을 팔아야 하는 영업사원의 의지가 훨씬 절실하니까요.

···• 좋은 거래를 돕는 세 가지 요소

앞으로 이야기할 내용은 모두가 한 번쯤 들어봤거나 이미 알고 있는 것들이다. 바꿔 말하면 실천하지 않는 게 문제라는 뜻이다. 이 장을 다 읽고 여러분이 행동하면 좋겠다. 우선 그 전에, 좋은 거래를 하기 위한 세 가지 요소를 알아보자.

첫째, 협상이 전부다

좋은 조건으로 거래하려면 언제 어디서든 협상할 자세가 되어 있어야 한다. 모든 일에 협상할 준비를 하자. 뭐든 더 저렴한 가격에 살 수 있다고 가정하고, 가격표나 할인 안내문에 적힌 가격을 이 가격부터 흥정 가능하다는 것으로 이해하자. 그 가격으로 살 수 있다는 뜻이지 사야 한다는 의미는 아니다. 나라와 도시에 상관없이 어디에서나 협상할 수 있다는 사실을 기억하고 주인에게 원하는 가격을 말하는 것으로 거래를 시작하자.

비싼 물건을 사면서도 협상이 가능한지 물어볼 생각조차 하지 않는 사람들이 정말 많다. 자동차, 컴퓨터, 수상 보트 등 물건을 살 때도 그렇고 배관 수리 업체나 의사에게도 값을 깎아줄 수 있는지 물어볼 수 있다. MSN 머니MSN Money에서 오래전에 발표한 연구를 보면 병원이나 약국에서 진료비나 약값을 깎는 사람이 5명 중 1명도 안 된다고 한다. 더 좋은 조건을 찾아 노력하는 사람이 그렇게나 없다니 정말 놀랍다. 그런데 여기서 더 놀라운 사실이 있다. 값을 깎아달라고 요청한 사람 중 절반은 처음 가격보다 더 좋은 가격에 거래를 했다.

윈윈 하는 거래가 무엇인지 제대로 알면 물건을 살 때 자연스럽고 편안하게 원하는 가격을 제시할 수 있다. 나는《Yes를 이끌어내는 협상법》이라는 훌륭한 책에서 가장 좋은 윈윈 사례를 발견한 뒤, 예시로 수없이 써먹었다.

나이가 지긋한 두 여성이 오렌지 1개를 적절한 방식으로 나눠 가지기 위해 대화를 나누고 있었다. 길고 긴 대화 끝에도 뾰족한 수를 찾지 못한 이들은 결국 오렌지를 반으로 갈라 각자 반쪽씩 갖고 헤어졌다. 그중 한 명은 오렌지 껍데기만 모아 케이크를 구웠고, 다른 한 명은 껍데기는 버리고 과육만 먹었다.

나는 이 이야기를 다시 이렇게 설명했다.

만약 이 두 사람이 충분한 대화를 통해 서로 오렌지를 가지고 무엇을 할지 알았더라면 어땠을까? 둘 다 더 많은 과육과 껍질을 가질 수 있었을 거고, 그 무엇도 잃지 않았을 것이다. 이 이야기로 알 수 있듯이 물건을 사는 과정에 창의력과 대화가 더해지면 좋은 조건으로 물건을 살 수 있고, 파는 사람에게도 도움을 줄 수 있다.

좋은 대화를 기반으로 하는 윈윈 거래를 통해 판매자와 구매자 모두가 100% 만족할 수 있다. 반을 양보할 필요 없이 각자가 원하는 전부를 가질 수 있다.

좋은 거래는 어쩌다 운 좋게 일어나지 않으며, 귀찮음을 무릅쓰고 흥정하더라도 좋은 거래로 이어지지 않을 수 있다. 수고를 들여 흥정을 시도했음에도 상대가 미끼를 물지 않았을 때, 단지 그날 운이 나쁘다고 봐야 할까? 그렇지 않다. 하려는 건 협상이라는 사실을 기억하자. 협상이란 서로가 얻고자 하는 바를 주고받기 위해 의논하는 대화다.

그간 집과 일터에서 협상하며 깨달은 규칙이 일곱 가지가 있다. 좋은 협상을 이끄는 '행운의 7 법칙'을 잘 따른다면 틀림없이 멋진 거래를 할 수 있을 것이다.

1. 항상 진실만을 말하라

팔려는 차에 변속기가 미끄러지는 현상이 있다면 차를 사려는 사람에게 이 사실부터 알려야 한다. 구매자가 시험 운행을 하는 동안 변속기가 멀쩡하게 작동하길 기도하며 입을 닫아서는 안 된다. 돈 몇 푼 때문에 신뢰를 깨뜨리지 말자.

가난하게 살고 싶다면 가난한 사람들이 하는 대로 하고, 부자처럼 살고 싶다면 부자가 하는 대로 해야 한다. 진짜 부자들은 속이거나 사기치며 거래하지 않는다. 토마스 스탠리 Thomas Stanley 는 《부자들의 선택》을 집필하면서 자산이 1000만 달러(약 100억 원) 이상인 사람들을 인터뷰하고 그들의 공통점을 찾아냈다. 가장 흔한 특징은 무엇이었을까. 바로 진실성이었다. 상위 1% 중에서도 최상위 25%가 광적으로 진실성에 집착했다고 한다. 그러니 협상을 할 때는 항상 진실만을 말하자.

물건을 살 때도 마찬가지다. 흥정하는 중에 상대가 거짓말을 하면 당장 거래를 접어라. 아내와 함께 전자제품 체인점에서 물건을 보고 있었다. 원하는 제품을 고른 뒤 직원과 가격을 조율했고(그렇다. 나는 대형매장에서도 값을 깎는다!), 계산을 하기 직전에 직원이 나에게 물었다. "당연히 제품 보증 기간 연장도 하실 거죠?" 나는 웃으면 답했다. "아니요. 연장은 필요 없습니다."

그랬더니 그가 "필요하실걸요. 데이브 램지도 제품 연장 보증서는 산다고 합니다."라고 말했다. 이제껏 나는 보증 기간 연장은 할 필요가 없다고 가르쳐왔다. 일주일에 몇 번씩 수백만 명의 라디오 청취자에게도 그렇게 이야기했다. 그러니 이때까지는 우리 집과 사무실 근처에서 일하는 이 직원이 어쩌다 내 이름을 주워듣고 농담으로 하는 말이려니 생각했다.

"장담하는데, 데이브 램지는 제품 연장 보증서를 사지 않습니다." 나의 이 말에 자존심이 상했는지 직원이 방어적인 말투로 받아쳤다. "아닐 텐데요. 저희 매장에서 텔레비전을 살 때 제품 연장 보증서를 함께 샀습니다. 사본이라도 보여드릴까요?"

이 대목에서 얼굴이 달아오르기 시작했지만 심한 말을 하기 싫어 꾹 참았다. 언제나 진실하게 언행하기 위해 노력하는데, 다른 누군가는 나에 대한 거짓 소문을 퍼뜨리고 다닐 때 정말 화를 참기 힘들다. 이 직원은 내 얼굴에 대고 '데이브 램지'가 어떻게 할지를 멋대로 이야기하고 있었다. 계속 헛소리를 해대는 그의 코앞에 내 운전면허증을 보이며 말했다. "데이브 램지는 제품 연장 보증서를 사지 않습니다."

직원 얼굴에서 핏기가 사라졌다. 그러더니 "아, 정말 죄송합니다. 데이브 선생님, 말씀하신 가격으로 물건을 드리겠습니다. 바로 결제해드릴까요?"라고 말했고, 나는 가게를 박차고 나왔다. 우리는 결국 다른 가게에서 돈을 좀 더 주고 물건을 샀다. 진실하지 않은 사람, 신뢰할 수 없는 사람과 엮이기에는 인생이 너무 짧다.

2. 현금 파워를 이용하라

현금으로 쇼핑하는 사람을 보기가 점점 힘들다. 쇼핑몰이든 슈퍼마켓이든 사람들 손에는 플라스틱 신용카드가 들려 있다. 100달러(약 10만 원)짜리 지폐 뭉치를 들고 가게에 가면 사람들의 시선을 한 몸에 받을 수 있다. 현금이 사람의 감정을 자극하고 반응하게 하기 때문이다. 현금을 사용할 때는 돈을 쓴다고 인지하며 고통을 느낄 때와 같은 뇌 반응이 일어난다고 4장에서 이야기했었다. 플라스틱 신용카드로는 이런 반응이 나타나지 않는다.

또한 현금은 판매자가 당장 돈을 벌 수 있다고 생각하게 만든다. 자동차를 오늘 바로 팔고 싶은 딜러는 대출금 지급을 기다려야 하는 손님이나 수표를 들고 온 손님보다는 현금을 가져온 손님을 훨씬 더 매력적으로 볼 것이다. 판매자는 여러분과 악수를 하는 즉시 돈이 들어온다는 사실을 안다. 여러분은 자동차를 가질 수 있고 판매자는 즉시 현금을 가질 수 있다. 사람들은 현금 거래에 끌리게 되어 있고, 개인 판매자들의 경우에는 더욱 그렇다.

3. 언제든 물러날 준비를 하자

앞 단계까지는 순조롭게 거래가 잘 진행되더라도 마지막 단계에서 갑자기 무산될 가능성이 있다. 영업사원 중에서도 액수가 큰 물건을 판매하는 사람들은 거래가 성사되기 직전까지 유머러스한 태도를 보이며 끊임없이 제품을 설명할 것이다. 그리고 마지막 순간에 조건을 살짝 바꾼다. 이미 물건에 애착이 생겨버린 손님이 마음을 쉽게 바꾸지 않을 것을 잘 알기 때문이다. 이 사람들 생각이 옳다.

값을 치르기 전까지 물건에 애정을 주지 말자. 판매자는 여러분이 내뿜는 절실함의 냄새를 맡을 수 있다. 여러분이 썬베드를 수영장 옆에 놓고 앉아 여유를 즐기는 모습을 상상하고 있다는 걸 판매자가 알면 절대 좋은 가격에 물건을 살 수 없다. 가격을 내리지 않아도 팔리는데 왜 흥정을 하겠는가? 편안한 마음으로 물건을 둘러보고, 원하는 조건에 거래가 이루어지지 않으면 언제든 물러날 준비를 해야 한다. 여러분이 "아, 그렇게는 안 되겠네요."라고 말하며 가게를 나가려고 하면 열에 아홉은 출입구까지 따라나와 더 좋은 조건을 제시할 것이다.

4. 말을 아끼자

물건을 살 때 좋은 가격을 제시해야 할 쪽은 여러분이 아니다. 판매자가 알아서 좋은 가격을 제시하게 두자. 파는 쪽에서 5000달러(약 500만 원)를 이야기하면 아무 말도 하지 말고 상대의 눈을 응시하며 기다리자. 침

묵은 강력한 무기고, 사람들은 보통 어색한 침묵을 견디기 힘들어한다.

어느 한가한 토요일에 중고차 판매장 근처를 지나다가 괜찮아 보이는 자동차를 발견하고 잠시 둘러보기로 했다. 사실 새 차가 필요하지는 않았지만 놀러 다닐 때 있으면 좋을 것 같았다. 마침 시간도 있는 데다 자동차 판매사원에게 시험해보고 싶은 것이 몇 가지 있었다. 그래서 차를 구경하며 서 있었더니 예상대로 사무실에 있던 영업사원이 뛰어나와 말을 걸기 시작했다. 나는 직원의 반응을 보기 위해 일부러 아무 말도 하지 않고 가만히 있었다. 직원을 무시했다는 뜻이 아니라, 그의 말에 반응은 하면서도 굳이 대화를 이어가지 않았다는 뜻이다.

영업사원이 이렇게 말했다. "원래는 5500달러(약 550만 원)지만, 사장님께는 4500달러(약 450만 원)에 드릴게요." 나는 가만히 서서 고개만 끄덕였다. 바퀴나 좀 보려고 뒤쪽으로 걸어갔더니 그가 다시 입을 뗐다. "근처에 타이어 가게를 하는 친구가 하나 있어요. 무료로 타이어를 교체해드리겠습니다." 나는 여전히 아무 말도 하지 않았다. 이번에는 차 앞쪽으로 가서 후드를 뚫어지게 보았다. 직원은 견디지 못하고 또 이렇게 말했다. "자동차를 아주 잘 아시네요. 사고 이력이 있기는 합니다."

솔직히 그 차에 사고 이력이 있었는지는 전혀 몰랐다. 그냥 조용히 서 있었을 뿐인데 직원이 알아서 5500달러에서 값을 깎더니 타이어도 새로 바꿔주겠다고 하고, 사고가 있었다는 사실도 알려주었다. 사람을 무시하거나 무례하게 행동하라는 게 아니라, 거래하는 과정에서 여러분이 말을 너무 많이 하고 있지는 않은지 생각해봐야 한다는 뜻이다. 입을 닫고, 무슨 일이 일어나는지 한번 지켜보자.

5. 만족하지 말아라

"만족스럽지 않네요." 협상 과정에서 이 말은 마법의 주문이다. 갈등을 좋아하는 사람은 없으므로 이 말은 엄청난 차이를 만든다. 말을 아끼는 전략과 함께 사용하면 특히 더 강력한 효과를 볼 수 있다. 영업사원이 금액을 제시하면 그 사람의 눈을 보고 "아직 100% 만족스럽지 않네요."라고 말하며 입을 닫자. 거래 조건을 바꿀지 말지는 이제 영업사원에게 달렸다.

여태까지는 이런 상황에서 어떻게 했는가? 원하는 가격을 제시한 후 판매자와 흥정했을 것이다. 판매자가 200달러(약 20만 원)를 제시하면 여러분이 100달러(약 10만 원)를 제시하고, 결국은 150달러(약 15만 원)로 협의하는 과정이 일반적이다. 하지만 때로는 판매자가 혼자 가격을 깎도록 두면 훨씬 더 좋은 조건으로 물건을 살 수 있다. 어쩌면 여러분이 흥정을 시작하려 했던 가격보다 판매자가 제시하는 가격이 더 낮을지도 모른다.

6. 역할 놀이에 속지 말자

'좋은 사람 나쁜 사람'이라고 하는 이 전략은 아주 중요한 영업 기술이다. '착한' 영업사원이 구매자인 여러분과 '못된' 매니저 사이에서 역할극을 한다는 뜻이다. 영업사원이 여러분이 제시한 거래 조건을 듣고 "저희 매니저님께 확인해보겠습니다."라고 말했다면, 사실 매니저라는 사람은 존재하지 않을 확률이 꽤 높다. 영업사원은 매니저에게 물어보는 척 사무실에 숨어 커피 몇 모금을 마시고는 호되게 꾸지람 당한 표정으로 이렇게 말할 것이다. "고객님. 매니저님께 한소리 듣기는 했지만, 이 정도까지는 괜찮을 것 같다고 하시네요."

물건을 사는 사람도 이 전략을 사용할 수 있지만 추천하지는 않는다. 어떤 사람들은 좋은 조건을 얻어내려고 영업사원과 '구두쇠' 배우자 사이에서 난처한 척 연기를 하기도 한다. 하지만 진실하지 않으면 좋은 거래가 아니다. 나는 그저 누군가가 이런 수법을 쓸 때 여러분이 몰라서 당하지 않았으면 좋겠다.

7. '만약에' 전략을 사용하자

예측할 수 없기에 이 전략은 재미있다. 물건 가격이 내려갈 수 있을 만큼 내려갔을 때 이 전략을 써보자. 이렇게 말하면 된다. "좋아요, 제가 만약에 그 가격에 차를 사면 와이퍼와 바닥매트는 새로 갈아주세요." 가격에 동의하면서 새로운 조건을 추가하면 된다.

내 친구는 부동산 거래를 할 때 항상 이 전략을 사용한다. 간단하다. 급매로 저렴하게 나온 집 차고에 수상 스키용 보트가 세워져 있는 걸 보고 이렇게 말하는 것이다. "10만 달러(약 1억 원) 밑으로는 안 되겠죠? 가격은 괜찮은데 그 가격으로 파시려면 수상 보트도 같이 넘기시죠." 그러면 집주인은 이런 반응을 보일 것이다. "뭐라고요? 그건 안 됩니다. 보트는 제 자식 같은 물건이라고요."

내 친구는 이렇게 답할 것이다. "그런가요? 그럼 보트 말고 뭐라도 같이 주세요. 아니면 가격을 낮춰주시는 것도 좋고요." 어떤 기술인지 알겠는가? 일단 수상 보트를 거래 조건에 넣었다가 판매자가 거절하면 그때부터는 마치 그 보트가 원래 자기 물건이었던 것처럼 흥정을 이어가는 것이다. '그 보트를 빼앗는 대신 뭘 줄 수 있죠?'라고 묻는 셈이다.

'행운의 7 법칙'을 잘 따르면 아주 만족할 만한 조건으로 물건을 살 수 있지만, 실행에 옮기지 않으면 아무 일도 일어나지 않는다. 이 법칙으로 꼭 좋은 거래를 했으면 좋겠다. 너무 진지한 태도보다는 그냥 이 과정을 즐긴다고 생각하면 꽤 괜찮은 거래를 할 수 있을 것이다.

마크의 경험담

인터넷 케이블 업체에 '만족스럽지 않아요' 전략을 사용했는데도 다른 회사 조건이 더 좋아서 업체를 바꿔버렸습니다. 기존에 거래하던 케이블 업체가 연락해서는 다시 돌아오면 1600달러(약 160만 원)를 주겠다고 하네요. 이런 방법을 알려주는 책이 많지는 않죠.

둘째, 인내심을 기르자

좋은 거래를 위한 첫 번째 요소로 언제 어디에서나 협상하라고 이야기했다. 그렇다면 다음은 인내심을 기를 차례다. 솔직히 나는 이 부분이 제일 어렵다. 많이 노력한 덕분에 조금은 나아졌지만 타고난 천성이 인내심과는 거리가 멀다. 아내는 원하는 물건이 있어도 며칠이든 몇 주든 몇 달이든 기다렸다가 살 수 있는 사람이다. 그러나 나는 아니다. 원하는 물건이 명확하게 생기면 그 즉시 손에 넣어야 마음이 놓인다. 느긋하게 기다리지 못한다.

새로운 전자기기가 출시되면 인내심이 부족한 소비자 집단도 등장한다. 확실히 해두자면, 나는 애플Apple에 반감이 없고 이미 제품도 여러 개 사용 중이며, 시장에서 제품을 홍보하고 수요를 늘리는 그들의 마케팅 능력에 매번 감탄한다. 하지만 새 제품이 출시되는 날에 맞춰 매장 앞에서 몇 시간, 때로는 며칠 동안 길게 줄 서는 사람들을 보고 있자면 기가 막힌다. 다음 날 매장에 가면 기다리지 않고 바로 물건을 살 수 있는데, 왜 군이 출시일에 긴 시간 줄을 서서 물건을 사려고 할까? 당장 이 물건을 손에 넣어야 한다는 생각이 깊숙이 뿌리내렸기 때문이다.

짧은 인내심이 좀 더 극단적으로 발휘될 때도 있다. 얼마 전 애플에서 새로운 기기를 출시했는데 금세 품절이 됐고 인터넷으로 주문하면 배송까지 3~4주나 기다려야 했다. 이런 상황을 견딜 수 없던 사람들은 이베이eBay에 들어가서 원가의 1.5배나 되는 프리미엄을 얹어주고 그 기기를 샀다. 몇 주만 기다리면 제값으로 살 수 있는 물건을 왜 원가의 50%나 더 얹어 주고 사는 걸까? 인내심이 없기 때문이다. 이런 사람은 절대 좋은 거래를 할 수 없다. 숨을 깊이 들이마시고, 멀리 보고, 현명하게 결정하자.

제니퍼의 경험담

현금 할인을 해달라고 해보세요. 자동차 수리 센터에서도 100달러(약 10만 원)나 깎았답니다.

셋째, 딱 맞는 구매처를 찾자

세 번째 요소는 꽤 간단하다. 내가 원하는 거래를 어디로 가야 할 수 있을지 아는 일이다. 적합한 구매처를 찾기 위한 과정은 보물찾기에 비유할 수 있다. 많이 찾아다닐수록 더 잘 찾게 된다. 정말 괜찮은 거래는 할인 안내문 밑이 아니라는 사실을 기억하자. 소매가는 믿으면 안 된다. '저렴한' 가격일지는 모르지만, 거래하기에 완벽하지는 않을 수 있으니 속지 말자. 이런 할인 행사와 마케팅에 대해서는 6장에서 이야기했으니 지금은 그 내용이 '좋은 거래를 위한 원칙'과 어떻게 연결되는지를 생각해보자.

　본인이 사는 지역, 농산물 직판장, 구멍가게, 괜찮은 온라인 사이트를 알아두면 좋은 거래를 할 수 있다. 모든 물건을 다 싸게 살 수 있는 만능 장소는 없으므로 여기에서는 기본만 익히고 각자 사는 곳에 맞게 적용해보자.

1. 개인 판매자 또는 중고장터

거래하기 가장 좋은 방법 중 하나는 개인끼리 직접 물건을 사고파는 것이다. 개인 판매자들은 수익을 바라고 물건을 팔지 않는다. 버리느니 몇 푼이나마 챙겨보려는 마음으로 물건을 판다. 중고차를 산다고 가정해보자. 자동차 딜러는 일정 수준까지만 가격 제안을 받아들일 수 있다. 딜러도 그 자동차를 사면서 돈을 들였기 때문에 자기가 산 가격 아래로는 절대 팔지 않을 것이다. 그렇게 하지 않으면 딜러는 돈도 잃고, 시장에서 살아남을 수도 없다. 하지만 개인 판매자는 이야기가 다르다. 좀 더 유연하게 흥정할 수 있다.

　자전거 두 대를 1년 넘게 타지 않고 차고에 넣어놨더니 계속 옆에 있던 자동차를 긁어댔다. 어느 날 자전거가 꼴도 보기 싫어져서 마당에 내놓고는 '자전거 두 대, 10달러(약 1만 원)'라고 써 붙였다. 그러자 한 여성이 다가와서 5달러(약 5000원)에 줄 수 있느냐고 했고, 나는 알았다고 했다. 얼마를 받든 상관없었다. 그냥 내 차고에서 그 자전거들을 당장

치워버리고 싶었다. 그 거래는 윈윈이었다.

2. 처분 판매, 경매

처분 판매나 경매로 만족할 만한 거래를 할 수 있지만 주의해야 한다. 너무 신나고 재미있어서 정신 차리기가 쉽지 않기 때문이다. 너무 흥분한 나머지 원가보다 비싸게 물건을 사는 사람들도 많이 봤다. 이런 일을 막으려면 준비를 해야 한다. 경매 목록을 미리 얻어서 관심 있는 매물에 표시하고, 철저히 조사하자. 입찰을 하기 전에 이 물건이 정확히 어떤 물건이고 어느 정도 가치가 있는지를 알아두고, 돈을 얼마까지 쓸지도 생각해둬야 한다. 그러고 나서 경매가 얼마나 흥미진진하든, 입찰 경쟁이 얼마나 뜨겁든, 먼저 생각한 기준에서 벗어나지 말아야 한다. 온라인 경매 사이트에서도 마찬가지다.

3. 쿠폰과 환불

아내는 한때 열렬한 쿠폰 수집가였다. 아내가 쇼핑할 때마다 즐겁게 쿠폰을 쓴 덕분에 매년 몇백 달러를 아낄 수 있었다. 하지만 필요한 물건에만 쿠폰을 사용해야 한다. 물건 판매자가 쿠폰을 발급하는 이유는 자신들의 물건을 팔기 위해서다. 쿠폰은 엄연한 마케팅 요소다. 쿠폰은 필요한 물건을 살 때 쓰면 돈을 아낄 수 있지만, 필요한 물건이 없을 때는 쓰지 않아도 될 돈까지 쓰게 만든다. 경계를 늦추지 말자.

4. 벼룩시장

흥정하는 기술을 갈고 닦기에 가장 좋은 장소는 지역 벼룩시장이다. 여기에는 보통 개인 판매자와 영세 사업자들이 모여 있어서, 판매실적을 올리려고 달려드는 좀비 같은 영업사원과 부딪히지 않고 좋은 거래를 할 수 있다. 이곳에 있는 사람들은 물건을 간절히 팔고 싶어 하면서 가격도 직접 매길 수 있는 사람들이다. 벼룩시장에서 여러분의 능력을 발휘해보자.

5. 압류 부동산 매물

압류된 집은 좋은 가격에 살 수 있지만 조심해야 한다. 이는 아마추어를 위한 거래가 아니다. 뭣도 모르면 쓰레기 같은 집을 넘겨받게 될 것이다. 돈을 날리는 것과 다름없다. 이 생태계를 잘 아는 사람과 여러 번 같이 다니며 확실히 배우기 전까지는 아무것도 사지 말자. 준비를 마쳤다면 거래에 뛰어들어도 좋다. 속지만 않으면 사실 이 거래는 원원이다. 판매자는 법원 경매로 넘어가기 전에 집을 팔아 압류 기록을 남기지 않아 좋고, 구매자는 원하는 가격에 집을 살 수 있다. 모두가 행복한 거래다.

6. 전당포

전당포에서 좋은 거래를 할 수 있다고 하면 사람들은 "전당포 물건은 다 훔친 거 아닌가요?"라고 묻는다. 텔레비전을 너무 많이 본 탓이다. 여기로 들어오는 물건 중 수상한 것들은 경찰서의 확인 과정을 다 거친다. 전당포는 음악 앨범이나 비디오 게임 CD를 거래하기에 특히 좋다. 하지만 전당포에 물건을 맡길 생각은 하지 말자. 빠르고 쉽게 현금을 받을 수 있지만, 직접 팔면 훨씬 좋은 거래를 할 수 있다.

7. 박람회

박람회는 내가 가장 좋아하는 거래 장소인데, 아무도 거래할 생각을 하지 않는 장소이기 때문이다. 사업차 전시회나 무역 박람회를 많이 다녔는데, 진행 절차는 대부분 비슷하다. 참가 업체들은 행사가 끝나고 나면 전시했던 물건을 거의 공짜로 나눠준다. 다시 포장해서 회사로 가져가기 번거롭기 때문이다. 여러분 동네에서 주방용품 전시회가 열렸다고 가정해보자. 행사가 끝난 뒤 몇 톤이나 되는 냄비와 프라이팬을 다시 가져가고 싶어 하는 업체가 있을까? 전시회가 끝날 때쯤 전시장에 들어가서 한번 물어보자. "저기, 이 물건들은 다 어떻게 하실 건가요?" 공짜로 주겠다는 물건을 다 담으려면 손수레가 필요할지도 모른다.

8. 상품이나 서비스 교환하기

여러분이 이미 가지고 있는 물건이나 재능, 혹은 시간으로도 좋은 거래를 할 수 있다. 물물 교환인 셈인데, 수중에 현금이 없을 때 가장 좋은 방법이다. 라디오 프로그램을 막 시작했을 때 나는 엉망이 된 돈 문제를 해결하는 중이라 가진 돈이 거의 없었다. 그래서 지역 소매업체에 물물 교환을 제안했다. 라디오 프로그램에 광고 자리를 주는 대신 그들의 물건과 서비스를 이용하는 조건이었다. 물물 교환을 다양하게 활용해보자. 어린 자녀가 있는 친구들과 아이를 번갈아가면서 돌보면, 각자 혼자

———— 돈 없이도 돈 모으는 법

만의 시간을 가질 수 있다. 우리 아이들은 크리스마스에 이웃에게 마당 일을 대신 해주는 이용권을 선물하고는 했다. 좋은 아이디어고 완벽히 윈윈 할 수 있는 거래다. 남의 물건이나 서비스를 이용한 대가로 무엇을 줄 수 있고, 또 무엇을 할 수 있을지 창의력을 발휘해 생각해보자.

디나의 경험담

좋은 거래를 하고 싶다면 마음에 드는 조건을 찾고, 찾고, 또 찾으세요. 아담하지만 자금 사정에 딱 맞는 지금 집을 사기까지 119곳이나 돌아다녔어요. 마음에 드는 집을 찾고 협상을 한 덕분에 원래 가격보다 20% 낮은 가격에 살 수 있었죠. 거래가 성사되기까지 마음 졸였지만 그럴 만한 가치가 있었어요.

이 장에서 다룬 내용 중에 놀라운 정보는 하나도 없었을 것이다. 한 번쯤 들어본 내용일 것이고, 이미 실행해본 적이 있을 수도 있다. **이제는 여기서 한 단계 더 나아갈 차례다. 어쩌다가 하는 게 아니라 항상 실행하면 된다.**

판매자가 제시하는 가격에 만족하지 말자. 어딘가 더 좋은 거래가 있다고 생각하고 직접 찾아보자.

제가 해냈어요!

지난해 여름에 데이브 램지 선생님을 만나서 돈을 생각하는 관점이 달라지고 사는 방식도 바뀌었습니다. 한 달 예산을 짜서 바로 돈 봉투 시스템을 따르기 시작했어요. 그 후로는 제 뜻대로 돈을 관리하면서 제 의지로 돈을 쓰고 있죠.

경제가 바닥을 쳐서 그간 하루 벌어서 하루 먹고 살았습니다. 하지만 예산을 세우고 따른 덕분에 낭비를 막을 수 있었어요. 그전까지는 투자가 뭔지도 몰랐는데 지금은 보험의 종류, 흥정하는 법, 빚쟁이들에게 대응하는 법, 돈을 모으는 법, 투자하는 법도 알게 되었습니다. 실생활에 바로 써먹을 수 없을지 몰라도, 점점 능력도 생기고 그러다 보면 기회도 더 많아지겠지요.

저는 흥정이 무례한 일이라고 생각했는데 이제는 아닙니다. 지금은 식탁에서부터 세탁기와 건조기까지 물건을 살 때마다 값을 깎으려고 하고, 월세도 150달러(약 15만 원)나 깎았습니다. 전에는 이런 선택지가 있다는 생각조차 못 했어요.

30대가 되기 전에 이렇게 실천할 수 있어 기쁩니다. 선생님 덕분에 미래가 생겼어요. 앞으로는 편안하게 살 일만 남았네요.

— 테네시주 내슈빌에서, 에이든

★ 이 장의 키포인트

1. 더 좋은 조건에 물건을 줄 수 있는지 판매자에게 물어보고 흥정을 두려워하지 말자.
2. 너무 일찍 물건과 사랑에 빠지지 말자. 여러분이 얼마나 담담하게 물러설 수 있느냐에 따라 거래의 성공 여부가 달려 있다.
3. 현금의 힘을 이용하자. 판매자도 구매자도 현금을 보면 감정이 흔들린다.
4. 창의적으로 생각하라. 가끔은 여러분의 능력이나 재능을 이용해 거래할 수 있다.

★ 복습해보자

1. 왜 대부분의 사람들은 흥정하는 걸 꺼려하는가?
2. 더 저렴한 가격에 물건을 달라고 말할 때 마음이 어떠한가? 편안한가?
3. 윈윈 거래란 무엇인가? 협상으로 윈윈 거래에 성공한 적이 있는가?
4. 좋은 거래에서 진실성이 중요한 이유는 무엇인가?
5. 좋은 협상을 위해 알아야 할 규칙 일곱 가지는 무엇인가?
6. 물건을 살 때 돈 봉투 시스템은 어떻게 도움이 되는가?

9장

투자

돈이 돈을 벌도록 하라

테네시에서 보낸 어린 시절, 친구들과 자전거를 타고 놀 때가 제일 신이 났다. 당시 내 자전거는 요즘 자전거들처럼 성능 좋은 변속기나 여러 유용한 장치가 달려 있지 않았다. 기어도 하나뿐이었고 속력을 내도록 돕는 엔진도 없었다. 빨리 달리고 싶으면 내 두 다리로 페달을 열심히 밟아야 했다. 테네시에는 평평하게 쭉 뻗은 길이 거의 없었기 때문에 젖 먹던 힘을 다해 페달을 밟아야 했다. 오르막길과 내리막길. 이 두 길밖에는 없었다.

 자전거를 타고 달리다 갑자기 오르막길을 만날 때가 정말 많았다. 길이 너무 가팔라서 페달을 아무리 밟아도 일정한 속도로 오르막길을 오르기란 쉽지 않았다. 그래서 핸들을 오른쪽과 왼쪽으로 꺾어가며 지그재그로 길을 올라야 했다. 그렇게 힘겨운 싸움을 하며 언덕에 올라야만 마침내 꼭대기에 닿을 수 있었다. 신나게 내려갈 수 있는 내리막길이 나

오기 전까지 아주 잠깐 평평한 길을 누릴 수 있었는데, 이때 만끽한 설레는 기분을 나는 아직도 잊을 수 없다.

자전거를 탈 때만 해당하는 이야기가 아니다. 어린 시절 자전거를 타고 올랐던 언덕 꼭대기에서 곧 펼쳐질 순간을 기대하며 행복했듯이, 어른이 되어 부의 정점을 찍었을 때의 기분 역시 이루 말할 수 없다.

메건의 경험담

제가 투자를 할 수 있을 거라고 생각도 못 했어요. 평생 월급만 받으며 살 줄 알았죠. 내일이 훨씬 밝아진 것 같아요.

•°• 투자를 시작하기 전에

투자는 내가 가장 좋아하는 주제라 그 어느 때보다 신나서 수업을 진행한다. 하지만 투자 이야기를 시작하면 항상 딴지를 놓는 사람들이 있다. 그러니 본격적으로 투자를 알아보기 전에 그 부분부터 해결하도록 하자.

"투자는 너무 지루하다고요!"

투자 수업을 할 때면 누가 괴짜이고 누가 자유로운 영혼인지 단번에 알 수 있다. 괴짜들은 눈을 반짝이며 노트와 연필을 꺼내 숫자를 쓰고 열심히 계산하기 시작한다. 자유로운 영혼들은 이때 무엇을 할까? 이들은 상상 여행을 떠난다. 정신은 다른 데 두고 몸만 교실에 앉아 있는 게 한눈에 드러난다. 공상에 잠긴 듯 풀린 눈을 하고 들판 위를 뛰거나 노래하며 춤을 추는 상상을 한다. 투자 수업 따위는 안중에도 없다.

투자 공부가 지루하다고 생각하는 사람들에게 해주고 싶은 말이 있다. 앞으로는 투자를 프랑스 시골 마을에 있는 별장으로 생각하자. 아니면 온 가족이 멋진 오두막을 빌려 한 달간 스키 여행을 떠난다고 생각하자. 그도 아니면 집에서 배우자와 오붓한 시간을 보내고 있다고 생각하자. **투자는 이런 행복과 관련된 말이다. 단지 돈을 더 버는 방법이 아니라 앞으로 어떤 삶을 살아갈 것인지와 더 밀접한 주제다.** 오늘 무엇을 하느냐에 따라 여러분의 미래가 달라진다.

"비상자금을 모으는 단계라 투자는 생각도 할 수 없어요!"

아직 걸음마 공식 1단계를 수행하는 중이라도 상관없다. 투자를 시작하기 전에 기본적인 투자법을 미리 배워두면 앞으로 해야 할 일이 명확하게 보인다.

나는 스키가 좋다. 눈밭이든 물 위든 장소는 상관없다. 그저 내 발에 긴 판자를 묶고 빨리 달리는 느낌이 좋다. 스키를 타본 사람이라면 알겠지만, 스키를 배울 때는 '눈 가는 대로 몸이 간다.'는 말부터 듣는다. 정면을 보면 앞으로 나가고, 오른쪽을 보면 오른쪽으로 방향을 틀 수 있다. 아래를 보게 되거든 재빨리 몸을 웅크릴 준비를 해야 한다. 곧 눈 위로 엎어지거나 물에 빠질 것이기 때문이다. 돈을 대할 때도 마찬가지다. 이 책에서 배운 내용을 잘 따라 하면 생각보다 빠르게 빚을 청산하고 비상자금을 모을 수 있다. 그러면 투자 시작과 함께 자산을 불릴 수 있다. 그러니 목표 지점에서 눈을 떼지 말자.

"장기 투자는 답답해요! 빨리 수익을 내고 싶어요!"

일확천금하는 사람은 '일확천금을 벌 수 있다고 사기를 치며 돈을 버는' 사람들뿐이다. 이들은 큰돈을 빨리 벌 방법이 있다고 사람들을 속여 현금을 뜯어낸 뒤 유유히 사라질 것이다. 도박을 하던 사람들이 요즘은 위험한 투자에 눈을 돌리고 있다. 100달러(약 10만 원)를 하룻밤에 1000달러(약 100만 원)로 만들어주는 투자는, 투자가 아닌 도박이다. 내가 가르치는 내용은 실천하기 쉽지 않고 달성하기까지 시간도 오래 걸린다. 하지만 그 효과만큼은 확실하다고 장담한다.

ᐧᐧ• 투자는 단순해야 한다

부동산 중개업을 막 시작했을 때, 말이 너무 많다는 게 내 문제였다. 혼자서 끊임없이 이야기하다가 소득 없이 손님들을 놓치곤 했다. 고객이 원하는 정보만 주면 될 것을 쓸데없이 다른 정보까지 쏟아냈기 때문이다. 집의 특징, 계약 문제, 개선사항, 동네 환경을 포함해 내가 알고 있는 정보는 모조리 이야기했다. 다행히 입을 닫아야 한다는 사실을 곧 깨달았지만, 이미 좋은 집과 고객을 여럿 놓친 후였다.

투자도 마찬가지다. 금융전문가가 옵션이나 기술, 투자 전략에 대해 이야기하면 우리의 정신은 멍해진다. 이때 우리의 선택은 보통 두 가지로 나뉜다. 무슨 뜻인지 모르는 종이에 서명해서 이들이 우리의 재산을 마음대로 하게 두거나, 더 들을 가치가 없다고 생각하며 자리를 뜨는 것. 물론 둘 다 손해다.

그래서 투자할 때는 키스KISS; Keep It Simple, Stupid◆ 전략을 쓰라고 이

야기한다. 단순하게 투자하는 걸 멍청한 짓이라고 생각하지 말자. 오히려 그 반대다. 일을 복잡하게 만들었을 때 문제가 발생한다. 나는 그동안 재산이 수백만, 수천만 달러에 달하는 알부자들을 많이 만났는데, 그들 대부분은 지루할 정도로 단순한 투자 계획을 따르고 있었다. 간단한 원칙 몇 가지만 정하고 그걸 오랫동안 지키며 투자했다. 효과가 확실하기 때문이다.

투자는 단순하지 않다고, 속임수가 있다고 생각하는 사람들이 많다. 이들은 투자 시크릿을 찾아내는 사람만이 부자가 될 수 있다고 여긴다. 하지만 리스크가 큰 상품에 투자하는 모험을 한다면 빠르게 시궁창으로 추락할 것이다.

금융인의 역할

우리는 책상 맞은편에 앉은 금융전문가가 아이 대하듯 훈계조로 이야기하는 것만 듣고 위험한 도박에 뛰어들고는 한다. 정말 어처구니가 없다. 재무상담사는 여러분이 부를 늘리는 데 꼭 필요한 사람이지만, 이 사람들이 할 일은 당사자가 스스로 옳은 결정을 할 수 있도록 돕는 것이다. 금융전문가들은 이러한 자신의 임무를 잊지 말아야 한다. 여러분이 어떻게, 어디에, 얼마를 투자할지 스스로 결정할 수 있도록 찬찬히 가르쳐주는 스승 같은 사람과 인연을 맺자. 어떤 원리로 수익이 나는지 설명할 수 없는 금융 상품이나 서비스는 절대 가입하면 안 된다. 우리는 이

◆　'단순하게 생각해.'라는 말로, 짧게 핵심만 전달하는 편이 좋다는 의미이다.

러한 상품을 100% 이해하기 위해 전문가를 고용하는 것이다.

재무상담사나 보험설계사가 여러분을 깔보듯 이야기하거나 상품의 원리를 가르쳐주지 않으면 이렇게 말하자. "당신은 해고야!" 이들은 여러분을 위해 일하는 사람이다. 돈을 받고도 제대로 일하지 않으면 관계를 끊는 수밖에 방법이 없다.

·:• 투자 언어를 이해하자

글을 쓸 때 지나치게 교양 있는 척하거나 딱딱하게 표현하지 않으려고 노력한다. 하지만 투자 세계에서는 이런 용어들이 꽤 많이 쓰이므로 미리 설명을 해두어야 할 것 같다.

분산

금융인들이 잘난 체하려고 쓰는 단어 중 하나가 분산이다. 분산은 '퍼뜨린다'라는 뜻으로 정말 간단한 개념이다. 강력한 우승 후보가 있는 시합에 가족농장을 걸면 안 된다는 것쯤은 모두가 안다. 또, 성경에 이런 구절이 있다. '일곱에게나 여덟에게 나눠줄지어다. 무슨 재앙이 땅에 임할는지 네가 알지 못함이니라.'

우리 할머님들도 이렇게 말씀하지 않았는가? '달걀을 한 바구니에 담지 마라.' 달걀을 한 바구니에 담고 이동하다가 넘어지거나 부딪치면 달걀 전부를 잃게 된다. 최근 몇 년간 우리의 바구니에 나쁜 일이 많이 생겼다. 태풍, 테러, 드라마틱한 정치 사건, 엄청난 실업률, 경제 불황까지 더해져 바구니는 연타를 맞았고, 그때마다 달걀은 수없이 깨졌다. 하지만 달걀을 나눠 담았던 사람들은 타격을 덜 입었다. 여러 곳에 달걀을 나눠 담으면 한 곳에서 무슨 일이 생기더라도 전체를 잃을 일이 없다.

결국 분산은 위험을 낮추는 방법이다. 투자를 거름이라고 생각하면 쉽다. 한 곳에 쌓아 두면 냄새만 지독하게 풍기지만 골고루 흩뿌리면 작물의 성장을 돕는다. 어떤가. 여러분의 재무상담사가 이렇게까지 설명해주었는가?

위험 대비 수익률

투자 리스크가 크면 기대 수익도 높기 마련이다. 즉, 위험을 감수하지 않으면 돈을 많이 벌지 못한다는 이야기다. 투자를 하려면 어느 정도 위험을 감수해야 하고, 그 누구도 결과를 확실하게 보장할 수 없다. 그 이유를 나는 이렇게 설명했다.

동물의 왕 사자가 우리에 갇혀 사료를 먹고 있는 모습을 보면 정말 딱하다. 사자의 눈에는 사냥하는 즐거움을 빼앗긴 한이 서려 있다. 마찬가지다. 투자한 대가를 보장받고 싶은 사람은 동물원 속 사자와 같은 대가를 치러야 한다.

돈을 잃지 않는 딱 한 가지 방법은 항아리 안에 돈을 보관하는 것인데, 리스크가 0인 대신 수익률도 0이다. 사실 집에 도둑이 들거나 불이 날 수도 있으므로 완전히 안전하다고는 할 수 없다. 게다가 곧 배우게 될 인플레이션을 생각하면 수익률이 0이라는 말은 곧 돈을 잃는다는 뜻이다.

투자 선택지를 비교해보면 리스크가 어떻게 달라지는지를 확인할 수 있다. 돈을 담아 두는 항아리는 리스크도 0이고, 수익률도 0이다. 그보다 한 단계 위에 있는 예금 계좌는 비상자금을 모으기에는 적합하지만 투자라고 할 수는 없다. 돈을 꽤 안전하게 보관할 수는 있지만 운이 좋아야 간신히 2%의 수익을 낸다. 한 단계 위에는 양도성 예금 증서가 있는데, 이것도 예금 계좌와 별반 다르지 않다. 그보다 리스크가 큰 상품으로 뮤추얼펀드가 있고 다음으로는 단일 종목 투자가 있다. 몇 단계 더 올라가면 여러분을 벼랑 아래로 떨어트릴 수 있을 정도로 위험한 초단타 매매가 있다.

나는 단일 종목 투자나 초단타 매매와 같은 위험한 투자 상품, 그리고 라스베이거스에서 하는 게임은 권하지 않는다. 하지만 5년 이상 쓰지 않을 돈을 항아리나 양도성 예금 증서에 묵혀두라고도 권하지 않는다. 뒤에서 이야기하겠지만, 내가 가장 좋아하는 투자법은 뮤추얼펀드다. 합리적인 리스크에 수익률도 꽤 괜찮은 균형 잡힌 투자법이기 때문이다.

인플레이션

위험 대비 수익률과 인플레이션은 함께 다뤄야 한다. 인플레이션을 무시한 채 리스크와 수익률을 계산하는 경우가 많다. 항아리에 돈을 모으는 방법을 이야기하면서 리스크도 없지만 수익도 없다고 말했다. 하지만 사실 그렇지 않다. 과자 상자에 1년 동안 100달러(약 10만 원)를 넣어 두었다면, 1년 뒤 상자 속에 있는 100달러는 과거에 비해 가치가 낮을 수밖에 없다. 인플레이션이 돈의 가치를 깎기 때문이다.

미국 소비자물가지수에 따르면 지난 70년간 인플레이션 평균은 4.2% 정도다. 즉, 이 말은 우리가 매년 돈을 잃는다는 뜻이다. 투자에서 수익률이 6%가 나더라도 세금을 제하고 나면 간신히 인플레이션을 따라잡는 수준밖에 되지 않는다. 장기 투자 전략으로 항아리나 양도성 예금 증서를 선택한다면 돈을 안전하게 보관할 수 있을지는 모르지만 인플레이션에 결국 붙잡히고 말 것이다. 수익률이 6%는 돼야 인플레이션에 뒤처지지 않을 수 있다. 따라서 먼 미래를 생각하면 어느 정도 리스크를 감수할 수밖에 없다.

유동성

유동성이라는 말 또한 어려워 보이지만 뜻은 단순하다. 당장 사용할 수 있는 자금이 어느 정도인지를 의미하는 단어다. 유동적인 투자를 하면 언제나 쉽고 빠르게 돈을 옮길 수 있다. 항아리에 모아둔 돈은 언제든 꺼낼 수 있으므로 100% 유동적이다. 예금도 비슷하고, 짧은 기간 묶여 있기는 하지만 양도성 예금 증서도 꽤 유동적이라고 할 수 있다. 가장 덜 유동적인 투자는 미국인이 많이들 갖고 있는 부동산이다. 이들에게는 부동산이 가장 큰 재산인 동시에 전혀 유동적이지 않은 자산이다. 급한 일이 생겨서 내일까지 자금을 구해야 한다면, 고생깨나 해야 할 것이다.

\# 크리스티나의 경험담

투자는 부자만 하는 줄 알았는데 데이브 선생님 덕에 저도 할 수 있다는 자신감이 생겼어요.

··· 투자의 종류

벌써 투자의 기본 규칙들을 꽤 이야기했다. 투자계획은 단순하게 세워라. 리스크와 수익률의 균형이 적당하며 믿을 수 있는 투자처를 찾아라. 재무상담사의 말을 귀 기울여 들은 뒤 스스로 결정하라. 사기 수법이나 일확천금의 꿈은 멀리하라. 여러 군데에 나누어 투자하라. 물론 인플레이션보다 높은 수익률을 내야 한다는 것도 잊지 말자.

투자는 걸음마 공식의 4단계에서 시작하는 게 적절하다. 아직 은퇴자금 준비 전이면서 주택담보대출 외에는 빚이 없고, 3~6개월 치 생활비만큼 비상자금을 마련한 상태여야 한다. 여기까지 왔다면, 이제 투자를 시작할 때다. 우선 가장 잘 알려진 투자 방법을 몇 가지 알아보도록 하자.

양도성 예금 증서

양도성 예금 증서 CD; Certificate of Deposit ◆ 는 은행에 돈을 맡겼다는 사실을 증명하는 문서다. 사람들이 확실한 곳에 돈을 투자했다면서 양도성 예금 증서를 말하면 나는 웃음부터 난다. 그들은 단지 예금 계좌에 돈을 넣은 것뿐이다. '증서'는 여러분이 은행에 돈을 넣었다는 사실을 알려주는 영수증 같은 종이일 뿐, 갑자기 이 단어 때문에 예금 계좌가 더 나은 투자가 되지는 않는다. 우리 아이들은 6세에 예금 계좌를 만들었는데, 돼지저금통에서 겨우 한 단계 올라갔을 뿐이었다.

◆ 한국에서는 목돈을 안전하게 관리하는 방법으로 보통 적금을 생각하지만, 미국은 적금 제도가 따로 없어 양도성 예금 증서를 이용한다.

양도성 예금 증서는 계좌가 만기 될 때까지 돈을 묶어 둬야 하는 대신 일반 예금 계좌보다 이자율이 높다. 연 이자 5% 정도를 받기 위해서는 5년짜리 양도성 예금 계좌를 만들어 만기까지 돈을 그대로 둬야 한다. 만약 중간에 돈을 찾을 시 수수료를 내야 하거나 이자율이 형편없이 떨어질 수 있다. 세금을 생각하면 이자율 5%는 인플레이션을 따라가기에도 부족하다. 결국 양도성 예금 증서는 돈을 몇 년 동안 묶어 두기만 하고 그 대가로 아무것도 해주지 않는다. 나는 양도성 예금 증서가 없을 뿐더러 필요하다고 생각해본 적도 없다.

머니마켓펀드

당장은 아니지만 몇 년 안에 쓸 여유자금으로 조금이나마 수익을 내고 싶다면 어떻게 해야 할까? 집이나 자동차를 사기 위해 3년이나 5년 동안 돈을 모을 때도 마찬가지다. 이럴 때 나는 머니마켓펀드MMF; Money Market Fund를 이용한다. 펀드회사에서 일반 예금 계좌를 여는 것이라 생각하면 된다. 리스크도 낮고 6개월 만기 양도성 예금 정도의 이자를 받을 수 있는데, 자금이 묶여 있지 않아서 급하게 돈을 써야 할 때도 유용하다. 물론 중도 이체 수수료도 내지 않는다. 머니마켓펀드는 투자보다는 저축에 가까워서 비상자금을 넣어두기에도 좋다. 언제든 사용 가능한 상태로 돈을 보관하면서 조금이나마 수익을 낼 수 있다.

단일 종목 주식

단일 종목 주식에 투자하면 투자한 회사의 지분을 받을 수 있다. 회사는 주식을 발행해서 주주들에게 팔고, 이들과 함께 회사를 '소유'한다. 기업을 '공개Public'한다는 말이 이런 뜻이다. 개인이 갖고 있던 회사가 주식을 발행하면 여러 사람의 소유로 바뀐다. 회사의 가치에 따라 주식의 가치도 달라진다. 회사의 가치가 하늘 높은 줄 모르고 오르면 주식의 가치, 즉 개인이 가진 회사 지분의 가치도 함께 올라간다. 주식을 적당할 때 사고팔 수만 있다면 좋은 투자법이 될 수 있다.

여러분이 1990년대에 애플 컴퓨터Apple Computer의 팬이었다고 하자. 한때 애플 컴퓨터는 회사 사정이 매우 어려웠고, 1993년 무렵에는 한 주 가격이 20달러(약 2만 원) 초반까지 떨어졌다. 하지만 애플 컴퓨터의 팬인 여러분이 이런저런 이유로 회사가 잘될 것 같은 예감에 1000주를 23달러(약 2만 3000원)에 샀다고 가정해보자. 이때 투자한 2만 3000달러(약 2300만 원)는 2011년에 얼마가 됐을까? 무려 35만 달러(약 3억 5000만 원)다. 꽤 괜찮은 투자 아닌가?

하지만 현실은 그렇게 쉽지 않다. 애플과 같은 회사가 있는가 하면, 상장했다가 파산하는 기업도 수없이 많다. A라는 회사가 미래에 얼마만큼의 가치가 있을지는 아무도 예측할 수 없다. 2000년 초반에 터진 엔론ENRON◆ 사태를 들어본 적이 있는지 모르겠다. 회사가 무너지기 전 4년 동안 740억 달러(약 74조 원)의 투자금이 증발했다. 회사 주가가 휴

◆ 미국에서 가장 혁신적인 기업으로 선정된 에너지·물류 서비스 회사였지만 무리하게 기업을 인수하고 투자하면서 주가가 바닥을 쳤고, 엎친 데 덮친 격으로 회계부정 사실이 드러나 유죄 판결을 받았다. 이 여파로 엔론의 회계감사를 담당하던 대형 회계법인까지 파산하면서 미국 사회에 큰 충격을 안겼다.

지 조각이 되면서 직원 2만 명이 손해를 봤고, 이들이 회사를 상대로 소송을 걸어 법정 공방만 몇 년이 걸렸다.

이런 일이 언제 어느 회사에서 또 일어날지 모른다. 그래서 중요한 게 분산 투자다. 단일 종목 투자는 우리가 할 수 있는 투자 중에서 분산과 거리가 가장 멀기 때문에 되도록 하지 않는 게 좋다.

찰스의 경험담

투자하지 않을 바에야 어디라도 투자해야겠다고 생각하는 사람들이 많아요. 정말 말도 안 되죠.

채권

채권은 기업이나 국가가 여러분에게 돈을 빌리기 위해 발행하는 차용증서를 뜻한다. 주식을 사서 회사의 소유권을 갖는 대신, 회사에(또는 정부에) 돈을 빌려줄 수도 있다. 그러니까 소유주가 아니라 채권자가 된다는 이야기다.

나는 몇 가지 이유로 채권을 좋아하지 않는다. 첫째, 채권도 일종의 빚이다. 빚이라는 수단을 내가 어떻게 생각하는지 여러분은 잘 알고 있을 것이다. 둘째, 회사 실적에 따라 원금조차 회수하지 못할 수 있기에 위험하다. 이런 관점에서 채권은 단일 종목 주식과 비슷하며 위험을 분산할 수도 없다. 또한 채권을 중심으로 한 투자 포트폴리오는 수익률이 그리 높지 않다. 그래서 나는 채권에 투자하지 않는다.

뮤추얼펀드

이제 내가 가장 좋아하는 장기 투자 수단인 뮤추얼펀드Mutual fund를 소개할 차례다. 나는 뮤추얼펀드를 사랑한다. 수익률이 괜찮은 데다, 달걀이 이미 여러 바구니에 나누어 담겨진 상품이라 위험도 분산할 수 있다. 뮤추얼펀드를 제대로 이해하지 못해서 투자를 고민하는 사람들을 많이 봤다. 이해한다. 경제학을 전공한 나도 뮤추얼펀드를 이해하기 힘들었다. 하지만 잘난 체하는 금융 용어들을 다 빼버리고 나면 이해하기 결코 어렵지 않다. 이제부터 한번 알아보도록 하자.

친구 10명과 함께 큰 그릇이 놓인 식탁에 둘러앉아 있다고 생각해보자. 그릇을 사는 데 모두가 1달러(약 1000원)를 투자했다. 이 그릇이 바로 뮤추얼펀드다. 여러분과 친구들이 공동으로 돈을 모아mutually funded 함께 산 그릇. 공동으로 돈을 모아 샀다고 해서 뮤추얼펀드라 부른다.

뮤추얼펀드라는 그릇 안에는 여러 회사의 주식이 조금씩 들어 있다. 알파벳 모양의 파스타 면이 들어간 수프를 떠올려보자. 그릇 안에 보이는 I는 IBM이라 생각하자. W는 월마트Walmart, A는 애플, M은 마이크로소프트Microsoft다. 친구들과 돈을 모아 산 그릇에 여러 회사가 조금씩 담긴 수프가 채워진다고 생각하면 된다.

뮤추얼펀드는 전문 펀드매니저가 자금을 맡아 투자하기 좋은 회사들만 그릇 안에 담는다. 펀드매니저는 절대 혼자 행동하지 않는다. 능력 있고 똑똑하며 괴짜 중에 괴짜로 이루어진 팀원들과 일한다. 펀드에 기술 관련주가 담기면 그 기술을 잘 아는 괴짜와 함께 일하고, 요식업 관련주가 담기면 요식업을 잘 아는 괴짜와 함께 일한다. 팀원들이 온종일 펀드와 관련된 회사나 업계 관련 정보를 모으면, 펀드매니저는 그 정보를 이용해 좋은 회사들만 펀드에 담는다. 괴짜 전문가로 구성된 이 팀은

'아무렇게나 투자 종목을 정하고 모든 걸 운에 맡기는' 개인 투자자보다 훨씬 훌륭하게 투자 대상을 가려낸다.

펀드매니저가 하는 일은 목표와 목적에 따라 달라진다. 우리가 투자한 펀드가 성장주 펀드라면 매니저는 성장주를 살 것이다. 채권 펀드라면 채권을 사고, 해외주식 펀드라면, 여러분의 예상대로 해외주식을 살 것이다. 여러분이 아주 잘 따라오고 있다는 생각이 든다.

뮤추얼펀드는 분산이 아주 잘 되어 있다. 전통적인 미국 기업에 투자하고 싶다고 해보자. 만약 단일 종목을 사겠다고 마음먹으면 포드Ford에 2만 달러(약 2000만 원)를 투자할 것이다. 그런데 만약 포드가 파산하면 어떻게 될까? 돈을 전부 잃게 된다. 이미 앞에서 이야기했듯이 단일 종목에 투자하면 리스크가 너무 크다. 포드에 2만 달러를 투자하는 대신, 포드를 포함해 미국 회사 200개를 묶어놓은 뮤추얼펀드를 사는 건 어떨까? 뮤추얼펀드에 포드가 포함되어 있기 때문에 포드의 주가가 오르면 나도 이득을 볼 수 있다. 혹여나 포드가 파산한다고 해도 뮤추얼펀드에서 아주 작은 비중을 차지하므로, 단일 종목에 투자했을 때만큼 돈을 잃지 않을 수 있다. 펀드를 구성하고 있는 다른 회사들이 내 자금을 보호해줄 것이다.

뮤추얼펀드도 물론 리스크가 있다. 성과를 보장할 수 없다. 하지만 인플레이션을 기억하자. '안전한' 양도성 예금 계좌에 돈을 모셔둔다면 인플레이션이 발을 걸어 여러분을 넘어뜨릴 것이고 여러분의 이자는 결국 인플레이션에 뒤처질 것이다. 그렇다면 가장 미래가 밝다는 회사 주식 200개가 담긴 뮤추얼펀드에 투자했는데 이 회사들이 한꺼번에 망한다면 어떨까? 뮤추얼펀드를 걱정할 새도 없이 더 큰 문제가 닥칠 것이다. 이런 일이 생겼다는 건 미국 경제가 한 번에 무너졌다는 뜻이다. 이런 상황에서는 안전한 예금 계좌조차 휴지 조각이 된다.

뮤추얼펀드 분산하기

뮤추얼펀드의 종류는 다양하고, 모든 뮤추얼펀드는 여러 회사에 나누어 투자를 한다. 그러나 여기서 더 나아가려면 네 가지 뮤추얼펀드에 골고루 분산 투자하는 게 좋다. 다음과 같이 투자하자.

성장형 growth 펀드 25%

성장 수익형 growth and income 펀드 25%

공격 성장형 aggressive growth 펀드 25%

글로벌 international 펀드 25%

성장형 펀드는 미드캡 mid-cap 또는 주식형 equity 펀드라고도 한다. 미드캡이란 펀드에 들어간 자본이나 돈의 규모가 중간 정도라는 뜻으로, 보통 중기업으로 구성되어 있다. 아직 성장 중인 기업들이기 때문에 일반적으로 성장형 펀드라고 부른다.

성장 수익형 펀드는 변동이 가장 적은 펀드다. 라지캡 large-cap 이라고도 하는데, 대기업 주식으로 구성되어 있기 때문이다. 이 펀드의 가치는 보통 크게 변하지 않는다. 가치가 변동하지 않을 시 단점이자 장점이 하나 있는데, 시장 경기가 좋을 때 가치가 크게 뛰지 않는 대신 경기가 나

뻘 때도 가치가 크게 폭락하지 않는다. 큰 덩치로 느릿느릿 움직이는 공룡 같은 펀드라 할 수 있다.

공격 성장형 펀드는 신나서 날뛰는 아이와 같다. 시장에 나타나 활약을 펼치기 시작한 소기업으로 구성되어 있어서 스몰캡small-cap 펀드라고도 한다. 이 펀드는 롤러코스터처럼 움직인다. 가치가 아주 높을 때도 있는가 하면 형편없을 때도 있다. 1990년대에 이런 펀드를 하나 가지고 있었는데, 1년 수익률이 105%나 오르더니 그다음 해에는 바닥을 쳤다. 여기에 전 재산을 투자해서는 안 되지만, 일정 부분 갖고 있을 필요는 있다.

글로벌 펀드는 해외 펀드라고도 하는데, 주로 국제 기업 주식으로 구성된다. 투자금의 4분의 1을 글로벌 펀드에 투자하라고 하는 이유는 두 가지다. 첫째, 여러분이 이미 사용하고 있을지도 모르는 제품의 외국 회사가 성장하는 데 보탬이 될 수 있다. 둘째, 자국 주식시장에서 예상치 못한 일이 생겨도 타격을 덜 받을 수 있다.

뮤추얼펀드 선택하기

투자할 뮤추얼펀드의 과거 성장률을 반드시 살펴야 한다. 최근 5년 동안, 더욱 바람직하게는 10년 이상 괜찮은 성과를 내고 있는지 확인하자. **시장에서 투자 가치와 신뢰성을 20년 이상 입증한 펀드를 추천한다.** 나는 상장한 지 50년이 넘은 펀드에도 투자하고 있다. 이런 상품을 찾기란 쉽지 않지만 일단 찾기만 하면 실적은 훌륭할 것이다. 5년 미만의 뮤추얼펀드에는 투자하지 말자. 투자를 위해서는 좀 더 여물어야 한다. 아직 5년 성장률을 찾을 수 없는 상품이라면 유심히 지켜보기만 하자. 그럴 만한 이유가 있어서 관심이 가는 거라면 그 이유를 적어두고 몇 년 뒤에 꼭 다시 확인해보자.

나는 수강생들에게 평균 수익률 12% 정도의 실적 좋은 펀드를 찾으라고 이야기한다. 그러면 곧 이메일이 쏟아져 들어온다. '선생님, 투자에서 수익률 12%가 가능한가요? 제정신이세요?' 나는 완전히 제정신이다. 12%라고 말한 이유는 주식시장에서 가장 크고 안정적인 회사 500개의 실적을 반영하는 S&P500 지수Standard & Poor's 500 index의 연평균 수익률이 12%이기 때문이다. S&P 지수가 평균 수익률을 측정하기 시작한 1926년부터 2010년까지의 연평균 수익률이 11.84%다. 무려 80년 동안의 평균이라는 사실을 잊지 말자.

당연히 경기가 좋았던 해도 있었고 나빴던 해도 있었다. 단기 성장률은 그다지 중요하지 않다고 생각하지만 재미로 한번 살펴보도록 하자. S&P500 평균 수익률은 1991년부터 2010년까지 10.66%, 1986년부터 2010년까지는 11.28%였다. 2009년은 26.46%였는데, 2010년은 8%였다. 숫자는 항상 오르락내리락하므로 평균 수익률 12%는 터무니없는 숫자가 아니다. 시장의 긴 역사를 고려하면, 멀리 바라보고 투자하는 경우 기대할 수 있는 합리적인 성과다.

장기적으로 보면 뮤추얼펀드가 가장 훌륭한 투자 수단이지만, 적어도 5년 이상 묵혀둘 수 없다면 시작하지 않는 편이 좋다. 은퇴할 때까지 오랫동안 자금을 묶어둘 수단으로 생각하자.

부동산 임대 사업

나처럼 부동산 업계에 오랫동안 몸담았던 사람에게는 부동산이 재미있는 투자 수단이 될 수 있다. 하지만 부동산은 가장 덜 유동적인 투자 수단이다. 빨리 팔리는 부동산 매물의 특징은 오직 하나, 싼값이다. 빚을 다 갚고, 비상자금을 충분히 모으고, 비과세 개인연금 계좌에 돈을 쌓고, 주택담보대출까지 청산한 뒤에도 여유자금이 있는 사람만 부동산 투자를 해야 한다. 걸음마 공식의 모든 단계를 헤치워야 비로소 부동산 투자를 할 준비가 되었다고 할 수 있다.

당연한 말이지만 부동산을 현금으로 살 능력이 없다면 이를 투자 수단으로 생각해서는 안 된다. 절대, 절대, 절대로 투자를 위해 돈을 빌리지 말자. 너무 위험하다. 돈이 없을 때 집을 샀다가 결국 있던 돈마저 다 날리는 '자칭 투자자'를 말 그대로 수천 명 봤다. 돈 없이 임대 사업에 손을 댔다가는 결국 망하게 될 것이다. 장담할 수 있다. 내가 그렇게 망해서 파산법원에 다녀왔다. 부동산으로 망하는 법은 내가 누구보다 잘 안다.

연금보험

나는 연금보험에 가입하지 않았지만 연금보험을 투자로 보는 사람이 많고, 어쨌든 선택지에 있으니 대강 살펴보기로 하자. 연금보험은 고정형과 변동형 두 종류가 있다. 고정형 연금보험은 아주 좋지 않다. 보험회사에 저축 계좌를 연다고 생각하면 되는데, 5% 정도의 연이자를 준다. 은행의 양도성 예금 증서와 별반 다르지 않다. 이쯤 되면 여러분도 돈을 묶어 두는 시간에 비해 이자율 5%는 너무 낮다고 생각할 것이다.

그러니 이 상품은 선택지에서 빼자.

그나마 변동형 연금보험은 꽤 괜찮다. 연금보험으로 개설하는 뮤추 얼펀드라고 볼 수 있다. 뮤추얼펀드로는 세금을 피할 수 없지만, 연금보 험으로 거둔 이익에 대해서는 세금을 낼 필요가 없다. 그러니 401(K)나 로스 IRA와 같은 비과세 혜택을 주는 상품(10장에서 자세히 다룰 것이다.) 의 한도를 다 채웠을 경우에는 변동형 연금보험이 좋은 대안이 될 수 있 다. 약간의 수수료가 붙기는 하지만, 투자 수익에 따른 세금은 걱정하지 않아도 된다. 게다가 변동형 연금보험 중에는 원금을 보장해주는 상품 도 있다. 만약 10만 달러(약 1억 원)를 투자해서 손해를 보더라도 원금 10만 달러를 되돌려 받을 수 있다. 모두에게 적합한 상품은 아니지만, 투자를 오랫동안 해왔고, 새로운 투자처를 알아보고 있다면 변동형 연 금보험을 살펴보면 좋다. 만약 비과세 혜택이 있는 상품에 이미 투자하 고 있다면 굳이 연금보험에 가입하지 않아도 된다. 이미 세금 혜택을 받 고 있는데 또 연금보험에 가입해 수수료를 낼 필요는 없기 때문이다.

금

라디오 프로그램 진행자 중 금에 부정적인 사람은 아마 나밖에 없을 것 이다. 이유는 간단하다. 정말 형편없는 투자 수단이기 때문이다. 2001년 9월 이후로 금값은 쭉 올랐고 사람들은 금을 더 많이 사기 시작했다. 금 이 좋은 투자처여서가 아니라, 경제가 완전히 무너져도 금의 가치는 변 하지 않을 거라는 잘못된 믿음 때문이다. 하지만 정말 그렇다면 태풍 카 트리나가 뉴올리언스를 강타했을 때 금화가 널리 쓰였어야 맞다. 태풍

이 휩쓸고 간 뉴올리언스는 말 그대로 파탄 난 경제의 축소판이었는데, 만약 그때 뉴올리언스에서 물을 팔았다면 금화보다 훨씬 큰 돈을 받을 수 있었을 거라고 장담한다.

이제 통계를 살펴보자. 금 28.34그램(1온스)의 가격이 1833년에는 21달러(약 2만 1000원)였는데 2001에는 275달러(약 27만 5000원)가 되었다가 2010에는 1345달러(약 134만 5000원)까지 올라갔다. 이번 세기의 첫 10년 동안 금값이 엄청나게 올랐는데도 지난 177년 동안의 금값 성장률은 2.38% 정도다. 177년 동안 수익률이 2%인 뮤추얼펀드가 있다면 투자해야 할까? 절대 아니다. 백번 양보해서 금이 좋은 투자처라 치더라도 하필 금값이 가장 비싼 지금 투자하는 건 앞뒤에 맞지 않는다. 쌀 때 사서 비쌀 때 파는 게 투자의 기본이다. 지금 금을 산다면 그 반대로 하는 것이다. 정말 설득력 없는 계획이다.

•••• 천천히 꾸준하게 투자하자

운이 좋게도 나는 일을 하면서 돈 많고 성공한 사람들과 만나 대화할 기회가 많다. 매 순간을 소중하게 생각하면서 그들이 어떻게 그 자리에 오를 수 있었는지 잘 들으려고 귀를 쫑긋 세우고 메모도 한다. 배움을 멈추는 순간 성장도 멈춘다고 생각하기에 항상 새로운 자극을 받아들이려고 노력하는 편이다.

하루는 정말 돈이 많은, 말 그대로 억만장자와 만났다. 점심을 함께 하면서 부자를 만날 때마다 빼먹지 않고 하는 질문을 던졌다. "제가 오늘 무엇을 해야 당신처럼 사업에서 성공하고 부도 누릴 수 있을까요?"

그는 몸을 뒤로 기울이며 말했다. "두 가지만 기억하면 됩니다. 우선 저는 베풀지 않고 부자가 되는 사람을 본 적이 없어요. 오랫동안 승승장구하고 싶다면 남에게 베푸는 마음을 가져야 합니다." 그 말을 듣고 내가 답했다. "네. 전혀 문제없습니다. 저도 다른 사람을 도울 때 정말 행복해요. 이만하면 첫 번째 조건은 갖췄죠?"

그가 말을 이었다. "두 번째로 책을 읽어야 합니다. 제가 제일 좋아하는 책이 있어요. 1년에 몇 번씩 읽는 책이죠. 제 아이들에게도 읽어줬고, 요즘에는 손주들에게 읽고 또 읽어줍니다. 그 책이 데이브 선생의 인생과 자산계획, 그리고 사업 확장을 도와줄 겁니다." 나도 나름 독서광이라고 자부하는지라 그가 책 이야기를 하자 신이 났다. 억만장자의 삶을 바꾼 비결이 독서라니. 나도 성공하겠구나!

그런데 그가 난데없이 이렇게 물었다. "데이브 선생,《토끼와 거북이》읽어보셨습니까?" 엉뚱한 그의 질문을 듣고 농담인가 싶어서 몇 초 동안 가만히 생각했다. "네? 동화책이요? 전래 동화 말씀이신가요? 부자가되는 데 그 이야기가 무슨 관련이 있습니까?" 하지만 그는 진심이었다.

"데이브 선생, 세상에는 토끼들이 참 많아요. 다들 경주하는 동안 온갖 미친 짓을 하며 날뛰죠. 앞으로 질주하다가 뒷걸음질치며 앞뒤로 왔다 갔다 하기도 하고, 이리저리 갈팡질팡하다가 같은 자리에서 빙빙 돌기도 하지요. 하지만 거북이는 천천히, 꾸준히 앞으로만 나아갑니다. 그래서 책을 읽을 때마다 거북이가 이기더군요."

'읽을 때마다 거북이가 이기더군요.'라는 마지막 말이 몇 년 동안 뇌리에 박혀 떠나질 않았다. 엄청난 비밀은 없었다. 새롭고 신나는 투자

　　　　　　　　　　　　　　　── 돈 없이도 돈 모으는 법

기회가 보일 때마다 놓치지 말고 뛰어들라는 이야기도 없었다. 부자가 되는 방법은 너무나 간단했고 심지어 진부하기까지 했다. **몇 가지 규칙을 오랫동안 꾸준히 지킬 수 있느냐에 미래의 부가 달렸다.** 시간이 흘러 그 노력은 빛을 발할 것이다. 결국 거북이는 이긴다.

제가 해냈어요!

돈 관리하는 방법을 가르쳐주려던 부모님 덕분에 18세가 되자마자 데이브 램지 선생님의 교육을 들었어요. 같은 해에 제가 모은 돈과 저희 조부모님이 주신 돈을 합쳐서 첫 차를 샀고 그때부터 차에 들어가는 기름 한 방울까지도 다 제 돈으로 해결해왔어요. 20대가 된 지금은 식비와 자동차보험료, 통신요금, 그리고 1년에 3만 5000달러(약 3500만 원)가 드는 제 학비까지 모두 스스로 해결하고 있어요. 경제적으로 완전히 독립한 셈이죠.

고등학교 3학년 때 신청할 수 있는 장학금은 전부 신청하려고 정말 열심히 준비했어요. 일해서 받은 돈은 전부 저축했고, 바닥에 떨어진 동전도 그냥 지나치지 않았어요. 유산을 3만 8000달러(약 3800만 원) 정도 물려받게 되었는데, 그 돈을 만지지도 않고 투자 계좌에 바로 넣었어요. 장기 투자 목적으로 가입한 1만 달러(약 1000만 원)짜리 뮤추얼펀드 계좌도 하나 있어요. 앞으로 한 푼도 더 투자하지 않아도 55세에는 백만장자가 될 수 있다는데, 당연히 해야죠.

선생님은 제가 남들과 다르게 살 수 있도록 돈을 관리하는 방법을 가르쳐주셨을 뿐만 아니라, 부자가 될 운명을 스스로 결정하고, 경제적으로 완전히 독립할 수 있게 도와주셨어요.

- 테네시주 내슈빌에서, 펠리시아

★ 이 장의 키포인트

1. 투자에서 분산은 중요하다. 달걀을 한 바구니에 담지 말자.
2. 백만장자들에게는 간단하면서도 꾸준히 실천할 수 있는 투자 전략이 있다.
3. 뮤추얼펀드는 장기 투자에 가장 좋은 방법이다.
4. 뮤추얼펀드의 네 가지 유형인 성장형, 성장 수익형, 공격 성장형, 글로벌에 투자금을 25%씩 고르게 나누어 담자.
5. 스승의 마음가짐으로 여러분을 차근차근 도와줄 투자전문가와 함께하자.

★ 복습해보자

1. 투자에 겁을 먹는 사람들이 왜 많을까? 여러분도 투자하기가 겁나는가?
2. 뮤추얼펀드로 어떻게 돈을 벌 수 있는가?
3. 빚져서 투자하면 왜 위험한가?
4. 장기 투자에서 분산은 어떤 역할을 하는가? 분산이 왜 중요한가?
5. 스스로 공부하고 이해한 뒤에 투자 결정을 내려야 하는 이유는 무엇인가?
6. 멀리 봤을 때 양도성 예금 증서나 채권 투자가 별 도움이 안 되는 이유는 무엇인가?

10장

은퇴자금과 자녀 학자금

편안하고 여유 있는 노후를 보내려면

우리 삶에 스며들어 자산계획을 망가뜨리고, 돈의 주인이 될 기회를 걷어차버리는 구절이 있다. 짧은 구절이지만 우리가 세운 목표를 철저히 망가뜨린다. 이 구절은 '지금 당장!'이다.

"지금 당장 무슨 차를 살지 정할 거야."

"지금 당장 저 손바닥만 한 작은 텔레비전을 바꾸고 싶어."

"지금 당장 맨날 먹는 밥 대신 스테이크와 랍스터를 먹고 싶어."

조심하지 않으면 '지금 당장'이 여러분의 인생을 송두리째 훔쳐갈 것이다. 오로지 '지금 당장'을 위해 산다면 여러분은 앞으로 절대 돈의 주인이 될 수 없다. 부의 정점을 찍으면, 직장에서 일하고 받는 월급보다 투자로 불어나는 수익이 더 많아진다. 달콤한 이야기지만 절대 하룻밤 사이에 이루어지지 않는다. 이 지점에 도달하려면 오랜 시간에 걸쳐 스스로 절제하며 엄청나게 노력해야 한다.

아이들은 기분이 좋아지는 일이라면 일단 하고 보지만, 어른들은 계획을 세워 따른다. 우리는 이러한 변화를 성숙이라 부르고, 이때 기쁨을 늦추는 방법 역시 함께 배운다. 반짝반짝 빛나는 빨간 스포츠카를 사면 지금 당장은 즐겁겠지만, 그 돈을 퇴직연금 계좌에 넣으면 400만 달러(약 40억 원)를 가지고 은퇴할 수 있다. 빨간 스포츠카가 400만 달러만큼 가치가 있을까? 현명하고 성숙한 소비자는 즐거움의 맛을 몰라서가 아니라, 자신의 계획에 맞춰 즐거움을 조절하기 위해 이런 판단을 한다. 여러분이 즐거운 삶을 살기를 바라지만 그렇다고 해서 물건에 지배당하지는 않았으면 좋겠다.

이 장에서는 뮤추얼펀드를 이야기하며 배운 내용을 바탕으로 은퇴자금을 마련하는 구체적인 계획을 세울 것이다. 그리고 세계를 무대로 활동하는 '학자금대출' 괴물에게 먹이를 주지 않고도 자녀의 학자금을 마련하는 방법도 함께 알아볼 것이다.

••• 은퇴 후를 위한 자산 늘리기

이 주제로 여러 차례 강의했지만 사실 두려운 주제 중 하나다. '이 수업을 듣느니 차라리 평생 돈 없이 살겠다' 싶을 정도로 무미건조하고 재미없게 은퇴계획을 가르치는 사람들도 많이 봤다. 하지만 나는 쓸데없이 전문적이거나, 지나치게 자세하고 지루한 수업은 하지 않는다. 나는 돈이 재미있고, 돈을 가지고 노는 게 좋다. 돈으로 할 수 있는 모든 일을 즐기고 다른 사람에게 베풀기도 한다. 사람들이 빚에서 벗어나 나처럼 즐거움을 만끽하는 모습을 볼 때 나는 이 일의 보람을 느낀다. 그래서 여러분이 잠시 멀리했던 은퇴계획에 다시 불을 지피고, 은퇴계획이 실제로 왜 필요한지를 알려줄 사람이 바로 내가 되어야 한다고 생각한다.

슬프게도 은퇴자금의 중요성을 아직 깨닫지 못한 사람이 많다. 최근 조사에 따르면 노동자의 53%가 은퇴자금으로 2만 5000달러(약 2500만 원)도 마련하지 못했다고 한다. 미래 자산계획을 어떻게 하고 있냐는 질문에는 응답자의 44%가 '감으로' 한다고 답했다. 감이라니! 절로 한숨이 나온다. 은퇴계획은 무시해버리거나 운에 맡기기에는 그 중요성이 너무나 크다.

돈의 주인이 되고 싶다면 은퇴자금 정보에 주의를 기울여야 한다. 빚을 다 갚고 돈을 모으는 단계에서, 금융 관련한 새로운 용어를 보고도 무슨 뜻인지 배우려 하지 않는다면 후에 뒤통수를 맞을 수도 있다. 밤낮없이 노력해서 모은 돈으로 삶을 좀 즐기려고 하면 정부는 세금이라는 이름으로 돈을 요구할 것이다. 그러므로 부자가 되기 위해서는 정정당당하게 합법적으로 절세하는 방법에 대해 알아둘 필요가 있다.

계획에 집중하라

걸음마 공식을 잘 완수했다면 빚을 다 청산하고 3~6개월 생활비만큼의 비상자금도 마련했을 것이다. 그렇게 되기 전까지는 투자를 시작하지 말라고 사람들에게 조언하는데, 그 때문에 불평을 듣고는 한다. "빚이 아직 조금 남았고 저축한 돈은 없어요. 하지만 당장 투자하고 싶어요. 회사에서 401(K)◆ 제도를 지원하는데 그냥 놓치기는 너무 아깝지 않나요?" 아니, 아깝지 않다. 현명하게 생각하자. 걸음마 공식을 차례대로 실천하지 않으면 결국 마지막에 큰코다칠 것이다.

401(K) 가입자에게 비상자금이 없다면 긴급 상황에 무슨 일이 생길까? 401(K)에 있는 자금이 곧 비상자금이 된다. 위기에서 벗어나려면 일단 돈에 손을 뻗어야 하기 때문이다. 하지만 401(K)를 만기 전에 해약하는 경우, 세금 등의 문제로 원금의 40%를 손해 봐야 한다.

예를 들어 401(K)에 있던 1만 달러(약 1000만 원)를 만기 전에 사용하려면 중도 이체 수수료 10%와 함께 세금도 내야 한다. 그러면 보통 40% 정도 손실을 보게 된다. 해약하는 것만으로 1만 달러가 6000달러(약 600만 원)가 된다는 이야기다. 연금의 40%를 변기에 흘려버리고는 자산계획이 뜻대로 되지 않는 이유가 궁금하다며 머리를 긁적이다니. 나는 도무지 이해가 되지 않는다. 긴급 상황에서 자신을 보호할 비상자금을 마련하지 않고 곧장 투자를 시작하면 이렇게 될 수밖에 없다.

그러니 딴눈 팔지 말고 계획에 집중해야 한다. 주택담보대출을 제외한 빚을 전부 갚고, 걸음마 공식 3단계를 실천하며 비상자금을 넉넉하게 마련한 후에 다음 단계로 넘어가자.

로레인의 경험담

남편은 성격이 똑 부러져서 딸이 태어나자마자 학자금 저축 계좌를 만들었어요. 다른 사람들은 아이들 학비를 어떻게 감당할지 걱정하지만 저희는 마음이 편해요. 저축을 일찍 시작하면 그만한 값어치를 한답니다.

◆   미국의 기업 퇴직연금제도. 회사가 매달 일정액의 퇴직금을 적립하면 근로자가 이를 운용해 노후 대비 자금을 마련한다. 한국의 확정기여형(DC; Defined Contribution) 퇴직연금과 성격이 비슷하다.

걸음마 공식 4단계 수입의 15%를 세액공제 혜택이 있는 퇴직연금에 투자하기

자산 상담을 처음 시작했을 때는 일단 빚부터 갚으라고 조언했었다. 그러다가 사람들이 위기 상황에 처했을 때 충격을 흡수해줄 완충재가 있으면 좋겠다고 생각했고, 제일 먼저 초보자용 비상자금 1000달러를 모으도록 계획을 수정했다.

몇 년 동안 사람들을 가르치며 수정한 다른 한 가지는 퇴직연금 상품에 투자해야 할 돈의 액수다. 나는 이전 책에서 이 부분을 다음과 같이 설명했다.

나는 사람들이 노후자금을 마련하는 과정을 도와주면서 '15% 법칙'을 만들었다. 방식은 간단하다. 매년 '세전 소득의 15%'를 퇴직연금 계좌에 넣으면 된다. 15%보다 더 넣을 수 있다고 자신하는 사람들도 있겠지만, 바로 다음에 이어질 자녀 학자금 마련과 주택담보대출 상환을 위해 남겨둬야 한다. 반면 자녀가 학교에 다니는 동안 쓸 돈이 필요해서 15%보다 적게 투자하고 싶다는 사람도 있을 수 있다. 하지만 이는 바람직하지 않다. 아이들의 대학교 졸업장이 여러분의 노후를 책임져주지 않는다. 마찬가지로 주택담보대출을 먼저 갚는 것도 그다지 좋은 방법이 아니다. 대출금은 다 갚았지만 그 외에는 가진 돈이 한 푼도 없어서 빠듯하게 생활하며 고민하는 사람을 수도 없이 만났기 때문이다. 이들은 결국 집을 팔거나 집을 담보로 돈을 빌린다. 이는 결코 좋은 계획이 아니다.

이와 같은 이유로 '지금 당장'을 적절히 즐기며 노후자금도 모자라지 않게 마련하려면 15%가 적당하다고 결론지었다. 반드시 순서를 지키

자. 여기서 이야기하는 15%는 세전 소득이며, 회사에서 매칭matching♦
해주는 금액은 포함하지 않는다. 이 돈은 보너스로 생각하고 반드시 여
러분의 세전 소득 15%를 투자하자.

••• 퇴직연금의 종류

어떻게 해야 평생 모은 돈의 반(어쩌면 그 이상)을 세금으로 뜯기지
않을 수 있을지도 고민해야 한다. 시민으로서 마땅히 해야 할 일을 외면
하거나 법을 어기라는 뜻은 아니다. 소중한 자산을 세금으로부터 지킬
수 있는 합법적이면서도 윤리적인 방법이 많이 있고, 현명한 소비자로
서 우리는 이 방법을 적극적으로 이용할 것이다.

퇴직연금은 세액공제 혜택이 있는 상품으로 가입해야 한다. 나는 이
전에는 무조건 세금을 유보하는 상품에 투자하라고 권했다. 그러나 최
근 몇 년간은 세금을 먼저 제하고 투자하는 방식의 새로운 상품들이 등
장했다. 로스 IRARoth IRA와 로스 401(K)Roth 401(K)가 바로 그런 상품이
다. 퇴직연금의 개념을 '어떠한 투자 상품'인지로 가져가서는 안 된다.
여기서 포인트는 '어떠한 세액공제 혜택'이 있느냐이다.

이 부분을 헷갈리는 사람이 많은데 이렇게 생각하면 쉽다. 퇴직연금
상품을 세금이라는 추위에서 투자금을 '따뜻하게' 지켜주는 코트라고
생각하자. 만약 우리가 401(K)로 뮤추얼펀드에 투자했다면, 뮤추얼펀
드가 투자 상품이고 401(K)는 코트다. 401(K) 코트는 수익을 내지 않는

♦　직원의 퇴직연금 계좌에 고용주가 추가로 적립해주는 미국의 제도.

대신, 투자금을 두껍게 감싸며 세금이라는 추위에 노출되지 않도록 투자금을 지켜준다. 이해가 되었는가? 좋다. 이제 여러분이 곧 시작하게 될 세액공제 혜택이 있는 퇴직연금 상품에 대해 알아보자.

IRA Individual Retirement Arrangement

가장 잘 알려진 퇴직연금 상품은 오랜 전통을 자랑하는 개인형 퇴직연금 IRA다. IRA의 A를 Account(계좌)가 아닌, Arrangement(계획)로 쓴 것을 보고 실수했다고 생각할 수도 있지만, 실수가 아니다. 은행이 IRA 상품을 판매하면서 사람들이 이를 계좌로 오해하게끔 했는데, 사실은 '계획'이라 해야 맞다. 그 이유는 퇴직연금 상품을 투자가 아닌, 세액공제 혜택으로 봐야 하기 때문이다.

IRA에 가입할 때 가장 중요한 요건은 '근로 소득'이다. 근로 소득이 있는 사람이라면 누구든 가입할 수 있고, 심지어 미성년자도 가입할 수 있다. 만약 여러분의 자녀가 태어난 지 6개월 만에 기저귀 광고에 출연해서 아이의 이름으로 출연료를 받았다면 아이 앞으로 IRA 계좌를 열 수 있다. 근로 소득 없이 사회보장연금으로 생활하는 노인이나, 장애인 지원금 등으로 생활하는 사람은 가입할 수 없다. 다만 전업주부는 예외다. 남편은 회사에 다니고 아내는 근로 소득 없이 집안일을 하며 아이를 돌본다면, 남편의 근로 소득으로 아내 역시 IRA 계좌를 열 수 있다.

IRA의 1인당 연 적립 한도는 6000달러(약 600만 원, 2020년 기준)다. 부부의 경우 자신과 배우자 명의로 1년에 각각 6000달러씩 개인연금 계좌에 투자할 수 있다. 이 액수는 언제든 변경될 수 있다. 퇴직연금을 준비할 단계가 되면 전문가에게 정확한 액수를 한 번 더 확인해보길 바란다.

IRA는 투자금에 적용되는 세액공제 혜택이라는 사실을 잊지 말자. 투자는 뮤추얼펀드나 부동산 같은 것들이다. 개인적으로는 뮤추얼펀드가 가장 좋다고 생각하지만, 어쨌든 여러 선택지가 있다는 사실이 중요하다.

로스 IRA Roth IRA

투자의 세계에서 듣기 힘든 말이면서 가장 달콤한 말. 바로 '비과세'다. 1997년, 납세자의 세금 감면법에 새로운 과세 조항이 하나 추가됐는데, 이 조항의 발의인인 윌리엄 로스William Roth 의원의 이름을 따서 이를 로스 IRA라고 부르게 되었다. IRA 앞에 붙은 '로스'는 투자에 있어 큰 차이를 만들었다. 이 단어만 있으면 여러분은 은퇴할 때 수십, 수백만 달러를 아낄 수 있는데 투자 수익이 나도 세금을 낼 필요가 없기 때문이다. 투자에서 이보다 더 좋은 조건이 있을까?

401(K)는 세금을 내지 않고 일단 투자한다. 지금 당장은 세금을 낼 필요가 없지만 은퇴할 때 계좌에서 돈을 찾으면서 한 번에 세금을 지불해야 한다. 투자금을 높일 수 있어 당장은 좋은 조건이지만, 수익에 따라 세금을 내야 하므로 어느 정도 손실을 감안해야 한다. 은퇴하면서 401(K)에 쌓인 400만 달러(약 40억 원)를 찾는다면 이 중 25%인 100만 달러(약 10억 원) 정도는 세금으로 내야 한다고 생각하면 된다.

하지만 로스 IRA는 세금 처리가 끝난 돈으로 투자한다. 즉, 로스 IRA에 투자하는 돈은 '세후'다. 그러니 이후로 투자 수익이 생기더라도 세금은 면제다. 만약 은퇴할 때 로스 IRA 계좌에 400만 달러가 있다면 우리는 이 돈 전부를 가질 수 있다. '로스'라는 말에 100만 달러의 값어치가 있는 셈이다.

로스 IRA를 좋아하는 또 다른 이유는 융통성 있게 투자할 수 있다는 점이다. 로스 IRA는 일반 IRA와 다르게 계좌를 열고 5년이 지나면, 아무 때나 수수료나 세금 없이 원금을 찾아 쓸 수 있다. 은퇴 전에는 당연히 연금 계좌에 손을 대면 안 되겠지만, 아주 위급한 상황이 생겨 비상자금까지 바닥났을 때는 아주 좋은 대비책이 되어줄 것이다.

게다가 권하지는 않지만 집을 처음 구매할 때는 1만 달러(약 1000만 원)까지 찾아 쓸 수 있으며, 60세가 되기 6개월 전부터는 원금과 수익금을 그 어떤 수수료나 세금 없이 100% 인출할 수 있다. 장애가 생겨 일할 수 없는 경우에는 수수료 없이 언제든 계좌 이용이 가능하다.

나는 로스 IRA를 정말 좋아한다. 비록 소득 제한 때문에 가입 대상이 아니지만, 할 수만 있었다면 매년 한도를 꽉 채워 투자했을 것이다. 부를 이루는 데 로스 IRA가 구체적으로 어떤 역할을 하는지는 뒤에서 자세히 알아보도록 하자.

SEP Simplified Employee Pension

소규모 개인 사업자나 자영업자라면 SEP를 알아보자. 이들을 대상으로 IRA와 유사한 혜택을 제공하는 상품이라 SEP IRA라고 부르기도 한다. 순이익의 최대 25%(2020년 기준)까지 세액공제 혜택을 받을 수 있고, 연 적립 한도는 최대 5만 7000달러(약 5700만 원, 2020년 기준)다.

예를 들어보자. 자영업자인 여러분의 사업 순이익이 10만 달러(약 1억 원)라면, 여기서 25%인 2만 5000달러(약 2500만 원)까지 세액공제 혜택을 누리며 SEP에 적립할 수 있다. 일반 IRA 계좌의 연 적립 한도인 6000달러보다 훨씬 액수가 크므로 충분히 고려해볼 만하다. 하지만 주의해야 할 점이 있다. 여러분의 사업장에서 3년 이상 일한 직원이 있다면, 고용주 계좌에 적립하는 비율만큼 그 직원에게도 연금을 적립해주어야 한다. SEP를 여러 직원에게 적립해줘야 한다면 돈이 상당히 많이 들 수 있다. 그러니 만약 가입할 생각이 있다면 SEP가 현재 나의 상황에 적합할지 재무상담사와 충분히 상의해야 하고, 직원을 고용할 때마다 혹시 달라지는 점은 없는지도 한 번씩 점검할 필요가 있다.

401(K)와 로스 401(K)

한 직장에서만 40년을 일하던 시대는 갔다. 우리 할아버지와 부모님 세대 중 몇몇 분들까지는 회사에서 주는 연금만으로도 충분히 노후를 즐길 수 있었지만 우리는 그렇지 않다. 우리 세대는 은퇴 이후에 먹고살 길을 알아서 찾아둬야 한다.

지난 30년 동안 기존 연금 상품들을 대체해온 401(K)는 꽤 괜찮은 제도였다. 할아버지 세대의 연금 제도도 나쁘지는 않았지만 경우에 따라 너무 위험하기도 했다. 당시 퇴직연금은 회사 자산의 일부로 잡혀 있어서 회사가 망하면 직원들의 은퇴자금도 몽땅 사라지는 구조였다. 반면 401(K)는 회사와 상관없는 '직원의 돈'이다. 직원이 회사를 그만두더라도 그간 적립한 401(K) 자금을 함께 가지고 나올 수 있다.

예전 연금 제도보다 401(K)가 훨씬 괜찮지만 단점도 있다. 기존 연금 제도는 직원이 은퇴할 때까지 회사가 알아서 돈을 적립하고 보관해주었다. 그러나 401(K) 계좌는 우리가 알아서 계획하고 투자해야 한다. 한 푼도 투자하지 않으면 은퇴하면서 한 푼도 받을 수 없다. 만약 회사에서 연금 계좌에 매칭을 해주더라도, 계좌에 있는 돈이 적으면 아무런 소용이 없다. 100%를 매칭해준다고 한들 0달러의 100%는 0달러이지 않은가. 따라서 여러분 스스로 은퇴계획을 세우고 책임져야 한다.

요즘은 새로운 옵션인 로스 401(K)를 제공하는 회사들이 많아졌다. 로스 401(K)는 내가 좋아하는 두 제도를 적절히 조합해 만든 아주 매력적인 상품이다. 로스 401(K)가 시행되자마자 우리 회사도 바로 가입했을 정도다. '비과세'가 붙은 투자라면 나는 언제든 뛰어들 준비가 되어 있다.

로스 401(K)를 간단히 살펴보면 이렇다. 로스 IRA와 마찬가지로 세후 소득을 적립하는 방식이라 은퇴하면서 세금을 내지 않아도 되고, 일반 401(K)처럼 월급에서 바로 이체된다. 로스 IRA와 같은 혜택을 누리면서 로스 IRA와 동시 가입도 가능하며, 우리가 적립하는 돈 외에 회사의 매칭도 받을 수 있다. 더 매력적인 건 로스 IRA와 다르게 로스 401(K)는 가입 조건에 소득 제한이 없다. 정말 멋지지 않은가!

다만 로스 401(K)로 회사 매칭을 받을 때 하나 아쉬운 부분이 있다. 회사가 적립해주는 금액은 비과세 혜택을 받을 수 없다. 401(K)에서와 마찬가지로 은퇴 후 돈을 찾을 때 세금을 내야 한다.

403(b)와 457 제도

여러분이 만약 비영리단체, 병원, 교회, 학교, 혹은 이와 비슷한 직종에서 일한다면 401(K)대신 403(b)를 가지고 있을 것이다. 계좌에 세전 수입을 적립하고 은퇴할 때 세금을 내게 되므로 401(K)와 비슷하다고 볼 수 있다. 401(K)로는 불가능한 403(b)만의 혜택이 있는데, 직장에서 근무하는 동안에도 403(b)에 적립한 돈을 언제든 IRA 계좌로 옮길 수 있다는 점이다.

하지만 단점도 있다. 403(b)의 투자 상품들이 너무 형편없다. 403(b)에 어떤 투자 상품이 들어 있느냐가 수익을 결정하는데, 이 상품들의 역대 수익률이 매우 별로다. 403(b)를 초라한 연금이 아닌, 우리에게 즐거움을 주는 뮤추얼펀드가 될 수 있게 하려면 항상 관심을 가져야 한다.

457 제도는 미국 주 정부에서 이연지급제도◆ 형태로 제공하는 은퇴 자금 계좌다. 성과급 1000달러(약 100만 원)를 바로 지급하는 않고 투자 상품에 넣어 401(K)처럼 운용한다. 나라면 457 제도를 절대 이용하지 않을 것이다. 457에서 자금을 빼려면 골치가 아플 뿐만 아니라, 자금을 아예 옮길 수 없는 경우도 있다. 은퇴할 때까지 계좌에 돈이 묶이는 건 물론, 마땅히 받아야 할 성과급을 미뤘다가 받는 것뿐인데도 어마어마한 세금까지 내야 한다. 계획이 없는 것보다 457이라도 가지고 있는

◆   성과급을 수년간 지급하지 않고 적립해두었다가 주식 또는 주식 연계 상품으로 지급하는 제도.

쪽이 낫지만 신경 써야 할 부분이 많다. 가입하기 전에 전문가와 충분히 상담하자.

401(K)를 IRA로 옮길 때

만약 직장을 그만둔다면 퇴직연금 계좌를 IRA 계좌로 옮기기를 추천한다. 회사에 다닐 때는 401(K)가 여러모로 유리하지만, 그게 아니라면 투자 옵션의 폭이 더 넓은 IRA 계좌로 옮기는 편이 훨씬 유리하다. 401(K) 제도에서는 투자할 수 있는 선택지가 고작 뮤추얼펀드 10~20개뿐이지만, IRA에서는 그 선택지가 약 8,000개로 어마어마하게 늘어난다. 선택의 폭이 넓어지면 더 좋은 펀드에 우리의 연금을 투자할 수 있다.

여기에서 확실히 해둘 것이 있다. 401(K)에 있는 돈을 IRA로 옮기는 과정에서 절대 현금을 집으로 가져가서는 안 된다. IRA 계좌로 곧장 넘겨야 한다. 몇 번을 말해도 부족할 만큼 중요하다. 연금 계좌에 있는 돈을 모두 인출하고 싶더라도, 법적으로는 80%만 가능하며 20%는 계좌에 묶인다. 그리고 60일 안에 모든 자금을 IRA 계좌로 옮겨야 수수료나 세금을 물지 않을 수 있다. 예를 들어 401(K)계좌에 10만 달러(약 1억 원)가 있다면 2만 달러(약 2000만 원)는 계좌에 남고 8만 달러(약 8000만 원)만 가져갈 수 있다. 그리고 만일 60일 안에 10만 달러 전체를 IRA 계좌로 옮기지 않으면 세금을 아주 많이 내야 한다. 돈을 현금화하면서 갑자기 2만 달러가 마이너스가 되는 셈이다.

회사를 그만둘 때 401(K) 자동이체 양식을 달라고 하자. 이 양식을 작성하면 연금 계좌에 있는 자금을 바로 IRA로 이체할 수 있다. 이렇게 하면 계좌에 묶이는 돈도 없고 세금을 낼 필요도 없다.

로스 IRA로 옮겨야 할까?

연금을 옮긴다면 당연히 비과세 혜택을 받을 수 있는 매력적인 로스 IRA 계좌를 추천한다. 그러나 중요한 조건 하나를 기억해야 한다. 401(K)에서 로스 IRA로 자금을 옮길 때는 세금을 내야 한다. 로스 계좌에는 세후 소득을 넣고 401(K)에 적립한 돈은 세전 소득이므로, 401(K)에서 로스로 자금을 옮길 때 세금을 내야 하는 건 당연하다.

예를 들어 401(K)에 있던 10만 달러(약 1억 원)를 로스로 옮긴다면 세금으로 2만 5000달러(약 2500만 원)를 날리는 셈이다. 여러분이 로스 제도로 비과세 혜택을 누리기를 바라지만, 이 과정에서 돈이 꽤 많이 증발한다.

이제부터 401(K)를 로스 IRA로 옮기기 전에 생각해야 할 두 가지 사항을 알려주려 한다. 이 내용을 완전히 이해한 뒤에 자금을 옮기도록 하자.

1. 은퇴까지 70만 달러(약 7억 원) 이상을 저축하자. 연금 계좌에 이 정도 액수를 저축하면 여러분은 최상위 과세 등급에 속하게 되므로 로스 계좌에서 비과세 혜택을 최대로 누릴 수 있다.

2. 연금 계좌에 투자했던 돈으로 세금을 내지 말고, 따로 돈을 마련하라. 계좌를 이체하면서 지불해야 하는 세금 때문에 연금 계좌에 있는 자금을 건드려서는 안 된다. 연금 계좌에 있는 자금을 쓰지 않고도 세금을 낼 수 있을 때만 연금을 옮기자. 앞의 예시로 설명하면 세금을 내기 위한 여유자금으로 2만 5000달

러가 필요하다. 은퇴할 때 수익금에 대한 세금을 물지 않는 대신 지금 2만 5000달러를 더 투자하는 셈이다.

이 사항들을 잘 이해했다면, 로스 IRA는 여러분의 좋은 방안이 될 수 있다.

TSP Thrift Savings Plan

미군이거나 연방공무원이라면 연방공무원 은퇴자금 제도인 TSP에 가입할 수 있다. 내가 추천하는 TSP 옵션은 다음과 같다.

1. 60%를 C 펀드에 넣자. C 펀드는 보통 주식 펀드로, 앞에서 말했던 성장형 주식 뮤추얼펀드와 비슷하다. 성장률이 8~12%로 훌륭하며 꽤 안정적이다. 이 펀드를 TSP에서 가장 큰 비율로 유지하도록 한다.

2. 20%는 S 펀드에 넣는다. 성장 중인 작은 회사들을 중심으로 한 펀드로, 앞에서 이야기한 공격 성장형 펀드와 비슷하다. 평균 성장률이 괜찮은 편이다.

3. 20%는 I 펀드에 넣는다. 해외 주식이 중심이 되는 펀드로 글로벌 펀드와 비슷하다. 해외 기업에 투자하면서 글로벌하게 자금을 분산시킬 수 있다.

TSP 펀드의 다른 옵션은 멀리하도록 하자. 다른 펀드들은 성과가 아주 별로다. 위에서 이야기한 펀드로 60:20:20 비율만 유지해도 충분하다.

퇴직연금담보대출

비상자금을 준비하기 전에 연금부터 모으면 연금이 곧 비상자금이 된다고 이야기했다. 돈 관리에 있어 최악의 선택은 퇴직연금담보대출이다. 이런 끔찍한 대출 상품이 평범한 사람들의 은퇴자금을 갉아먹고 있다.

금융인들은 퇴직연금담보대출이 좋은 상품이라며 홍보한다. 연 이자를 18%나 내면서 신용카드를 쓰느니 그간 모아둔 돈을 쓰라고 설득한다. 그들은 "이자를 18%나 줄 필요 없어요. 연금 계좌에서 돈을 빌리면 단 6%만 내면 됩니다."와 같은 말을 할 것이다. 그러나 이 6%는 함정에 불과하다. 연금 계좌에서 돈을 빌리는 순간, 우리는 돈을 엄청나게 잃는다. 12% 이상 수익을 내는 뮤추얼펀드에서 자금을 빼는 일이고, 돈을 뺀 만큼 수익도 함께 잃는 격이기 때문이다. 이자까지 5~6%를 내면서 이 손실을 메꿀 방법은 없다.

하지만 가장 큰 위험은 따로 있다. 담보대출을 받은 상태에서 회사를 그만두면 아주 곤란해진다. 여러분은 언젠가는 직장을 그만둘 것이고 그때가 언제인지는 아무도 모른다. 더 나은 일자리를 찾아 그만둘 수도 있고, 가족 문제로 이사를 가야 할 수도 있다. 혹은 나쁜 일에 휘말려 해고되거나 권고 퇴직을 당할 수도 있다. 무슨 일이 일어날지는 아무도 모른다. 그리고 무슨 일로든 직장을 떠나는 순간, 401(K)를 담보로 빌렸던 돈은 전부 갚아야 한다.

401(K)를 담보로 돈을 빌렸다면 직장을 그만둔 날로부터 60일 안에 대출금을 갚아야 한다. 그렇지 않으면 자금의 40%를 세금과 수수료로 내야 한다. 진지하게 생각해야 할 문제다. 연금을 담보로 돈을 빌리

는 상황까지 왔다면 아마 여러분은 이미 빈털터리일 것이다. 어쩌면 회사에서 해고를 당했을 수도 있고, 여러분이 세상을 떠난 뒤 가족들이 우왕좌왕하는 중일 수도 있다. 이런 상황에 대출까지 더해지면 어떻게 될까? 401(K)를 담보로 돈을 빌리면 여러분이나 여러분의 가족이 고통을 겪게 될 수도 있다.

이런 수렁에 빠진 사람들을 지금껏 수천 명도 넘게 만났다. 이들은 퇴직연금을 담보로 돈을 빌려서 집을 수리하거나 대출금을 갚다가 이런 함정에 빠졌고, 예상치 못하게 위기가 발생해 큰 고난을 맞게 되었다. 현명하게 내린 결정이라고 생각했는데 인생에서 가장 최악의 결정이 되어버린 것이다. 담보대출은 너무 위험하니 절대 이용하지 말자. 은퇴자금을 마련하기 전에 걸음마 단계에서 비상자금만 잘 마련한다면 이러한 돈 문제까지는 겪지 않아도 된다.

··· 퇴직연금 15%, 어떻게 구성해야 할까

지금까지 퇴직연금의 다양한 종류에 대해 알아보았다. 생소한 줄임말과 숫자들이 많아 이해하기 쉽지 않았을 것이다. 고개를 절레절레 흔드는 독자들의 심정이 이해가 간다. 원래 이렇게까지 자세히 다루지는 않지만 상품들의 원리를 이해해야만 스스로 은퇴자금 계획을 세울 수 있다고 생각한다. 여러분의 자산계획을 다른 사람이 대신 세우도록 놔두지 말자. 여러분의 돈이고, 여러분이 방향키를 잡아야 한다.

이제껏 이야기한 내용을 바탕으로 쉽게 실천 가능한 은퇴자금 마련 방법을 생각해보자. 걸음마 공식 4단계를 설명하며 수입의 15%를 비과세 퇴직연금 상품에 투자하라고 했다. 구체적으로 어떻게 해야 할까? 아래의 세 단계를 참고하자.

1단계: 401(K) 등 회사에서 지원하는 퇴직연금 상품에 투자

회사가 제공하는 퇴직연금 매칭 옵션을 누리자. 공짜 돈인데 안 받을 이유가 없다. 401(K)에는 회사의 매칭 한도까지만 돈을 넣는다. 예를 들어 회사에서 여러분 수입의 3%를 매칭해준다면 15% 중 3%만 일단 401(K)에 넣는다.

2단계: 로스 IRA에 투자

회사의 매칭 혜택을 최대한 누리면서 로스 IRA에도 투자하라. 고용주가 매칭을 해주지 않는다면 1단계는 건너뛰고 로스 IRA부터 시작하면 된다. 1년 동안 로스 IRA에 적립할 수 있는 금액의 한도는 6000달러(약 600만 원)이다. 함께 세금 신고를 하는 부부라면 각각 로스 IRA 계좌를 열어 매년 6000달러씩 넣는다.

3단계: 다시 401(K) 등 회사에서 지원하는 퇴직연금 상품에 투자

1, 2단계에서 대부분 수입의 15%가 채워지겠지만 만약 그게 아니라면 401(K) 등 회사에서 지원하는 퇴직연금 상품에 자금을 더 넣어 수입의 15%를 채운다.

예를 들어보자. 조와 수지 부부의 연 소득은 10만 달러(약 1억 원)다. 조는 직장에 다니고 수지는 집에서 살림을 한다. 이들은 나를 만나 돈 공부를 한 덕분에 빚도 다 갚고 3~6개월 치 생활비에 맞먹는 비상자금도 마련했다. 이제 퇴직연금에 투자할 단계다. 가계 연 수입이 10만 달러고, 여기에서 15%면 1만 5000달러(약 1500만 원)다. 이 15%를 어떻게 투자하면 될까?

조의 회사는 401(K)를 제공하고 수입의 2%에 해당하는 금액만큼 매 칭해준다고 하니 여기에서부터 시작하기로 하자. 그러면 401(K) 투자 액은 2000달러(약 200만 원)다.

그 후 조와 수지는 각각 로스 IRA 계좌를 열어야 한다. 로스의 연 적 립한도가 계좌당 6000달러이기 때문에 이 부부가 로스 IRA 계좌에 최 대로 넣을 수 있는 금액은 1만 2000달러(약 1200만 원)이다. 이 금액과 401(K)에 들어간 금액을 합치면 총 1만 4000달러(약 1400만 원)가 된 다. 아직 수입의 15%를 채우지 못했다.

다시 조의 401(K) 계좌로 돌아가 1000달러(약 100만 원)를 넣어 15% 에 맞춘다.

지금 당장 시작하자

지금 이 책을 읽고 있는 여러분이 20대 후반이라면 나는 여러분을 백만 장자로 만들어주었다. 생각해보자. 20대 신혼부부가 여기에서 배운 내 용을 잘 이해해서 앞으로 몇 년 안에 빚도 다 갚고 비상자금도 마련한다 면, 30대부터는 수입의 15%를 퇴직연금에 투자할 수 있다. 가계 수입 이 4만 달러(약 4000만 원) 정도라고 해도 매달 15%씩 성실하게 투자하 면 70세에는 500만 달러(약 50억 원) 이상을 가질 수 있다. 이 부부의 연 소득이 평생 4만 달러라고 가정해도 이 정도다.

돈 한 푼 없이 은퇴했다면 그 누구도 변명할 자격이 없다. 언제 시작 하든, 기회는 모두에게 열려 있다. 몇 가지 원칙만 지키면 누구든 백만 장자가 될 수 있고, 가족과 후손의 삶까지 바꿀 수 있다. 그러니 당장 시작하자.

⦁⦁⦁ 학자금이 부모의 의무는 아니다

자, 이제 빚도 다 갚았고, 3~6개월 동안 월급 없이 살 수 있을 만큼 비상자금도 모았고, 비과세 퇴직연금 계좌에 수입의 15%도 투자하고 있다. 이 순간을 잠시 즐겨도 좋다. 여러분이 이제껏 이뤄낸 일만 해도 평범한 사람들을 한참 앞섰다는 사실을 알았으면 좋겠다. 미국 가정의 70%가 월급이 한 달만 밀려도 위기를 맞는다는 말을 기억하는가? 하지만 우리는 이제 걱정할 필요가 없다. 지금 이대로만 쭉 가면 부자가 될 수 있다. 이제 자녀의 학자금을 고민해보자.

걸음마 공식 5단계 자녀 학자금을 위한 저축 시작하기

아이가 없거나, 이미 독립한 상태라면 걸음마 공식 5단계를 건너뛰어도 좋다. 그렇지 않은 사람들은 자녀의 학비와 대학 생활에 들어가는 비용을 모으는 방법에 대해 함께 살펴보도록 하자.

가족 상담을 하면서 학자금에 대해 조언할 때면 사람들이 고개를 갸우뚱하며 이렇게 말한다. "아이들을 최우선으로 생각해야 하지 않나요?" 자녀의 학자금보다 퇴직연금을 우선 단계에 두라고 하면 보통 충격을 받는다. 자식을 아이비리그에 보내 공부시킬 수만 있다면 은퇴하고 나서 통조림만 먹고 살아도 상관없는 모양이다. 정말 이해할 수가 없다. 나는 이전 책에서 다음과 같이 이야기했다.

대부분의 부모들은 자녀의 학비를 대주지 못하면 엄청난 죄책감을 느낀다. 정신과 상담이 필요할 정도로 우울감에 시달리기도 한다.

하지만 대학 졸업장은 몇 가지 시험에 무사히 통과했다는 사실을 보여주는 종이일 뿐이다. 대학 졸업장이 있다고 해서 무조건 좋은 직장에 취직할 수 있는 건 아니다. 성공을 보장하지도 않으며, 부자가 되는 법과는 더더욱 관련이 없다. 주변을 둘러보면 좋은 대학을 졸업하고도 변변한 직업 없이 쪼들리며 사는 사람이 많다. 대학을 성공으로 가는 기차표로 생각했다가 승차를 거부당하니 배신감을 느끼기도 한다.

좋은 직장, 성공, 부를 꿈꾸며 자녀를 대학에 보낸다면 여러분은 크게 실망할 것이다. 어쩌면 실망할 새도 없이 대학 졸업장을 안고 집에서 빈둥거리는 자식을 보살펴야 할 수도 있다.

학자금을 내주지 못하는 부모가 느끼는 죄책감과 수치심은 정말 어마어마하다. 퇴근하고 부업까지 하며 간신히 생계를 유지하는 싱글맘과 대화한 적이 있는데, 그녀는 학자금을 모을 형편이 못 돼 속상하다며 흐느껴 울었다. 이렇게 엄청난 죄책감에 시달리는 이유는 부모로서 실패했다는 생각 때문이다. 자식에게 뭐든 해주고 싶은 부모의 마음은 백 번 이해한다. 하지만 우리는 우리 자신도 돌봐야 한다. **자녀의 사립 대학교가 은퇴 후 삶보다 더 가치 있지는 않다.**

대학은 특권이다

나는 일찍이 우리 아이들에게 대학을 가라고 권했다. 그래서 우리 아이들은 대학에 가야 할지 말아야 할지 고민조차 하지 않았다. 학교는 참 좋은 곳이고, 요즘 같은 사회에서 질 높은 교육은 필수라고 생각한다. 하지만 그 사실만으로 아이들에게 무조건 공짜 기회가 주어져서는 안 된다. 대학은 돈으로 사는 상품과 마찬가지다. 돈을 낼 수 없다면 가질 수 없는 게 맞다. 누구에게도 당연한 권리가 아니다. 대학은 특권이다.

대학생도 엄연한 성인이라는 사실을 잊지 말자. 어른들은 돈이 필요할 때 어떻게 하는가? 일을 한다. 배달직원을 구하는 치킨집, 짐을 나를 인부를 구하는 택배회사, 음료를 제조해줄 아르바이트생을 찾는 카페는 언제나, 어디에나 있다. 대단한 인물의 성공 신화를 보면 스스로 학비를 벌어 대학을 졸업한 일화가 많이 등장한다. 열심히 일한 대가로 얻어낸 물건은 훨씬 귀한 법이고, 대학도 마찬가지다.

만약 여러분이 자녀의 학자금을 저축할 여유가 있다면, 저축하면 된다. 아이들을 도와주지 말라는 이야기가 아니다. 각자의 자금 상황에 맞게 도우라는 뜻이다.

··• 학자금을 마련하며 주의할 점

자녀가 대학에 입학할 때까지 1년이 남았든, 18년이 남았든 학자금을 준비하며 절대 하지 말아야 할 실수들이 있다.

학자금대출은 절대 받지 마라

학자금은 현금으로 내자. 만약 현금으로 결제할 수 없다면 아이가 한 학기 동안 일을 해서 등록금을 모은 후 학교로 돌아가면 된다. 학자금대출을 받으면 문제가 쉽게 해결될 것 같지만 몇 년 후를 생각하면 그렇지도 않다. 대학을 졸업한 아이는 족쇄를 찬 채 세상으로 나가게 될 것이고, 이는 악몽의 시작을 뜻한다. 나는 이전 책에서 다음과 같이 설명했다.

학자금대출은 덫이다. 한 번 빠지면 벗어나기 힘들다. 며칠만 묵고 간다더니 10년 동안 얹혀사는 달갑지 않은 친척과 같은 존재다. 학자금대출 정보 사이트에 따르면 대학생 중 70%가 학비를 목적으로 대출을 받는다고 한다. 대출을 받는 상황이 당연해질수록 우리 학생들은 빈털터리가 될 것이다. 돈을 빌릴 필요가 없도록 계획을 세우자.

빚은 모두 끔찍한 존재다. 세상에 좋은 빚이란 없다. 학자금대출이 '도움이 되는 빚'이라는 생각을 떨쳐버리자. 끝도 없는 학자금을 갚다 보면 자동차대출이나 신용카드 대금을 갚을 때와 똑같은 기분이 든다. 감정적으로도 재정적으로도 '도움이 되는' 부분은 하나도 없다.

여러분의 자녀가 고등학생인데 1~2년 후에 학비를 댈 돈이 없다면 아이와 당장 이야기를 나누자. 아이가 선택한 대학 생활을 부모가 책임질 의무는 없다. 자신의 교육비는 아이 스스로 책임을 져야 한다. 아이들도 얼마든지 일할 수 있다. 식당에서 테이블을 정리하며 학비를 모으는 고등학생도 아주 많다. 군에 입대해서 학비를 마련하는 것도 좋은 방법이다. 부모들은 달가워하지 않지만 사실 청년이 군복을 입으면 누릴 수 있는 교육 혜택이 어마어마하다.

학자금대출이 당장은 편리하겠지만 학교를 졸업하고 직장인이 되는 순간 괴물로 변해 아이들의 삶을 좀먹기 시작할 것이다. 4년제 대학을 졸업하기 위해 지는 빚이 2만 달러(약 2000만 원) 이상이라고 한다. 대학원생까지 모두 합쳐 통계를 내면 4만 2000달러(약 4200만 원)까지 치솟는다. 학교를 졸업하는 첫날부터 이렇게나 많은 빚을 지게 되다니. 끔찍하지 않은가? 사회생활의 시작이 이래서는 안 된다.

보험은 저축이 아니다

자녀가 있다면 알겠지만 임신하는 날부터 각종 보험 상품의 홍보문자가 끊임없이 날아온다. 가장 흔히 보이는 상품은 종신보험, 유니버설보험◆, 변액유니버설보험◆◆ 등으로, 보험회사는 이런 상품들로 아이들의 교육비를 저축할 수 있다며 홍보한다. 미국인들이 가장 많이 가입하는 보험회사가 원래 이유식을 만드는 회사였다는 사실을 알고 있는가? 당근으로 이유식을 만들던 회사가 그저 그런 보험 상품으로 아이들을 대학에 보내줄 수 있을까? 말도 안 된다.

　은퇴자금도 보험으로 해결하려고 하면 안 되지만, 학자금은 그야말로 최악이다. 수익률도 미덥지 못한 데다, 형편없는 보험 상품에 우리의 긴 인생을 바쳐야 할 것이다. 보험과 투자는 따로 생각해야 한다. 아이가 태어난 기쁨과 좋은 대학에 보내겠다는 희망에 들떠 나쁜 결정을 하지 말자.

◆　　보험료의 납입, 적립, 인출이 자유로워 유연성, 유동성, 보장성이 결합된 보험 상품.

◆◆　펀드 운용 수익률에 따라 보험금이 변동되는 변액보험과 보험료 납입과 인출이 자유로운 유니버설보험의 장점을 결합한 보험 상품.

··· 은퇴자금과 학자금 저축을 동시에 하자

걸음마 공식을 차례대로 실행하라고 경고했고 여러분이 꼭 기억했으면 좋겠다. 하지만 대학에 갈 자녀가 있다면 은퇴자금 설계를 마친 후 바로 학자금 저축을 시작하자.

12장에서는 걸음마 공식 6단계인 주택담보대출을 빨리 갚는 법에 대해 배울 것이다. 은퇴자금, 학자금, 주택담보대출금까지 총 세 단계가 동시에 이루어지는 셈이다. 퇴직연금에 수입의 15%만 투자하라는 것도 바로 이 때문이다. 연금 계좌에 넣고 남은 돈으로, 학자금을 마련하고 주택담보대출을 갚는 데 쓰기 위해서다.

이 장에서 워낙 많은 내용을 배워서 한 번에 이해할 수 없을 것이다. 괜찮다. 내 머릿속에서도 정리가 안 된 글자와 숫자들이 마구 돌아다닌다. 그래서 이 책을 잘 보이는 책장에 꽂아두어야 한다. 걸음마 공식의 각 단계를 넘길 때마다 책을 꺼내 내용을 복습하며 부자가 되는 길에 한 걸음 더 가까이 다가가자.

제가 해냈어요!

저희 아들 오스틴은 플로리다 주립 대학에 합격했어요. 합격 소식을 듣고 우리 가족 모두 신이 나서 대학 미식축구 경기를 보러 갈 생각에 들떴죠. 그런데 가만히 앉아 계산해보니 돈이 부족하더라고요. 어느 정도 돈을 모았고 장학금까지 받았지만, 그래도 매년 1만 달러(약 1000만 원)가 더 필요했어요. 아이는 학자금대출을 받고 싶어 했고 저희는 절대 안 된다고 했어요. 빚을 잔뜩 진 채로 사회생활을 시작해서는 안 된다고 생각했고, 저희의 노후도 중요했거든요.

오스틴은 결국 플로리다 대학을 포기하고 지역 전문대에 입학했어요. 첫 학기를 다니던 중에 아이가 해군에 입대하겠다고 하더라고요. ROTC에 지원하면 학비를 지원받을 수 있었을 텐데, 아이는 결국 뜻대로 해군에 입대했어요. 오스틴이 해군에 입대한 지 이제 1년이 다 되어가요. 기초 훈련을 마치고 곧 바다로 나간다고 하네요.

엄마 말을(그리고 데이브 램지 선생님의 말을) 잘 들은 아들은 지금까지 저축 계좌에 비상자금을 1만 달러나 모았고, 401(K)에 수입의 5%를 넣고 있고, 최근에는 로스 IRA도 시작했어요. 아이가 학자금대출을 받지 못하게 말릴 때는 정말 미안했는데 결국은 더 좋게 풀렸어요. 저희 아들은 나라를 지키는 동안 꾸준히 공부해서 학위를 따겠대요. 빚을 져서 대학에 간 오스틴 친구들은 벌써 어마어마하게 빚을 졌지만, 오스틴은 이제 순탄하게 앞으로 갈 일만 남았네요.

—플로리다주 레이크랜드에서, 데비

★ 이 장의 키포인트

1. 은퇴 이후의 삶은 여러분에게 달렸다. 나라에 기댈 생각은 하지 말자.
2. 은퇴자금을 마련할 계획을 다 세우고 난 후 자녀의 학자금 저축을 시작하자.
3. 부모가 자녀의 학자금을 꼭 보태야 한다는 법은 없다. 도울 수 있는 만큼만 돕자.

★ 복습해보자

1. 은퇴 후 삶이 어떠했으면 좋겠는가?
2. 열심히 은퇴계획을 실천하게 하는 동기는 무엇인가?
3. 퇴직연금 계좌를 해약해서 빚을 갚으면 왜 안 되는가?
4. 사람들이 퇴직연금 계좌를 비상자금으로 쓰는 이유는 무엇일까? 이런 방법은 왜 위험한가?
5. 왜 학자금 마련 계획을 은퇴자금 마련 계획보다 나중에 해야 하는가?
6. 은퇴자금을 자녀의 학자금보다 먼저 마련하는 데 죄책감이 드는가? 왜 죄책감이 드는가?
7. 한 달 예산을 짜서 생활하면 은퇴자금을 마련하는 데 어떠한 도움이 되는가?

11장

일

돈을 벌어다주는 건

오직 노동뿐이다

우리 할아버지는 멋진 분이다. 나는 할아버지를 정말 존경한다. 그는 미국 역사상 가장 힘든 시기인 경제 대공황 때 돈을 벌기 시작했다. 먹고살기가 쉽지 않았지만 할아버지는 일을 즐겼고, 가족을 사랑했고, 이 둘을 위해 일생을 바쳤다. 아주 어린 나이에 알루미늄회사에 들어가 회계 일을 시작했는데, 나중에는 원가 계산 부서의 부장 자리까지 맡았다. 할아버지는 은퇴할 때까지 38년을 한 회사에서 일했다. 퇴직할 때 금 손목시계와 연금을 받았고 평생 한 회사에 헌신했다는 사실을 할아버지는 자랑으로 여겼다.

하지만 그런 시절은 이제 없다. 요즘은 기업, 제품, 서비스가 그 어느 때보다 빠르게 생겼다가 빛과 같은 속도로 사라진다. 근무 환경도 발 빠르게 변화한다. 나는 우리 할아버지를 사랑하지만, 할아버지 같은 인재는 요즘 사회와 맞지 않다.

지금까지는 나가는 돈에 집중했다. 어디에 돈을 쓰고 얼마를 저축할 지를 따졌다. 하지만 이번 장에서는 들어오는 돈에 대해 이야기할 것이다.

수입은 당연히 중요하다. 쓰는 돈이 들어오는 돈보다 많으면 우리의 노력은 물거품이 되고 만다. 결국 돈을 많이 벌어야 한다는 이야기다. 하지만 이번 장에서 이야기할 주제는 단지 돈에만 국한되지 않는다. 우리는 책임감을 갖고 열정적으로 일해야 하며, 잠재력을 발휘해 삶을 더욱 빛나게 할 방법도 함께 찾아야 한다.

••• 평생직장 시대는 끝났다

요즘 세상에서 변하지 않는 건 딱 하나다. 세상이 변한다는 사실이다. 무엇도 한 곳에 붙잡아 둘 수 없다. 지난 30년간 기술의 눈부신 발전으로 세상은 완전히 바뀌었다. 인간을 처음 달로 보냈을 때 사용했던 컴퓨터보다도 저장 용량이 큰 엄지손가락만 한 장치가 지금 내 주머니 속에 있다. 지금은 구닥다리 취급을 받는 나의 11인치 노트북도 불과 몇 년 전까지 세상에서 가장 뛰어난 슈퍼컴퓨터 대접을 받았다. 기술 분야는 정말 빠르게 발전한다.

우리의 직업 또한 마찬가지다. 주변에서 일어나는 변화를 무시하며 고집을 피운다면 여러분은 곧 먼지 쌓인 골동품 신세가 된다. 우리 할아버지처럼 38년 동안 같은 책상에 앉아 일하던 시절은 역사 속으로 사라졌다. 미국 노동통계국Bureau of Labor Statistics 조사에 따르면 요즘 사람은 평균 2년마다 회사를 옮긴다고 한다. 할아버지가 회사에 다니던 시절에

　　　　　　　　　　　—— 돈 없이도 돈 모으는 법

는 이제 겨우 화장실 위치 정도 파악했을 2년 차에 요즘 사람들은 다른 직장을 찾아 문을 두드린다는 이야기다.

••• 좋아하고 잘하는 일을 하자

요즘 직장인들은 40세까지 10번 이직을 하고, 평생 20번까지 직장을 옮긴다고 한다. 이 사실을 우리 할아버지가 알면 아마 엄청나게 충격받을 것이다. 옛날 사람들은 좋은 회사에 한 번 자리를 잡으면 평생을 바쳐야 안정된 삶이라 여겼다. 반면 요즘 사람들은 자신이 누구인지, 무엇을 하고 싶은지를 아는 데서 안정을 느낀다. 가치의 기준이 자신이 속한 회사가 아닌, 개인의 능력과 열정으로 바뀌었기 때문이다.

내가 누구인지도 모르는 사람이 어디에서 무엇을 해야 할지를 판단할 수 있을까? 자신을 파악하지 못하면 적성에 맞지 않는 일을 하며 평생 끔찍한 삶을 살게 될 것이다. 억만금을 벌더라도 꾸역꾸역 어쩔 수 없이 일한다면 절대 만족할 수 없을 것이다. 나는 이전 책에서 이렇게 이야기했다.

작가이자 기업인인 세스 고딘 Seth Godin이 말했다. "휴가가 언제인지 궁금하지 않을 만큼 일탈이 필요 없는 삶을 살아라." 돈만 보고 사업을 시작하기에는 신경 써야 할 일이 너무나 많다. 사업을 성공으로 이끌기 위해서는 영혼, 감정, 에너지를 남은 한 방울까지 모두 쏟아부어야 한다. 돈만 바라봐서는 이런 노력을 매일, 매년 할 수 없다.

돈이 보상이 될 수는 있지만, 돈을 목적으로 살면 공허해진다. 더 큰 집, 더 좋은 차를 갖겠다는 목표만 가지고는 평생 활기차게 일할 수 없다. 몸담은 분야에 열정을 가지고 소명을 느껴야 한다. 말콤 글래드웰 Malcolm Gladwell은 이렇게 이야기했다. "직장이 감옥처럼 느껴진다면 아무런 의미 없이 열심히만 했기 때문이다."

부모님도, 친구도, 배우자도, 그 누구도 여러분이 평생 무엇을 하며 살아야 할지 말해줄 수 없다. 우리 아이들에게 일을 가르쳐 사업을 물려줄 수 있다면 나는 참 행복하겠지만 아이들에게 이를 강요하는 순간 모두에게 악몽이 되고 만다.

나는 아이들이 언제든 들어올 수 있도록 문을 열어둘 뿐, 문 안으로 잡아당기지 않는다. 현재 우리 아이들이 나와 같은 길을 걷고 있지만 내가 강요해서가 아니다. 나는 내 팀에서 일하는 누구도 억지로 일하기를 바라지 않는다. 그런 직원이 많은 회사는 결코 발전할 수 없다.

앨리슨의 경험담

양심에 찔리는 일을 해야 했던 직장을 퇴사하면서 데이브 램지 선생님의 수업을 듣기 시작했어요. 수업을 들으며 저도 옳은 일을 할 수 있고, 더 나은 사람이 될 수 있다는 희망이 생겼어요.

사람에 관한 잘못된 믿음

작가이자 강연자인 마커스 버킹엄 Marcus Buckingham은 아주 훌륭한 동영상 강의 '트롬본 연주자 구함 Trombone Player Wanted' 시리즈를 제작했다. 그는 이 동영상 강의에서 사람들이 평생 사실처럼 여기며 사는 잘못된 믿음 몇 가지를 소개했다. 그중 일부가 이번 장에서 다룰 주제와 관련이 있으니 한번 살펴보자.

잘못된 믿음 1. 사람은 변할 수 있다

직장에서 힘든 부분을 토로하면 이런 말을 듣고는 한다. "걱정하지 마세요. 곧 익숙해져요." 대체 이 말이 무슨 뜻일까? 마음 깊은 곳에서부터 받아들이기를 거부하는 무언가에 어떻게 익숙해진다는 말일까? 버킹엄은 사람은 절대 타고난 성향에서 벗어나지 않는다고 아주 명확하게 이야기했다. 우리는 자신을 자신답게 만들어주는 성향, 강점, 약점을 타고났다. 그리고 우리는 평생 여기에서 한 발자국도 벗어나지 않는다.

아마 부모들은 이를 피부로 느꼈을 것이다. 아이가 4세쯤 되면 어떤 성격으로 자랄지 보이기 시작한다. 정리 정돈을 좋아하는지, 아니면 어지르기를 좋아하는지. 감성적인지, 아니면 무뚝뚝하고 강인한지. 이 시기에 보이는 성격은 사는 동안 바뀌지 않는다.

우리 첫째 딸은 아주 정확하고 꼼꼼하다. 어릴 적부터 동생들이 자기 방에 들어왔다 나가면 귀신같이 알아차렸다. 아내와 농담 삼아 이렇게 이야기하기도 했다. "공기가 제자리에 있지 않아도 알아차릴걸?" 아주 어릴 때부터 아이는 규칙을 좋아했고 항상 빈틈없이 일을 처리했다. 타고난 성격이었다. 그러므로 당연히 이 아이의 직업을 찾을 때는 꼼꼼한 성격이 빛을 발할 수 있는 일을 찾아야 한다.

딸이 하나 더 있는데, 이 아이는 첫째 딸과 완전히 반대다. 나를 닮아 무모해 보이는 도전도 마다하지 않으며, 사람들과 이야기하기를 좋아하고, 몇천 명 앞에서도 편안하게 제 할 말을 한다. 만약 이 아이에게 회계나 법을 공부하라고 강요했다면 정말 끔찍했을 것이다. 그렇게 살 수 없는 아이고, 만약 그렇게 산다면 신이 주신 아름다운 영혼을 깡그리 뭉 개버리는 일이다.

잘못된 믿음 2. 못하는 분야에 도전할 때 가장 많이 배운다

말도 안 되는 소리지만 우리는 이 말을 사실이라고 믿어왔다. 부모님에 게서 끊임없이 들어온 말이기 때문이다. 버킹엄은 갤럽 조사 결과를 인 용해 이에 대해 설명했다.

Q. 자녀의 성적표에서 어느 과목에 가장 먼저 눈길이 가는가?

영어-A, 사회-A, 생물-C, 수학-F

77%가 F를 받은 과목이라고 답했다고 한다. 전혀 놀랍지 않다. 솔직 히 나도 F를 받은 수학에 가장 눈길이 갈 것 같다.

그래서 이 조사가 우리와 무슨 상관이 있다는 걸까? 이 조사는 잘하 는 분야는 무시한 채 못하는 분야에 시간을 쏟아야 한다는 우리의 무의 식을 보여준다. 약점을 무시해서는 안 되지만 약점과 함께 강점도 분명 하게 인정해줘야 한다.

버킹엄은 약점으로는 절대 성장할 수 없으며, 사람은 본인이 가장 잘 알면서도 사랑해 마지않는 강점으로 성장한다고 주장한다. 물론 의지를 발휘해 약점을 발전시킬 수는 있지만, 노력에 비해 얻는 성과가 크지 않 다. 운이 좋아야 '완전히 끔찍한' 수준에서 '그저 그런' 수준까지 발전할 수 있다.

그러나 강점에 초점을 맞추면 엄청나게 빠른 속도로 눈부시게 발전할 수 있다. 의지와 열정을 불태울 준비가 항상 되어 있기 때문이다.

내가 잘하는 일을 하자

잘하는 일에 열정을 쏟으면 그 무엇도 우리를 막을 수 없다. 뜨겁게 타오를 것이고, 어떻게 지지치도 않고 일하는지 주변 사람들이 궁금해할 것이다. 마크 트웨인Mark Twain이 말했다. "성공하려거든 일을 휴가로 만들면 된다." 좋아하는 일을 할 때는 미친 듯이 열중하면서도 일처럼 느끼지 않는다. 타고난 재능과 소질에 딱 맞는 일을 하자. 가진 능력을 최대로 쓸 수 있으며 하늘이 점지해준 일을 하고 있다고 생각하게 될 것이다.

짐 콜린스Jim Collins는 그의 책《좋은 기업을 넘어 위대한 기업으로》에서 성과가 좋은 기업들을 연구하며 알게 된 '좋은 기업에서 위대한 기업으로 발전하는 방법'에 대해 설명했다. 그는 적절한 인재를 발굴해 적절한 곳에 배치하는 능력으로 많은 기업이 발전할 수 있었다고 이야기했다. 콜린스의 연구가 뒷받침하듯, 최고의 기업들은 필요한 사람을 버스에 태우고, 필요 없는 사람을 내리게 하는 능력이 있다. 무엇보다 적절한 인재를 알아보고 적절한 자리에 그들을 앉히는 데 탁월하다.

그러니까 우리는 자신에게 맞는 회사에 들어가는 데에 그치지 않고, 자신에게 어울리는 자리를 찾아야 한다. 회사를 사랑하더라도 일이 버거울 수 있고, 지금 하는 일이 시시해서 더 큰 물에서 놀고 싶다고 생각할 수도 있다. 이런 경우는 버스는 잘 탔지만 자리를 잘못 찾았다고 볼 수 있다.

업무 리스트에서 여러분이 좋아하면서도 다른 사람들보다 더 잘하는 부분을 생각해보자. 그리고 나서 잘하는 일을 얼마나 더 많이 할 수 있을지, 그리고 못하는 일을 얼마나 덜 할 수 있을지를 상사와 이야기하자. 잘하는 일을 많이 할 수 있다면 일에 만족하며 행복하게 직장생활을 즐길 수 있다. 여러분의 상사는 직원의 능력을 최대로 끌어낼 수 있으므로 모두에게 윈윈이다. 그러니 두려워하지 말고 한번 이야기해보자. 억지로 출근해서 8시간 동안 앉아만 있다가 월급을 타는 좀비보다는 신이 나서 일하러 오는 직원을 회사도 바랄 것이다.

···• 일을 구할 때는

당신은 어떠한가? 원하던 버스에 탔으며 앉은 자리가 마음에 쏙 드는가? 그렇다면 축하한다. 혹은 버스는 잘 탔지만 앉은 자리가 마음에 들지 않는가? 그래도 괜찮다. 직장 상사와 대화하며 새로운 자리를 찾기 위해 노력하면 된다.

하지만 아예 버스를 잘못 탔거나 아직 버스에 타지 못한 사람도 있을 것이다. 여러분이 이런 상황이라면 이제부터 설명할 실용적인 팁들을 잘 읽고 직업을 구할 때 적극적으로 활용해보자.

고용주의 입장에서 생각하기

일자리를 구하려면 계획이 필요하다. 사람들은 보통 이력서를 써서 보낸 뒤 휴대전화만 바라본다. 하지만 이런 방식으로는 가방끈의 길이가 아무리 길어도 쉽지 않다. 연락을 아주 오랫동안 기다려야 하고, 일을 구하는 사람이 많은 경우에는 더욱더 그렇다. MBA를 졸업하고도 패스트푸드점에서 버거를 만들어야 할 수도 있다. 이때 MBA는 Moving Beef Around(고기 패티 옮기기)의 약자일 뿐이다.

고용주의 입장에서 생각해야 한다. 패스트푸드 체인점 칙필레Chick-fil-A의 설립자 트루에트 캐시Truett Cathy는 이렇게 말했다. "일거리를 구하는 사람들이 있어서가 아니라, 우리가 필요해서 사람들을 고용한다." 회사는 여러분을 찾아 나서지 않는다. 회사는 업무적으로 모자란 부분을 딱 맞게 채워줄 수 있는 사람을 찾는다. 그러므로 회사가 원하는 부분을 찾은 후, 그 부분을 세상에서 제일 잘 채울 수 있는 사람이 바로 당신이라고 회사를 설득해야 한다.

스파이처럼 회사 정보 모으기

'돈'이라는 단순한 목표로 일을 찾는다면 운이 좋아야 그저 그런 일자리를 간신히 구할 수 있다. 열정도 기대도 없이 매일 출근 도장을 찍으며 한 달에 한 번 월급을 받을 것이다. 하지만 결국에는 일에 완전히 질려버리거나, 열정 없이 일하는 걸 알게 된 상사에게 해고당할지도 모른다. 어떤 경우든 비참하다.

그러니 '돈을 벌어야 한다'가 아닌 '경력을 쌓겠다'라고 생각하자. 일을 하면 돈만 벌 수 있지만, 경력은 일하는 목적을 찾아주고 나아갈 방향도 가르쳐준다. 경력을 쌓겠다고 다짐하고 목표를 세우자. 신문, 인터넷 구직 사이트, 헤드헌터 등 내가 원하는 직종의 구인 공고가 자주 올라오는 곳은 모두 살피자.

하지만 구직 공고에서는 진짜 좋은 직장을 찾기 힘들다. 이럴 땐 인맥을 적극 활용하는 게 좋다. 휴대전화에 저장된 연락처를 유심히 보면서 누가 나를 꿈의 직장으로 이끌어줄지 생각해보자. 나의 관심 분야에서 일하는 사람은 누구인가? 발이 가장 넓은 사람은 누구인가? 좋은 직장으로 나를 이끌어줄 인맥을 만들기 위해서는 SNS를 어떻게 활용해야 할까?

일하고 싶은 특정 회사를 생각해두었다면 그 회사에 대해 알아낼 수 있는 만큼 알아내자. 회사를 조사하고, 기업 홈페이지를 둘러보고, 그 회사에서 일하는 사람들과 이야기하자. 스파이처럼 정보를 모아야 한다.

작년에 우리 회사는 직원 공채에서 3500명 이상을 인터뷰하고 34명을 뽑았다. 합격률은 딱 1%였다. 계산해보니 하버드 입학 확률보다 우리 회사 입사 확률이 더 낮았다. 왜일까? 우리 회사가 일하기 아주 좋다는 걸 이미 사람들이 알고 있기 때문이다. 열정을 바탕으로 옳은 일을 하며 점점 발전하는 회사이기에 전국 각지에서 함께 일하고자 하는 사람들이 몰려든다. 우리는 우리 회사에 대해 아는 바가 없는 사람과는 시간을 보내지 않는다. 열정을 다해 함께 일할 사람은 차고 넘치고, 우리는 그들 중에서 직원을 뽑는다.

직장을 찾을 때는 주도적으로 행동해야 한다. 집에 앉아 가만히 합격 전화만 기다려서는 안 된다. 밖에 나가 사람들을 만나며 직접 문을 두드려야 한다. 고용주라면 누구나 자신의 회사를 원하는 사람을 원한다.

월급만 축내는 로봇으로 사무실을 채우려는 고용주는 없다. 나도 마찬가지다. 그리고 어쩌다 로봇 하나가 잘못 들어온다고 하더라도 장담하는데 얼마 못 가 책상을 빼게 될 것이다. 다른 직원들의 열정과 생산성에 기가 죽어 제 발로 떠나거나, 로봇을 끌고 가는 데 너무 지쳐버린 다른 직원들이 짐을 싸는 일을 도울 것이다. 하는 일 없이 월급만 갉아먹는 게으름뱅이 하나 때문에 시간을 버리기에는 중요한 일이 너무나 많다.

이력서를 쓸 때

원하던 회사와 연락을 주고받게 되면 새로운 사람과 친해지는 과정으로 생각하자. 파티에서 누군가를 만나 그의 직업을 물을 때 상대방이 하는 일의 역사나 세세한 업무 내용, 그 일을 이해하는 데 도움이 될 자료가 궁금해서 묻는가? 아니면 그냥 대화를 시작하고 싶었을 뿐인가? 새로운 사람을 알게 되었을 때 상대방이 어떤 사람이고 무슨 일을 하는지는 궁금하지만, 그렇게 세세한 정보까지는 듣고 싶지 않을 것이다. 이런 사람을 보면 오직 '나, 나, 나!'를 외치는 자기밖에 모르는 사람이라는 느낌이 들며, 다시 만나고 싶지 않다는 생각도 든다.

만약 면접장에 들어서며 이력서, 자기소개서, 경력증명서, 추천서 등으로 이루어진 두꺼운 종이 더미를 들이민다면 앞에 이야기한 사람과 다를 바 없다. 아직 여러분을 잘 모르는 면접관은 그런 정보까지는 받아들일 준비도 안 됐는데, 여러분은 지레짐작으로 면접관이 여러분에게 관심을 가지고 함께 시간을 보내고 싶어 한다고 착각한 것이다. 파티에서 새로운 친구와 사귀듯 천천히 속도를 조절하며 대화를 시작해야 한다. 첫 만남에서 좋은 결정을 하기는 어렵다. 천천히, 서로를 알아가는 시간이 필요하다.

직업 상담 전문가 댄 밀러Dan Miller는 자신의 책《나는 춤추듯 일하고 싶다》에서 원하던 기업과 인연을 쌓을 때 활용할 수 있는 정중하면서도 전문적인 방법 몇 가지를 소개했다.

1단계: 소개 편지

새로운 친구와 처음 인사하는 단계라고 생각하고 간단한 소개 편지를 쓰자. 이 편지로 회사의 레이더망 안에 들어갈 것이다. 우선 인사말을 쓰고 담당자에게 여러분의 이름을 알리자. 그리고 곧 이력서와 함께 다시 연락하겠다고 끝맺음 하자.

2단계: 자기소개서와 이력서

자기소개서는 한 페이지를 넘기지 말고, 되도록 세 문단 안에서 끝내자. 첫 번째 문단에서는 여러분을 짧게 소개하고 이전에 보냈던 소개 편지를 언급한다. 두 번째 문단에서는 왜 이 회사에서 일하고 싶은지 이야기한다. 이때, 여러분이 회사에 어떻게 도움이 될 수 있는지를 구체적으로 쓰자. 마지막 문단에서는 이력서를 보내고 난 후 언제 어떻게 다시 연락할지 계획을 쓴다. 뭉뚱그려 '관계자분께'가 아니라 담당자의 이름을 넣어 보낸다. 만약 여러분이 회사를 성실하게 조사했다면 담당자의 이름쯤은 이미 알고 있을 것이다.

이력서는 한 페이지를 넘겨서는 안 된다. 쓸데없는 내용으로 낭비할 시간이 없다. 중요한 내용만 쓰고 중요할수록 위쪽에 쓴다. 회사에 맞게 이력서를 쓰자. 회사가 요구하는 역량에 맞게 여러분이 할 수 있는 일을 쓰고, 그 회사의 인사과 직원이 탐을 낼 만한 성실함, 우직함, 충성심 같은 장점이 돋보이도록 쓴다.

서류를 대충 준비한 티가 나는 어이없는 실수를 남기지 말자. 제출하기 전에 실수 없이 완벽한지 10번 이상 확인하자. 자기소개서에 오타가 있으면 첫인상 점수가 깎일 수밖에 없다. 이메일 제목도 포함해 별것 아닌 사항에도 주의를 기울이자.

3단계: 전화 확인

자기소개서에 곧 전화할 날짜와 시간을 구체적으로 썼을 것이다. 반드시 전화하자. 미국 인구조사국의 보고서에 따르면 미국에 있는 기업의 98%는 직원이 100명도 채 안 된다고 한다. 이 말은 대부분의 회사에는 지원서를 거를 인사과가 따로 없다는 뜻이다. 아마 회사 부사장이나 팀장이 직원을 뽑을 것이고, 그들에게 이 정도의 전문성과 정중함을 보인다면 여러분은 다른 사람보다 훨씬 돋보일 수 있다.

면접을 볼 때

면접장에서는 자신을 잘 표현해야 한다. 여러분은 지금 상품이다. 상품의 가치와 장점을 잘 드러내 회사에 팔아야 하고, 최선을 다해야 한다. 깔끔하면서도 이미 회사에서 일하고 있는 듯한 옷으로 골라 입자. 지원하려는 회사를 연구할 때 그 회사 사람들이 어떤 옷을 입고 일하는지도 알아낸 다음, 같은 스타일로 입되 약간 더 신경 쓰고 면접장에 가자. 청바지에 슬리퍼를 신고 일하는 회사에 정장을 빼입고 가면 겉도는 듯한 인상을 줄 것이다. 여러분이 그 회사에서 일하는 모습이 상상되도록 회사와 어울리는 복장을 깔끔하게 차려입고 가자.

시간을 지키고, 회사 사람들의 이름을 기억하자. 악수할 때는 손에 힘을 실어 자신감을 보여주고 면접관과 적당히 눈도 마주치도록 한다. 첫 30초에 결정을 내리는 면접관이 많으므로, 면접에서는 무엇보다도 첫 인상이 중요하다.

•••• 부업 또는 사업 시작하기

여러분이 자산을 아무리 잘 관리해도 그저 돈이 더 필요할 때가 있다. 장기적으로 수입을 늘리려면 경력을 성실하게 쌓으면 된다. 직장에서 맡은 일을 잘 해내면 점차 연봉이 오르기 때문이다.

하지만 5년이 아니라 5분 안에 문제를 해결해야 하는 사람도 있다. 라디오를 진행하다 보면 이런 고민을 털어놓는 사람들이 많다. "저희는 걸음마 공식을 잘 실천하고 있어요. 직장도 괜찮고 하는 일도 좋아요. 곧 승진도 할 거고 상황은 점점 더 나아지고 있는데, 오늘 빚 독촉 전화가 왔어요. 당장 현금이 필요한데 어떻게 해야 할까요?"

단기 목표를 위한 부업

빚을 갚거나 비상자금을 마련하는 중이거나 집 계약금 또는 자녀 학자금에 보탤 목돈이 급하게 필요할 때가 있다. 이처럼 짧은 기간 안에 달성하고 싶은 목표가 있다면 부업을 생각해보자. 이미 풀타임으로 일하고 있거나 가족을 챙기느라 여유가 없는 사람도 있겠지만, 며칠간 부업을 할 수만 있다면 단기 목표에 시동을 거는 데 큰 도움이 된다.

이번 주에 피자 배달 아르바이트를 하기로 마음을 먹었다고 치자. 부업을 몇 년이나 하기를 바라지는 않지만, 돈의 주인이 되기 위해서는 잠시 희생을 감수해야 할 때가 있다. 6개월 동안 피자를 배달해서 빨리 빚을 갚아버릴 수만 있다면 고생한 보람이 있지 않을까? 다른 사람들과 똑같이 살지 않으려면 지금 그들과 다르게 일해야 한다.

20년 전, 빈털터리가 되고 나서 나 역시 이렇게 살았다. 빚이 엄청났고 경력도 잿더미가 됐다. 엉망진창인 상황을 해결하기 위해 얼마 동안 나는 미친 사람처럼 일했다. 회사를 막 시작했을 때는 무슨 일이든 했다. 어디든 갔고, 내 말을 들어주는 사람이라면 누구에게든 이야기했다. 하지만 이제 나는 그럴 필요가 없다. 내가 하고 싶은 일, 가고 싶은 곳을 고를 수 있다. 가족과 원하는 만큼 얼마든지 시간을 보낼 수 있다. 내 비서는 업무 시간의 반을 "아니요. 선생님 일정이 안 될 것 같네요."라고 말하는 데 쓴다.

나를 부르는 곳이면 어디든 가야 했을 때도 있었다. 하지만 그때 잠깐 치열하게 산 덕분에 이제는 더 이상 그렇게 살지 않아도 된다. 나는 다른 사람들과 다르게 살았고, 그래서 이제는 그들과 똑같이 살지 않을 수 있다.

작은 사업 시작하기

피자나 신문 배달을 잠깐 한다고 해서 절대 부끄러워할 필요가 없다. 오히려 돈의 주인이 되기 위해 뭐든 해내는 여러분의 강인함을 보여주는 시간이다. 그렇지만 부수입을 위해 꼭 버거 패티를 뒤집을 필요는 없다. 집에서 시작할 수 있는 사업을 구상하면 더 즐겁게 일하면서 돈도 많이 벌 수 있고, 새로운 소명을 발견할 수도 있다.

댄 밀러는 손 뻗으면 닿을 곳에 핀 꽃으로 인생이라는 부케를 만들라고 했다. 이 말은 자신의 삶을 돌아보면서 취미, 흥미, 열정을 파악하고 이를 어떻게 수입으로 연결할 수 있을지 고민하라는 뜻이다. 좋아하는 일을 하며 돈을 벌 수 있다면 정말 행복하지 않을까? 실제로 그렇게 하는 사람들이 있다. 그들은 매일 자신이 좋아하는 일을 한다.

여러분은 지금 '집에서 시작한 사업'의 성공담을 읽고 있다. 나는 우리 집 거실 테이블에서 사업을 시작했다. 책, 수업, 라디오 프로그램, 텔레비전 쇼, 강연이 있기 전, 거실에 접이식 테이블을 펼쳐놓고 열심히 아이디어를 짜던 데이브 램지가 있었다. 돈은 없었지만 열정이 있었고, 뼈 빠지게 일할 준비가 되어 있었다. 하늘은 나의 열정과 노력을 알아보았고, 꿈꾼 적 없던 큰 성공을 안겨주었다.

여러분도 세상을 바꿀 만한 일을 할 수 있다. 기숙사에서 마이크로소프트를 시작한 빌 게이츠Bill Gates나 부모님 차고에서 애플 컴퓨터를 시작한 스티브 잡스Steve Jobs, 차고를 개조해 만든 작업실에서 소품 상점 하비 로비Hobby Lobby를 시작한 데이비드 그린David Green을 생각해보라. 이 사람들을 떠올리면 불가능하다고 절대 말할 수 없다. 이들은 자본이나 경험 없이도 인플레이션과 석유파동으로 심각한 경제위기였던 1970년대에 이런 성공을 일궈냈다.

이처럼 작은 사업 아이디어로 직업을 바꾸고, 가난에서 부를 일군 어느 자매의 이야기를 소개하고 싶다.

2003년, 제인 델라니는 주머니에서 꼬깃꼬깃하게 접힌 5달러(약 5000원)짜리 지폐를 발견했다. 그녀는 그 지폐에서 영감을 받아 자본금 5달러로 사업을 시작했다. 제인과 그녀의 동생 제니는 일주일 식단을 짜고 식비를 계획해주는 온라인 서비스를 개발했다.

사용자들은 그들의 서비스를 이용하며 계획을 세운 덕분에 스트레스 없이 현명하게 돈을 쓸 수 있었다. 이용료는 한 달에 5달러였다. 2006년까지 이용자가 1000명이 넘었고, 이들은 〈데이브 램지 쇼〉에 광고를 의뢰하려고 나를 찾아왔다. 이들의 연 매출은 10만 달러(약 1억 원)로 전국 광고를 하기에는 무리였다. 나는 이들을 돕고 싶은 마음에 우리 회사 웹 사이트 광고 자리를 저렴한 가격에 주기로 했다.

온라인 광고 효과와 함께 그들의 동생 쥬디스가 회사 마케팅을 성공적으로 이끈 덕분에 자매의 사업은 폭발적으로 성장했다. 회사가 커지면서 이들은 〈데이브 램지 쇼〉 전국 광고도 할 수 있게 됐다. 10년 만에 이 서비스 이용자는 6만 명이 넘었고, 회사의 연 매출은 거의 400만 달러(약 40억 원)를 찍었다. 제인과 동생들, 그리고 그들의 남편 얼굴에는 웃음꽃이 피었다.

자매의 서비스를 이용하는 사람들은 식비를 계획하며 받는 스트레스를 줄이면서 가족과 함께 보내는 시간도 늘리고 돈도 아낄 수 있었다. 이런 좋은 서비스를 제공하는 대가로 자매들 역시 큰돈을 벌고 있다.

자매들의 서비스는 엄청난 성공을 거뒀다. 관심 분야와 열정을 수입으로 연결한 완벽한 예시다. 제인은 식당에서 음식을 나르며 부수입을 얻을 수도 있었지만, 아마 그랬다면 400만 달러까지는 벌지 못했을 것이다.

열정이 불타오르고 밤새 떠오르는 사업 아이디어가 있다면 지금 당장 시도해보자. 늦은 나이란 없다. 인종도, 장애도, 정치 성향도 문제가 되지 않는다. 그 무엇도 주어진 소명에 부응하며 불태우는 열정을 방해할 수는 없다.

톰의 경험담
미래가 안 보이던 일을 그만두고 리모델링회사를 차렸어요. 데이브 램지 선생님을 만나지 않았다면 불가능했을 일이죠.

직업이 나의 전부는 아니다

직업에 관한 이야기는 항상 재미있다. 열정적으로 설명하는 게 여러분 눈에도 보이지 않는가?

이 장을 끝내기 전에 꼭 하고 싶은 말이 있다. 나는 열심히 일하면 보상이 절로 따른다고 믿는다. 하지만 일로 자신의 가치를 판단하지는 않았으면 좋겠다. 여러분은 그보다 훨씬 더 가치 있다.

남성의 경우 특히 하는 일로 자신을 표현하는 경우가 많다. 나도 내가 하는 일에 열정이 있고 애착이 강하기 때문에 그들을 이해한다. 하지만 나에게는 일 외에 또 다른 면이 많이 있다. 나는 남편이자 아버지이고 종교인이기도 하다. 이런 측면의 모습과 일하는 내 모습도, 모두 다 나라는 사람의 일부다.

그러니 삶과 일의 균형을 유지하자. 일할 때는 열심히 일하고, 집에 있을 때는 열심히 쉬자. 무엇을 하든 주도적으로 신나게 열정을 쏟자. 하는 일이 죽기보다 싫다면 다른 일을 알아보자. 삶을 재미없게 만드는 일을 증오하며 평생을 보내지 말자. 어디로 가고 싶은지 계획을 세우고,

　　　　　　　　　　　　　　 ── 돈 없이도 돈 모으는 법

여러분을 그곳으로 데려다줄 일들을 실천하자.

엘리자베스의 경험담

일을 그만둘 필요까지는 없었어요. 태도를 바꾸니 모든 게 해결되더라고요. 가끔은 태도가 제일 중요한 것 같아요.

제가 해냈어요!

저와 아내는 7년 전, 대학생 신분으로 결혼했어요. 저는 부모님의 도움을 받아 학비를 냈고, 아내는 장학금을 받아 입학했는데도 졸업하기 한참 전에 잔고가 바닥나버렸어요. 최고의 아내와 함께 빚도 얻게 됐죠. 결혼 선물로 아버지에게 데이브 램지 선생님의 온라인 교육 수강권을 받았어요. 아버지는 선생님을 만난 후에 자신의 인생이 훨씬 나아졌다며 일찍 시작하지 않은 게 후회가 된다고 말씀하셨어요. 저는 좀 더 일찍 기회를 잡길 바란다고 덧붙이셨죠.

아내와 저는 대학을 졸업하고 직장을 구했어요. 아내는 가톨릭 학교 선생님이 됐고, 저는 이곳저곳을 거쳐 불우 청소년을 위한 쉼터에서 일하게 됐어요. 저희 부부가 하는 일은 연봉이 높지 않아요. 게다가 제 아내는 교육학 석사 학위를 따기 위해 대학원에 입학했죠. 얼마 지나지 않아 빚이 쌓이기 시작했고, 그제야 선생님의 프로그램을 자세히 들여다보기 시작했어요. 우선 책에 쌓인 먼지부터 털어내야 했죠. 돈 봉투 시스템을 시작하면서 저희는 원해서 쓰는 돈과 필요해서 쓰는 돈을 파악했어요. 모자란 수입을 보충하기 위해 저와 아내는 동시에 아르바이트 2~3개를 했어요. 부부가 함께 노력한 덕분에 2년 동안 빚을 3만 달러(약 3000만 원)나 갚았답니다. 저희는 이제 30대를 앞두고 있고 두 아이의 부모입니다. 주택담보대출 말고는 빚이 하나도 없고 퇴직연금 계좌에는 벌써 10만 달러(약 1억 원)나 모았어요. 조금만 절제하고 노력하면 통장 잔고는 끝도 없이 늘어날 수 있어요. 저희를 보면 아시겠죠?

― 네브래스카주 보이즈타운에서, 스콧

★ 이 장의 키포인트

1. 한 회사에서 40년간 일하던 시절은 갔다. 요즘 사람들은 20번 넘게 직장을 옮긴다.
2. 열정과 소명을 찾기 위해서는 강점과 약점을 파악해 자신이 어떤 사람인지 알아야 한다.
3. 이력서는 직업을 찾아주지 않는다. 면접을 볼 기회 정도만 줄 뿐이다.
4. 직업이 여러분의 전부는 아니다. 직업을 여러 가지 삶의 다른 요소들과 같은 비율로 놓자.

★ 복습해보자

1. 무슨 일을 하고 싶은가? 지금 하는 일이 그 일을 하는 데 어떤 도움이 되는가?
2. 경력을 쌓으려면 어떤 분야를 개발하고 배워야 하는가?
3. 여러분의 특기나 재능이 직장에 어떤 이득을 가져다주는가?
4. 워커홀릭은 왜 위험한가? 삶, 영혼, 가족, 인간관계에 어떤 영향을 끼치는가?
5. 빚을 청산하기 위해 수입을 늘리는 방법에는 무엇이 있는가? 사업 아이디어가 있는가?

12장

부동산

드림하우스를
악몽으로 만들지 않기 위해

나는 부동산을 아주 좋아한다. 부동산 사업가의 아들로 자라면서 부동산은 언제나 내 삶에서 아주 큰 부분을 차지했다. 어릴 적부터 나는 공손하고 어른스러운 태도로 전화를 받았다. 전화 한 통에 오늘 먹을 음식이 달려 있다고 부모님이 항상 말씀하신 덕분이다. 나와 통화를 한 부모님의 고객들은 '상담원'이 얼마나 상냥하고 도움이 되었는지를 칭찬하고는 했다. 그러면 아버지와 어머니는 "상담원이요? 저희 아들입니다."라며 웃었다. 이런 쪽으로는 내가 아주 타고났다는 이야기다.

　성인이 되고 2년 뒤 공인중개사 시험에 합격했다. 가족 중 그 누구도 놀라지 않았다. 20대 초반, 부동산은 내가 아는 세상의 전부였다. 몇십 년 동안 주택 경매와 부동산 투자를 하며 엄청나게 돈을 벌었고, 또 엄청나게 잃기도 했다. 부동산 투자를 잘못해서 20대에 빈털터리가 되었는데도 멍청한 결정을 내린 나 자신을 탓했을 뿐, 부동산이 싫어지지는 않았다.

지금까지 내가 소유했던 부동산만 해도 1000채가 넘는다. 어떻게 집을 사고팔아야 하는지, 은행이 주택담보대출 '상품'을 어떻게 판매하는지 아주 잘 안다. 부동산은 돈이 가장 많이 드는 투자이므로 더욱 신중하고 현명해야 한다. 어떻게 해야 부동산으로 돈을 벌 수 있을지 이제부터 자세히 알아보도록 하자.

⋯• 마침내 모든 빚을 청산했다면

걸음마 공식을 따라 여기까지 왔다면 아마 인생이 꽤 달콤해졌을 것이다. 그렇지 않은가? 아직 실천하는 중이라면 상상해보자. 집을 사면서 진 빚이 유일하고, 월급 없이 3~6개월을 살아도 끄떡없을 1만 달러(약 1000만 원) 정도의 비상자금도 마련했다. 은퇴 후에도 멋지게 살기 위해 수입의 15%를 퇴직연금에 저축하고 있고, 자녀를 위해 학자금도 모으고 있다. 그런 우리는 이제 아주 중대한 갈림길에 서 있다.

걸음마 공식 6단계 주택담보대출 청산하기

오랫동안 사람들을 지켜본 결과, 이 단계에서 노력이 꽃을 피우기도 했지만 완전히 물거품이 되기도 했다.

이 단계에 들어선 사람들은 느긋하게 앉아 그간의 길을 돌아보며 '와, 정말 멋진데? 이제 좀 쉬어도 되겠어.'라고 생각하기 쉽다. 하지만 그래서는 안 된다. 결승점을 앞에 두고 여러분의 노력이 물거품이 되지 않았으면 좋겠다. 이 지점까지 오며 오랫동안 고생했다는 사실을 잘 알지만 조금 더 힘을 내야 한다. 포기하기에는 목표가 바로 코앞에 있다. 여러분이 여기까지 올 수 있도록 도와준 가젤의 집중력을 잃지 말자. 집중하고, 맞서 싸우며, 그 어떤 장애물보다 높은 주택담보대출을 뛰어넘자. 이제까지 달려온 속도를 늦추지 말고 아낄 수 있는 만큼 최대한 아껴가며 빚과 영원히 작별하자.

루의 경험담

집을 살 수 있다는 말은 곧, 걸음마 공식 1~3단계를 해치워야 한다는 뜻이더라고요.

•••• 집을 잘 팔기 위해서는

부동산 업계는 파는 쪽과 사는 쪽, 둘로 나뉜다. 거주 목적이든 투자 목적이든 매물을 잘 사고파는 능력은 매우 중요하다. 앞서 이야기했듯 나는 부동산 거래를 아주 오랫동안 해왔기에 여러분의 목적이 무엇이든 꼭 알아야 할 모든 사항을 짚어줄 수 있다.

모델하우스를 떠올려라

집을 팔 때는 여러분이 백화점 사장이라고 생각하자. 백화점에 갔는데 바닥은 더럽고 쓰레기는 여기저기 널려 있고 상품은 아무렇게나 쌓여 있다면 고객들은 이곳을 어떻게 생각할까? 절대 좋게 평가하지 않을 것이다. 집을 내놓았다면 여러분의 집도 백화점이나 마찬가지다. 친구들이 아닌 고객이 집으로 찾아오기 때문이다.

집은 완벽한 상태여야 한다. 집을 내놓은 순간부터 '내 집'의 주인은 더 이상 내가 아니다. 우리는 지금 모델하우스에 들어와 있다. 아이들이나 배우자, 또는 룸메이트에게 이제부터 우리는 가게 유리창 앞에 선 마네킹이라고 이야기하자. 물건의 품질을 확인하기 위해 구석구석을 살피는 고객에게 한쪽에 처박힌 꼬질꼬질한 운동화나 식탁 위에 널브러진 오래된 청구서를 보여서는 안 된다. 집을 팔 기회를 영영 잃을지도 모른다.

혹시 반려동물을 키우는가? 집을 팔 때는 반려동물이 없는 편이 유리하다. 여러분의 고양이가 얼마나 귀엽고 애교가 많은지는 상관없다. 예비 구매자가 고양이를 본다면 집의 상태와는 상관없이 모래가 잔뜩 쌓인 고양이 화장실부터 생각할 것이다. 집 안에서 고양이 똥 냄새가 난다고 생각할지도 모르겠다. 고양이 한 마리 때문에 1만 달러를 손해 볼 수도 있다. 백화점 사장처럼 생각하라는 말을 잊어서는 안 된다. 명품관을 돌아다니는 동물을 본 적이 있는가? 반려동물이 집을 보러 온 사람들에게 마구 치근대지 않도록 미리 방법을 생각해두자.

다음은 우리 집을 팔리는 집으로 만들어줄 아주 쉬운 인테리어 팁들이다.

- 전등에 100와트짜리 밝은 전구를 끼운다. 조명이 밝으면 방이 더 넓고 환해 보인다.
- 싱크대를 깨끗하게 치운다. 집을 사는 사람은 고급 찻잔 세트에 관심이 없다. 물건을 꺼내놓은 만큼 싱크대가 좁아 보일 뿐이다. 여러분의 물건을 보여주는 대신, 그들이 자기들의 물건을 올려놓는 상상을 할 수 있게 도와주자.

- 옷장과 창고를 정리한다. 미리 이사 준비를 한다고 생각하면 쉽다. 잡동사니를 정리해 수납공간이 충분하다고 생각하게 하자.
- 집을 사기로 한 사람이 최종 점검을 위해 방문할 때는 방에 초를 켜자. 구매자가 따뜻하고 안정적인 기분을 느끼며 편안하게 집을 둘러보는 데 도움이 될 것이다.
- 이 책의 6장에서 향이 구매 결정에 어떤 영향을 끼치는지 이야기했다. 여러분도 손님이 집에 오기 전에 빵이나 과자를 구워보자. 현관에 들어서는 순간 달콤한 냄새가 사람들을 자극할 것이다.
- 자잘한 소품은 싹 치우자. 사람들이 발에 걸려 넘어질 수도 있다. 여러분의 취향을 드러내는 대신, 넓어 보이면서도 깔끔하게 정돈하자. 손님이 자신의 취향으로 이 집을 꾸미는 상상을 할 수 있도록 공간의 여유를 주자.
- 먼지를 털고, 청소기를 돌리고, 거미줄을 없애자. 내놓은 집은 언제나 깨끗해야 한다.
- 집 밖에 나가 있자. 그들이 자신들을 집 주인처럼 생각하게 만들어라.

팔리는 집으로 단장하고 싶다면 꼭 알아두길 바란다. 시간이나 돈이 많이 드는 방법이 아님에도 여기에서 절반도 실행하는 사람이 없기에 누군가는 분명히 이 집에 끌리게 되어 있다.

깔끔하게 수리하자

집 매물 광고를 보고 있자면 '집값에서 벽지와 장판 비용 빼드립니다.'라는 문구를 쉽게 볼 수 있다. 이 말이 무슨 의미인지 아는가? 집을 알아보는 사람이 이 문구를 보면 아마 바로 시궁창을 떠올릴 것이다. 이 말은 집을 깔끔하게 관리하지 못할 만큼 집주인이 가난하거나 게으르다는 뜻이다. 벽지와 장판에 문제가 있다는 사실을 알면 집을 사는 사람은 집 안 곳곳에서 다른 트집거리를 찾아내려 할 것이고, 아마 그리 어렵지 않게 찾아낼 수 있을 것이다.

돈이 들더라도 집을 수리하는 게 투자 대비 훨씬 이득이다. 새로 벽지를 하고, 장판을 깔고, 기본적인 청소를 하는 데 드는 1000달러(약 100만 원)를 절약하고자 그냥 집을 파는 집주인이 수없이 많다. 하지만 그들이 잊은 사실이 하나 있다. 청소와 수리비로 당장은 1000달러를 아낀다고 하더라도 낡은 집을 꾀죄죄하게 방치하는 바람에 집이 2개월 이상 늦게 팔릴 수 있다. 매달 대출상환금이 1500달러(약 150만 원)라면 수리비 1000달러를 아끼려다 3000달러(약 300만 원)를 날리는 꼴이다. 이런 관점에서도 생각해본 뒤 무엇이 더 중요한지 제대로 결정하자.

이처럼 집 내부를 잘 꾸며야겠지만 일단 누군가가 집을 보러 들어와야 의미가 생긴다. 그러니 앞마당에도 신경을 써야 한다. 집을 보러 다니는 사람들은 차에서 내리기도 전에 집을 평가하기 시작한다. 무성한 잡초와 여기저기 솟은 수풀로 어지러운 관리 안 된 마당이나, 자전거가 아무렇게나 널브러져 있고 문은 찌그러진 차고를 보면 집 안도 딱 그 정도 수준이라고 예상하게 된다. 그 후부터는 색안경을 끼고 집을 둘러보게 되므로 앞마당 관리에 절대 소홀해서는 안 된다. 1970년대에 앞마당에 잡초가 무성한 주택을 샀다. 마당이 온통 수풀로 뒤덮여 있었는데 귀엽게 봐줄 만한 정도가 아니라 최소 25년은 넘게 방치된 것 같았다. 어느 정도였냐면 덤불이 곧 집을 잡아먹을 듯 아주 빽빽했다. 집 관리인에게 잡초를 전부 제거하고 보다 깔끔하게 마당을 꾸며달라고 부탁했다. 며칠 뒤 정리를 마쳤다기에 차를 몰고 집으로 향했는데, 믿을지 모르겠지만 집을 그대로 지나쳐버렸다. 수풀을 정리하고 나니 마당이 훨씬 더 넓고 멋져 보였다. 수풀을 치워버리기 전에는 상상도 하지 못했던 아주 크고 멋진 집이었다. 그 뒤에 외벽 페인트칠을 몇 번 했더니 집은 금세 팔렸다.

매물 광고를 내기 전에 집을 선보일 준비를 완벽하게 끝내라. 차로 동네를 한 바퀴 돌고 난 뒤 마치 집을 처음 보러 온 사람처럼 마당에 차를 세워보자. 집을 사려는 사람의 눈으로 꼼꼼하게 살펴보면서 고칠 부분이나 눈에 띄는 이상한 부분은 없는지 찾아내 곧장 처리하자. 현관 앞도 둘러보자. 문 앞에 매트가 제대로 놓여 있는지 구석에 거미줄은 없는지, 아이가 던져놓은 야구 운동화가 흙이 잔뜩 묻은 채로 아무 데나 놓여 있지는 않은지. 집 안도 역시 구석구석 둘러보며 고칠 점을 찾자. 집을 보러 오는 사람들은 그 집에 사는 자신의 모습을 상상하고 싶어 한다. 여러분은 그 상상에 방해되는 부분을 수리하고 치우고 정리하면 된다. 페인트를 칠하고, 잔디를 깎고, 벽지를 새로 바르고, 수리해야 할 부분을 수리하고, 약간의 솜씨를 발휘하면 만족스러운 가격으로 집을 빨리 팔 수 있다. 꼭 실행에 옮기자.

웹과 모바일을 활용하자

30년 전, 집을 파는 일을 막 시작했을 때는 무조건 발품을 팔아야 했다.

집을 사려는 사람들을 차에 태우고 함께 집 구경을 다녔다. 하지만 요즘은 부동산에 가기 전에 원하는 집의 사진이나 동영상을 볼 수 있고 세부 사항도 미리 조사할 수 있다. 웹과 모바일 덕분에 집을 사고파는 과정이 혁신적으로 바뀌었다.

1995년에는 미국인의 2%만 인터넷을 활용해 집을 샀다. 이 숫자는 불과 10년 뒤인 2005년, 77%로 늘어났고 2010년에는 더욱 폭발적으로 늘어나 90%나 되었다. 그러니까 열에 아홉은 마당에 발을 들이기도 전에 이미 그 집을 속속들이 알고 있다는 뜻이고, 이 말은 아예 집을 찾아오지 않는 사람들도 늘어난다는 이야기다.

인터넷에 올린 사진의 화질이 별로일 수도 있고, 사진 자체가 너무 어둡거나 구도를 잘못 잡은 탓에 방이 실제보다 작아 보일 수도 있다. 사진만 보고 집을 보러 오지 않을 이유는 수도 없이 많다. 언제부턴가 사진을 어떻게 찍느냐가 집을 파는 데 가장 중요한 문제가 됐다. 부동산 광고 페이지에 올라갈 대표 사진 한 장에 심혈을 기울이자.

일 잘하는 중개인을 찾자

집을 파는 데 잔뼈가 굵은 부동산 전문가가 아닌 이상, 중개 수수료를 내더라도 일 잘하는 중개인을 만나야 한다. 장담하는데 절대 수수료가 아깝지 않을 것이다. 집을 사는 사람들은 중개인 없이 집주인과 직접 계약하는 거래에 혹한다. 중개 수수료를 내지 않는 만큼 집값을 잘 쳐주리라 기대하는 것이다. 실제로 미국 부동산 협회National Association of Realtors에 따르면 중개인을 끼고 판 집값의 중앙값이 직접 거래한 금액보다

16%나 더 높았다고 한다.

일 잘하는 중개인은 값을 더 잘 쳐서 집을 파는 것은 물론, 서류 작성 등 보통 사람들이 모르는 세세한 부분까지도 세심하게 도움을 준다. 중개인은 평생 이런 일을 하며 먹고사는 사람이고, 평범한 사람은 집을 팔 기회가 그다지 많지 않은 데에 비해 이들은 1년에도 수십 채를 거래한다. 하지만 다른 업계와 마찬가지로 상위 20%의 중개인이 업계를 활보한다. 부동산을 둘러보면서 누가 매물을 제일 많이 가졌는지, 광고에 많이 투자하는 중개인은 누구인지, 이웃이 집을 팔 때 누구와 일했는지, 모바일이나 웹을 적절하게 활용하는 중개인은 누구인지 철저히 조사하자.

중개인은 전문적인 서비스를 제공하는 사람이므로 무턱대고 아무에게나 일을 맡겨서는 안 된다. 함께 일하기 전에 면접을 보듯 깊은 대화를 나누어야 하고, 가족이라는 이유로 거래 경험이 없는 조카에게 일을 맡겨서도 안 된다. 여러분은 지금 가족이 아닌 전문가가 필요한 상황이다. 다시 한번 말하지만 집은 돈이 가장 많이 드는 투자다. 무엇을 해야 하는지 모르는 사람에게는 절대 투자를 맡겨서는 안 된다.

전문가라면 대화를 꺼릴 이유가 없다. 중개인을 직접 만나 집을 판 경험이 많은지 확인해보자. 작년에 집을 12채 팔았다면 한 달 평균 1건을 거래했다는 이야기인데, 그 정도로는 부족하다. 적어도 작년 한 해 동안 50건 이상 거래를 성사시킨 중개인에게 일을 맡기자. 그리고 그에게 왜 자신에게 일을 맡겨야 하는지 설명해보라고 하자. 이제까지 거래를 얼마나 성사시켰는지 확인하고, 이 중개인을 통해 집을 팔았던 사람들도 만나 궁금한 것들을 물어보자. 만약 기업에서 컨설턴트를 고용한다면,

그 일을 원하는 사람이 어떻게든 찾아와 왜 자신이 적임자인지 집요하게 설득할 것이다. 부동산 중개인도 마찬가지다. 대충 아무나 찍어 일을 맡기지 말자. 한 번의 선택으로 큰돈이 왔다 갔다 하는 건 물론이고, 그 결과가 아주 참혹할 수도 있다.

나는 할 수 있는 한 최대한 저축하라고 언제나 잔소리를 하지만, 부동산 관련해서는 돈을 아끼지 말라고 권한다. 일 잘하는 중개인을 찾아 빨리 집을 파는 게 여러모로 이득이다.

●●● 집을 잘 사기 위해서는

자기 명의의 집은 반드시 있어야 한다고 생각한다. 집은 사람들이 이루고 싶어 하는 꿈의 결정체이며, 살면서 누릴 수 있는 가장 큰 축복이다. 물론 집을 나쁜 조건에 사고팔거나, 엄청나게 빚을 져서 사거나, 다른 사람의 꼬임에 넘어가 다 쓰러져가는 집을 산다면 악몽이 될 수도 있다. 집을 사는 사람이 알아야 할 내용들을 살펴보자.

집은 좋은 투자 수단이다

집이 좋은 투자처인 이유는 크게 세 가지다.

1. 강제로 저축을 하게 된다

집을 사려면 돈이 아주 많이 든다. 아마 여러분이 평생 사게 될 물건 중에 가장 비쌀 것이다. 하지만 집을 사는 데 쓰는 돈을 아깝게 생각해서는 안 된다. 집을 사면 강제로 저축을 하게 된다는 장점이 있다. 현금으로 사든 주택담보대출을 받든, 20만 달러(약 2억 원)짜리 집을 산다고 생각해보자. 대출을 받은 경우 빚이 0이 될 때까지 차근차근 상환금을 갚아나가야 한다. 15년 만기 대출을 받았다면 그 집은 15년 뒤에 영원한 여러분의 소유물이 된다. 15년 안에 집값이 오르지 않더라도 상관없다. 어쨌든 그 덕분에 여러분은 20만 달러를 모을 수 있었다. 돈은 집을 사면서 사라지지 않고 고스란히 집에 남아 있다. 게다가 평생 그 집에서 걱정 없이 살 수도 있다.

2. 인플레이션 대비책이다

지난 몇십 년간 미국의 인플레이션은 3~5% 정도다. 이 정도라면 크게 부담되지 않는 수준이다. 하지만 1978년에 부동산 중개업을 막 시작할 때는 인플레이션이 말도 안 되는 수준이었다. 집값이 매년 12%씩 올랐다. 여러분이 집을 사는 쪽이면 가슴 시렸겠지만, 집을 파는 사람에게는 아주 좋은 기회였다. 인플레이션은 집의 가치를 점점 더 높여줄 것이고, 집을 가지고 있다면 이러한 상황을 동요 없이 그저 즐길 수 있다. 하지만 집이 없다면 집값이 오르는 상황에서도 아무런 이득을 볼 수 없고, 진입장벽이 높아지는 탓에 점점 더 게임에 합류하기 힘들어진다.

3. 세금 없이 가치가 오른다

이 책의 10장에서 내가 제일 좋아하던 말이 무엇인지 기억하는가? 바로 '비과세'이다. 세금을 내지 않아도 되는 투자 상품은 그리 많지 않은데, 집은 그중에서도 가장 좋은 수단이다. 물론 집을 팔 때 양도소득세를 내야 하지만, 조건에 따라 면제가 되는 경우도 많아서 시세 차익으로 아주 큰 이득을 볼 수 있다.

중개인을 통해 집 구입하기

부동산 중개인을 통해 거래하면 각종 서류를 처리할 때 도움을 받을 수 있고, 크게 고생하지 않고도 드림 하우스에 근접한 집을 찾을 수 있어서 좋다. 그들은 집을 사려는 여러분에게 적당한 질문을 던지면서 찾아야 할 집을 구체적으로 파악하고, 구매 과정이 원활하도록 돕는다.

중개인들은 매물 정보 공유 시스템인 MLS Multiple Listing Service에 접속할 수 있기 때문에 여러분이 원하는 집을 훨씬 효율적으로 찾을 수 있다. 이 시스템을 이용하지 않으면 웹 검색을 하거나, 집주인과 직접 거래하거나, 또는 동네를 돌아다니며 전봇대에 붙은 전단지를 하나하나 살피는 수고를 감수해야 한다.

하지만 중개인을 끼고 집을 살 때 주의해야 할 사항이 하나 있다. 안타깝게도 형식적으로만 일하는 중개인들이 있다. 이해는 한다. 집 가격에 따라 수수료가 달라지기 때문에 그들은 제값을 받는 게 훨씬 더 유리하다. 그러나 집을 사려는 사람의 중개인으로서 일하면서도 이런 태도를 버리지 못한다면 좋은 중개인이라고 할 수 없다. 내 목소리를 대신 내줄 사람이 나에게 이득이 되는 거래를 기꺼이 진행해줄지 확신이 설 때까지 검증하고 또 검증하자.

집을 살 때 고려할 점

중개인에게 일을 맡기든 혼자 집을 구하든 기억해야 할 사항들이 있다. 아주 기본적인 것도 있지만 이것마저 놓치는 사람들을 너무나 많이 봐 왔기에 하나씩 짚고 넘어가도록 하겠다.

1. 위치가 최고다

오래된 말 중에 이런 말이 있다. '좋은 동네에 있는 집은 그 가치가 점점 오르며, 집값은 보통 세 가지 요소로 매겨진다. 첫째도 위치, 둘째도 위치, 셋째도 위치다!' 뻔한 말이지만 사실이다. 낡아서 다 쓰러져가는 트레일러를 미시시피주나 아이오와주 한복판에 가져다놓으면 2000달러(약 200만 원)에 팔기도 힘들 것이다. 반면 똑같은 트레일러를 말리부 해변에 가져다놓으면 100만 달러(약 10억 원)는 가뿐히 받을 수 있다. 집이 아니라 집이 깔고 앉은 땅이 핵심이라는 말이다. 그러니 생활, 교통, 학군 등 집의 가치에 영향을 줄 수 있는 여러 위치적 요소들을 고려해야 한다. 부동산은 위치가 가장 중요하다.

2. 시세 대비 저렴한 집을 사라

절대, 절대 남들보다 비싸게 집을 사지 말자. 당연히 그럴 거라고 생각하지만 이를 지키지 않는 사람들을 셀 수도 없이 많이 만났다. 집이 얼마나 좋고, 꿈에 그리던 집과 얼마나 비슷한지는 상관없다. 시세 대비 비싸게 집을 사면 멀리 보았을 때 무조건 손해다.

일반적으로 집값은 시간이 지날수록 점점 오른다. 하지만 그 동네에서 가장 비싼 집을 사면 이웃집과 비교해 집값이 아주 천천히 오른다. 또한 팔기도 쉽지 않다. 이유는 간단하다. 30만 달러(약 3억 원)짜리 집을 찾는 사람이 20만 달러(약 2억 원)짜리 집이 모여 있는 동네를 둘러볼 가능성이 없기 때문이다. 반면 괜찮은 집이지만 시세 대비 가격이 저렴하다면 집값이 큰 폭으로 상승할 가능성이 크다. 집을 팔 때 누구보다도 이득을 많이 볼 수 있을 것이다. 건너편 집은 비싸서 팔리지 않는 와중에 집을 싸게 내놓고도 이익을 많이 챙기는 집주인을 여럿 봤다. 여러분도 그렇게 해야 한다.

3. 산 좋고 물 좋고 경치 좋은 곳을 찾아라

호숫가 바로 앞에 있는 집과 호숫가에서 길 하나 건너편에 있는 집은 값 차이가 엄청나게 크다. 물은 집의 가치를 끝없이 올려준다. 집 옆에 작은 연못이라도 하나 있으면, 동일한 형태의 집이 다른 곳에 있을 때보다 훨씬 좋은 값을 받을 수 있다.

산도 마찬가지다. 산자락과 산꼭대기에 각각 같은 집을 지어도, 산꼭대기 집이 훨씬 인기가 좋다. 산꼭대기까지 드나들기란 쉽지 않지만, 창문으로 보이는 탁 트인 경치는 다른 집에서 누릴 수 있는 모든 편리함을 이길 만큼 강력하다. 만약 경치 좋은 집을 팔 때가 오면, 집 앞 경치를 360도 파노라마 동영상으로 찍어 인터넷에 올리자. '매일 아침, 그림 같은 풍경을 즐길 수 있습니다!'라는 문구를 더하면 집 내부 사진은 첨부할 필요조차 없을지도 모른다.

4. 수리를 감안하고 집을 살펴라

낡은 장판, 촌스러운 벽지, 형편없는 마당 조경, 벽에 붙은 록 가수 포스터를 눈 딱 감고 못 본 체하면 좋은 조건에 집을 살 수 있다. 이런 부분은 어떻게든 바꿀 수 있는 것들이다. 바꾸고 난 이후를 상상할 수 있을 만큼 훌륭한 안목을 가진다면, 좋은 조건에 집을 살 수 있다.

경매로 집을 구매하던 재미에 푹 빠져 있던 어느 날, 어쩌다 알게 된 한 젊은 부부가 집을 구하고 있다며 나에게 도움을 요청했다. 그리고 얼마 후 경매로 나온 집을 하나 찾았고, 본래 가치가 14만 달러(약 1억 4000만 원) 정도인 집을 6만 달러(약 6000만 원)에 샀다. 그리고 이 부부에게 바로 전화해서 이야기했다. "원래 가격에 반값도 안 되는 돈으로 집을 샀습니다. 두 분께 6만 5000달러(약 6500만 원)에 드릴게요. 시장 가치의 반도 안 되는 가격에 아주 좋은 집을 사시는 겁니다."

정말 괜찮은 거래 아닌가? 14만 달러짜리 집을 6만 5000달러에 사면 7만 5000달러(약 7500만 원)나 싸게 주고 사는 셈이었다.

며칠 뒤, 그 집 앞에서 부부를 만났다. 여자가 집으로 들어간 지 몇 분 만에 나오더니 "살 수 없을 것 같아요."라고 말했다. 이유를 묻자 "장판이 정말 마음에 안 드네요."라고 답했다.

나는 어안이 벙벙해져서 여자에게 이렇게 이야기했다. "이 집을 반값도 안 되는 돈으로 사는 건데요? 7만 5000달러면 동네 전체에 장판을 깔고도 남아요." 몇천 달러면 장판을 새로 깔 수 있고 자신이 꿈꾸던 집으로 꾸밀 수 있는데, 이 여자는 자신이 무엇을 할 수 있을지 생각하지 못하는 듯했다. 결국 이 부부는 집을 사지 않았고, 나는 좀 더 상상력이

풍부한 사람에게 집을 팔아서 보다 큰 이익을 남겼으니 결코 손해는 아니었다.

구조가 이상하거나 설계에 문제가 있는 집이라면 쉽게 바꿀 수 없는 부분이므로 깨끗이 포기하고 다른 집을 찾아야 한다. 하지만 외벽 페인트가 조금 벗겨졌거나, 유행이 지난 장판이 깔려 있다는 이유로 괜찮은 거래를 날리지는 말자. 고칠 수 있는 문제라면 마음에 들지 않아도 눈 딱 감고 넘어가자.

5. 주택 점검과 감정을 받자

주택검사원에게 점검◆을 받지 않은 집은 절대 사지 말자. 주택검사원은 집의 기반부터 지붕까지 나중에 문제가 생길 수 있는 부분을 조사할 자격과 지식을 가진 사람들이다.

주택 감정도 반드시 받아야 하는데 여기서 주의할 점이 있다. 주택 감정이란 집의 가치가 얼마인지 다른 사람의 의견을 듣는 일인데 간혹 지나치게 거래에 개입하는 감정사들도 있다. 실제 시장 가치를 바탕으로 감정하기 때문에 대부분 객관적인 의견을 들을 수 있지만, 자기 마음대로 집의 가치를 결정하고 자신의 말이 곧 법이라고 우기는 감정사들이 있다. 이들은 피해야 한다.

◆ 전기, 배관, 수도, 냉난방 시스템, 구조물 등을 검사한다. 미국에서는 개인이 의뢰해 주택 검사를 받을 수 있다.

6. 이동식주택이나 휴가용 주택은 피하라

이동식주택이나 여러 명이 함께 사용하는 휴가용 주택은 절대 사지 말자. 이 주택들은 가치를 측정할 수조차 없다. 이동식주택은 살림이 가능한 자동차나 마찬가지고, 그 안에 물건이 들어차는 순간부터 가치가 급격하게 떨어지기 시작한다. 구매가로는 절대 팔 수 없고 아예 못 파는 경우도 아주 많다. 돈의 관점에서 보면 아주 끔찍한 주택이다.

여러 사람이 기간을 정해 사용하는 휴가용 주택도 마찬가지다. 계약서에 서명하는 순간 영원히 안고 가야 할 짐을 지는 셈이다. 휴가용 주택은 중고시장이 형성되어 있지 않아 되팔 수도 없다. 연간 유지비와 관리비는 말도 안 되는 수준이다. 계약에 발이 묶이기 전에 평생 짐을 지고 살 자신이 있는지 스스로에게 끊임없이 물어라. 휴가용 주택은 가지도 않을 휴가를 위해 매년 관리비를 내며 끊임없이 돈을 버리는 가장 확실한 방법이다. 가까이하지 말자.

··• 피해야 할 주택담보대출 상품

엄청나게 끔찍한 주택담보대출 상품들이 많다. 경제위기로 대출을 강력하게 규제하며 보기 힘들어진 상품도 있는가 하면, 아직도 위험하게 시장에 남아 있는 상품도 있다.

변동금리대출

최악의 대출 상품은 언제나 변동금리대출ARM; Adjustable Rate Mortgate이다. 변동금리대출은 1980년대 초, 이자율이 지붕을 뚫을 정도로 치솟았을 때 시작됐다. 내가 부동산에서 일하던 시절에는 시장 금리가 전반적으로 높아, 은행이 새로운 고객을 유치하기 위해서는 저축 상품과 머니마켓 계좌의 이자율을 높여야만 했다. 당시에는 연이율이 12%나 되는 계좌도 흔히 볼 수 있었다. 하지만 당시 은행이 보유한 대다수의 오래된 주택담보대출의 연이율은 단 6~8% 수준이었다. 저축 계좌에 지급해야 할 이자는 12%인데, 오래된 대출 계좌에서 받을 수 있는 이자는 6~8%밖에 안 됐다. 문제가 보이는가? 은행이 돈을 더 벌 장치를 마련해야 했다는 이야기다.

그래서 은행은 변동금리대출을 생각해냈다. 이자율을 조정할 수 있는 대출 상품을 팔면, 금리가 또 오르더라도 골머리를 썩을 일이 없을 것이기 때문이다. 변동금리대출은 기준 금리가 오르는 상황에서도 은행이 망하지 않도록 만들어진 상품이다. 돈을 빌리는 사람에게 그 위험을 떠넘긴다. 특히 요즘처럼 금리가 아주 낮은 시기에는 앞으로 금리가 오르기만 할 확률이 훨씬 높다. 그러니 변동금리대출에 걸려들지 말자. 만약 이미 대출을 받았다면 오늘 당장 고정금리 상품으로 갈아타자.

변동금리대출을 이야기할 때 '만기 일시 상환'이라는 말을 들어본 적이 있을 것이다. 만기 일시 상환이 나쁜 이유는 간단하다. 이자만 갚기 때문이다. 30년 동안 밀리지 않고 돈을 내도 원금이 고스란히 남아 있는 이유다. 만만해 보이는 월 상환금으로 사람들을 유혹해, 갚을 능력도 안 되는 집을 사게 만든다. 이런 속임수에서 당장 멀어지자.

격주 상환

격주 상환은 겉으로 봤을 땐 괜찮아 보인다. 이 상품에 가입하면 월 상환금을 반으로 나누어 2주에 한 번씩 대출금을 갚게 된다. 1년 동안 26번 내게 되므로 월 단위로 상환할 때보다 대출금을 당연히 더 빨리 갚을 수 있다.

여러분이 대출금을 빨리 갚으면 좋겠지만 이런 상품 없이도 알아서 충분히 할 수 있다. 괜히 이 상품을 이용하며 수수료를 더 내지 말자. 빚을 빨리 갚고 싶다면 원금을 주기적으로 조금씩 더 갚으면 된다.

대출 세액공제에 대한 잘못된 믿음

〈데이브 램지 쇼〉에 전화 연결을 해서 가끔 나와 언쟁을 벌이는 사람들이 있다. 내가 주택담보대출을 포함해 빚이라는 빚은 최대한 빨리 갚으라고 하기 때문이다. 미련한 사람들은 "선생님, 주택담보대출을 빨리 갚아버리면 세액공제 혜택을 받을 수 없어서 오히려 손해예요."라고 말한다. 하지만 이 이론은 계산이 틀렸다. 제대로 계산해보는 사람은 없고 거짓을 퍼뜨리는 사람만 많은 잘못된 믿음이다. 하지만 나는 차분히 앉아 제대로 계산했고, 그 결과를 다음과 같이 정리했다.

주택담보대출의 월 상환금이 900달러(약 90만 원)이고 이 중 이자가 830달러(약 83만 원)라면, 1년에 대출 이자만 1만 달러(약 1000만 원)를 내는 셈이다. 물론 이 금액에 대해서는 세액공제 혜택을 받을 수 있지만, 만약 갚아야 할 대출금이 없다면 애초에 이 혜택을 받을 필요조차 없다.

반면 대출을 받지 않고 과세표준 구간에 따라 30%의 세율을 적용받는다고 해보자. 그럼 1만 달러의 30%인 3000달러(약 300만 원)가 세금으로 나간다. 3000달러의 세금과 1만 달러의 대출 이자, 당신은 무엇을 선택하겠는가? 대출 이자로 1만 달러를 내느니 나는 빚 없이 살면서 세금 3000달러를 내겠다.

계산도 할 줄 모르는 금융인이 이토록 많다니 정말 놀라울 따름이다.

··· 집 살 때, 이렇게 사자

집을 살 돈을 구하기 위한 여러 가지 방법들을 짧고 간단하게 설명했다. 사실 지금까지 말하지 않고 아껴둔 방법이 몇 가지 더 있는데, 앞에서 이야기한 그 어떤 방법보다도 매력적이다. 꼼꼼하게 읽어두자.

계약금 100%로 집을 사자

나는 이 방법을 '계약금 100%로 집 사기'라고 부른다. 그러니까 현금으로 집을 사라는 이야기다. 사람들은 비현실적인 방법이라고 이야기한다. 하지만 정말 그런가? 그렇다면 5년 동안 허리띠를 졸라맨 덕분에 현금으로 생애 첫 집을 장만했다며 나를 찾아와 기쁨을 나누는 젊은 부부들은 어떻게 된 걸까? 할 수 없다고 말하지 말자. 물론 '평범'한 방법은 아니지만, 우리는 평범하게 살고 싶지 않아서 이렇게 돈 이야기를 하고 있지 않은가.

〈데이브 램지 쇼〉 청취자 중 가장 기억에 남는 사람은 클리블랜드에 사는 27세 청년이다. 그는 빚을 지면 다리몽둥이를 부숴버리겠다고 입버릇처럼 말하던 할아버지 밑에서 자랐다고 했다. 극단적이기는 했지만 어쨌든 이 청년은 할아버지의 말을 새겨들었던 모양이다. 청년은 23세에 결혼을 했고, 그들 부부의 연 수입은 8만 달러(약 8000만 원) 정도였다. 그들은 마음씨 좋은 노부인의 차고 위층에 자리한 작은 집에 신혼살림을 차렸다. 닥치는 대로 일하며 낡은 차를 몰았고, 휴가에도 돈을 쓰지 않았으며, 다른 20대 친구들처럼 엉뚱한 곳에 돈을 낭비하지도 않았다. 생활비로 매년 3만 달러(약 3000만 원) 정도만 쓰면서 4년 동안 5만 달러(약 5000만 원)씩 저축했다. 그는 최근 15만 달러(약 1억 5000만 원)짜리 집을 샀고, 가구를 살 여윳돈으로 5만 달러가 아직 남아 있다고 나에게 말했다.

그가 만약 다른 '평범'한 사람들처럼 대출로 15만 달러짜리 집을 샀다면 매달 얼마를 갚아야 했을까. 고정 금리 6%짜리 15년 만기 대출 상품을 이용하면 매달 1200달러(약 120만 원)가 조금 넘는 상환금을 내야 한다. 1200달러를 은행에 갚는 대신, 투자를 한다면 은퇴할 때까지 150만 달러(약 15억 원)를 모을 수 있다. 4년을 열심히 노력한 덕분에 이 부부는 평생을 안정적으로 살 수 있게 되었다. 참 뿌듯한 이야기다.

하지만 어떤 이유로든 이렇게 할 수 없는 사람도 있다. 괜찮다. 하지만 계약금을 조금 내고 30년 동안 대출금을 갚는 상품은 절대 이용하지 말자. 최소 50%를 계약금으로 내고 15년 만기 대출을 받은 뒤, 6년 안에 갚아버리면 어떨까? 돈의 주인이 될 사람들은 현실에 안주하지 않는다. 끈기 있게 앞으로 나아가며 더 좋은 방법은 없는지 연구해보자.

조일리슨의 경험담

집을 현금으로 살 수 있으면 좋겠다고 생각했는데 데이브 램지 선생님께서 저희에게 그 방법을 알려주셨어요. 그리고 저희는 결국 해냈죠!

언제 집을 사야 할까

집을 살 돈이 지금 당장 없어도 괜찮다. 아직 시간은 충분하다. 계약금 100%가 아니더라도 모든 준비가 끝나면 언젠가는 집을 살 수 있다. 집을 살 준비가 되었는지는 어떻게 알 수 있을까? 걸음마 공식을 다시 훑어보자. 빚이 남아 있고 3~6개월 치 생활비에 해당하는 비상자금을 아직 마련하지 못했다면, 집을 사면 안 된다. 살 능력도 없는데 사버리면 인생을 망치기 딱 좋다. 집은 구매에서 끝나지 않는다. 보일러가 고장 나거나 지붕에 물이 새면 집주인인 여러분이 알아서 해결해야 한다. 이러한 비상 상황에서 문제를 해결할 돈이 없으면 빚을 지거나 집을 담보로 대출을 받아야 한다.

빚을 갚고 있거나 아직 비상자금을 마련하지 못했다면 월셋집에 살면 된다. 월셋집에 산다고 하면 주변 사람들은 이렇게 말할 것이다. "월세라고? 절대 안 되지! 월세는 버리는 돈이야. 집을 사는 게 맞아." 하지만 이들이 틀렸다. 돈이 없을 때는 집을 사면 안 된다. 재앙으로 가는 지름길이다. 걸음마 공식을 수행하는 동안은 월세가 인내심을 보여주는 증표다. 평생 월세를 내며 살라는 이야기가 아니라 집을 사기 전에 준비를 제대로 하자는 뜻이다. 가능한 한 빨리 걸음마 공식 3단계를 끝낸 뒤 계약금을 낼 수 있을 만큼 돈을 모으자. 언젠가는 내 집 마련을 해야겠지만 준비가 안 된 상태에서는 여러모로 곤란하다.

주택담보대출을 꼭 받아야 한다면

확실하게 해두자. 나는 빚이 정말 싫다. 죽을 때까지 절대 빚을 지지 않을 생각이다. 대신 원하는 물건이 생기면 언제든 살 수 있도록 저축을 열심히 할 것이다. 하지만 여러분이 집을 살 준비를 마친 상태에서 대출을 받아 집을 사기로 했다면, 이때만큼은 나도 잔소리를 하지 않는다. 그렇다면 어떻게 해야 좀 더 현명하게 주택담보대출을 받을 수 있을까?

규칙은 이렇다. 고정금리로 15년 만기 일반 대출 상품을 이용하고 계약금은 적어도 10% 이상, 상환금은 실소득의 25%를 넘지 않는 선으로 한다. 이 공식을 세 부분으로 나누어 자세히 살펴보자.

1. 고정금리로 15년 만기 일반 대출 상품을 이용한다

변동금리, 격주 상환 같은 상품으로 괜히 고생하지 말자. 일반 대출을 고정금리로 설정하고 절대, 절대로 상환 기간이 15년을 넘어서는 안 된다. 30년 만기 대출은 여러분을 만신창이로 만든다. 빚과 관련해서는 이미 이 책의 4장에서 이야기했지만 너무나 중요한 내용이니 다시 예를 들어 설명하겠다. 금리 6%로 22만 5000달러(약 2억 2500만 원)를 빌리면 15년 만기 상품의 경우 월 상환금은 1899달러(약 189만 9000원)다. 그런데 만약 동일한 조건으로 30년 만기 대출을 받는다면 월 상환금은 1349달러(약 134만 9000원)가 된다. 15년 만기 상품일 때보다 550달러를(약 55만 원) 매달 덜 내는 셈이다. 하지만 잘 생각해보자. 매달 550달러를 아끼는 대신 15년을 더 빚에 허덕이며 살아야 하는데 견딜 수 있을까? 결국 이자도 14만 3000달러(약 1억 4300만 원)나 더 내야 하는데 돈을 너무 낭비하는 건 아닐까? 이 정도 손해라면 집 한 채를 더 살 수 있다.

2. 계약금은 10% 이상 낸다

계약금 10%도 감당할 수 없는 상황이라면 아직 집을 사서는 안 된다. 나는 적어도 집값의 20% 이상은 계약금으로 내야 한다고 생각한다.

3. 상환금은 실소득의 25%를 넘지 않도록 한다

빚을 갚는 데 실소득의 4분의 1 이상을 쓰자 말자. 그 끝은 결국 '하우스 푸어'다. 주택담보대출 상환금이 월 지출에서 너무 많은 부분을 차지해서는 안 된다. 빚을 다 갚고 비상자금을 충분히 모았더라도, 대출 상환금이 수입의 35~50%를 차지한다면 돈 문제로 어려움을 겪을 수 있으며, 걸음마 공식 4~6단계를 실행할 여력도 없어진다.

준비도 안 됐는데 집을 사거나, 너무 오랫동안 대출을 갚으려고 하다 보면 재정 상태가 엉망이 된다. 실제로 그런 사람을 정말 많이 봤다. 집값이 쌀 때나 시장 금리가 낮을 때, 결혼한 지 얼마 되지 않았을 때 특히 더 그런 유혹에 빠진다. "지금이야. 지금 집을 사야 해. 지금이 아니면 평생 살 수 없어!" 하지만 절대 그렇지 않다. 여러분이 언젠가는 꼭 집을 사기를 나도 바라지만, 그렇다고 집에 잡아먹히지는 않았으면 좋겠다.

머피의 법칙을 기억하는가? 나쁜 일은 보통 한 번에 몰아서 온다. 돈이 없는데 어쩌다 집을 사버렸다면 이때다 싶어 머피가 여러분 집에 눌

러앉는다. 머피는 절대 혼자 지내지 않고 사촌들을 데려오는데 그들은 파산, 절망, 어리석음이다. 머피와 그의 사촌들은 여러분의 인생을 좌지우지할 것이다. 축복은 저주가 되고 꿈은 악몽이 된다. 이런 일이 일어나도록 절대 가만히 두지 말자. 이번 장에서 배운 내용을 기억하고, 복습하고, 실천하자. 그러면 이사하거나, 집을 사거나, 집을 팔 때 한 단계 더 나아갔다고 확신할 수 있을 것이다.

척의 경험담

은행 이율이 낮아져서 얼른 15년 만기 고정금리 대출로 갈아탔습니다. 대출 상환 기간이 10년이나 줄었고, 적어도 15만 달러(약 1억 5000만 원)는 아낄 수 있을 것 같아요. 이대로만 간다면 큰아이가 고등학교를 졸업하기 전에 대출금을 다 갚을 수 있을 겁니다.

제가 해냈어요!

3년 전, 저희 회사는 정리해고가 한창이었어요. 제가 해고되는 일은 없었지만, 마음 졸이며 정신이 번쩍 들더라고요. 그리고 생각했어요. 더 이상 이렇게 살아서는 안 되겠다고요. 저희 식구는 주택담보대출, 자동차대출, 학자금대출을 받았고, 빚이 총 11만 5000달러(약 1억 1500만 원)였어요.

구조조정이 끝난 후 동료가 선생님의 수업을 소개해줬고 저희는 경제적 자유를 찾기 위한 여정에 나섰습니다. 3년 동안 중고장터를 5번 열었고 애지중지하던 차도 팔았어요. 연 수입 7만 5000달러(약 7500만 원)로 생활하면서 3년 만에 빚을 다 갚았답니다.

곧 40대를 앞두고 있는 저희 부부는 이제 대출금을 갚을 일이 없을 거예요. 하지만 여기서 놀라기는 이릅니다. 선생님의 가르침을 실천하면서 대화를 정말 많이 나눴고, 결혼생활이 훨씬 행복해졌어요. 하지만 어느 순간 돈만 보고 달리다 보니, 몸은 제대로 챙기지 못하고 있더라고요. 예산을 짜며 익혔던 기술을 체중을 감량하는 데에도 적용하기로 했어요. 1년 조금 넘게 노력했고 아내는 45킬로그램, 저는 38킬로그램을 감량했답니다.

저희를 비웃던 가족에게도 증명해 보일 겸, 가족을 플로리다로 초대했어요. 비용은 모두 현금으로 내서 할인도 많이 받았어요. 이제 아무도 저희를 비웃을 수 없겠죠?

- 인디애나주 그린필드에서, 제프

★ 이 장의 키포인트

1. 집을 팔 때는 백화점 사장처럼 생각하자.
2. 집을 살 때는 투자자처럼 생각하자.
3. 집을 현금으로 살 수 있다는 희망을 버리지 말자.
4. 대출을 받아야 한다면, 고정금리로 15년 만기 일반 대출을 받되 계약금은 10% 이상 넣고, 상환금은 실소득의 25%를 넘지 않도록 하자.

★ 복습해보자

1. '하우스 푸어'가 무슨 말일까? 이런 상황을 경험한 적이 있는가?
2. 잠시 월세를 내고 살아야 하는 때는 언제이며 그 이유는 무엇인가?
3. 30년 만기, 변동금리 상품이 위험한 이유는 무엇인가?
4. 꼭 대출을 받아야 하는 상황이라면, 어떤 규칙을 지켜야 하는가?
5. 앞에서 이야기한 대출 가이드라인에 따르면 여러분이 살 수 있는 집은 얼마짜리인가?
6. 주택담보대출을 전부 갚으면 어떤 기분일까? 은퇴계획에는 어떤 영향을 미칠까?

13장

나눔

내 돈을 두 배로 즐기는 행복

나에게는 축복과도 같은 딸 둘과 막내아들이 있다. 누나들이 그랬듯 막내 다니엘도 성인이 된 후 독립했는데, 막내를 품에서 떠나보내기란 정말 쉽지 않았다. 내 마음속에서 막내는 여전히 스파이더맨 잠옷을 입고 온 집 안을 뛰어다니며 바닥을 뒹구는 장난꾸러기라서 건장한 청년이 된 다니엘을 보면 기분이 참 묘하다.

오래전 일이다. 아침 일찍 일어나 성경 공부를 하던 중이었다. 5시 30분쯤이었고 요한복음을 읽고 있었다. 몇천 번은 읽었던 구절이고, 평소보다 이른 시간에 일어난 탓에 집중이 잘 되지 않았다. 그래도 커피를 타 마시며 성경 공부에 최선을 다하려 노력하고 있었다.

그 순간, 부모라면 누구나 움찔할 만한 소리가 들렸다. 콩콩, 콩, 콩. 애착 담요를 품에 안은 아이가 계단을 내려오는 소리였다. 다니엘이 내 서재로 들어오더니 앞니 빠진 갈가지로 환하게 웃으며 말했다. "안녕히 주

무셨어요, 아빠."

언제 봐도 참 사랑스러운 아이지만, 반갑게 안아주기에는 시간이 너무 일렀다. 이대로라면 이른 저녁에 잠투정을 부릴 게 눈에 선했다. 성경 공부에 집중하려고 애쓰던 참이라 더 속이 탔다. 그 마음을 알 리 없는 다니엘은 "아빠, 저도 같이 앉아도 돼요?"라고 물었다. 나는 아이를 무릎에 앉혔고 다니엘은 내 볼에 뽀뽀하며 "아빠 사랑해요."라고 말해주었다. 정말 행복했다. 더할 나위 없이 완벽한 순간이었다.

다니엘을 무릎에 앉히고 다시 공부에 집중하는데 몇 분 지나지 않아 감정이 복받쳐 올랐다. 눈물이 뺨을 타고 다니엘의 머리에 닿았고, 아이는 이상하다는 듯 나를 올려다봤다. 왜 우냐고 묻는 아이의 눈을 보며 이렇게 말했다. "요한복음 3장 16절을 읽는 중인데, 신께서는 하나밖에 없는 아들을 땅을 내려보내실 만큼 세상을 사랑하셨다는구나. 다니엘, 너는 아빠한테 하나밖에 없는 아들이야. 신께서 어떤 심정으로 아들을 세상을 내려보내셨을지 아빠는 상상조차 할 수가 없구나."

그때 정신이 번쩍 났다. 같은 구절을 전에도 여러 번 읽었지만, 그 순간 가장 근본적이며 중요한 돈의 원칙을 깨달았다. 인간은 신의 모습을 본떠 만들어졌고 신은 나누시는 분이다. 우리의 삶과 재정 상태를 더 나은 방향으로 이끌기 위해서는 반드시 나누는 사람이 되어야 한다.

ᐧᐧ• 돈을 꽉 쥔 채로 인생을 살면

자산을 늘리고 안정적인 삶을 살 수 있도록 도와주는 걸음마 공식의 여섯 단계를 배웠다. 이 단계까지 왔다면 빚을 다 갚고 3~6개월 치

생활비만큼의 비상자금도 준비해뒀을 것이다. 수입의 15%를 은퇴자금으로 모으고 자녀의 학자금도 차곡차곡 준비하면서 대출금을 다 갚은 집에서 마음 편히 살고 있는 여러분의 모습이 그려진다. 안정된 재정 상태이다. 그렇지 않은가? 하지만 아직 끝나지 않았다. 걸음마 공식의 마지막 한 단계가 남아 있다.

걸음마 공식 7단계 다른 사람과 기쁨 나누기

부를 쌓으면서도 이를 아낌없이 나누는 방법에 대해 살펴보자. 사람들은 보통 이 둘을 한 번에 할 수 없다고 생각한다. 구두쇠처럼 돈을 모으며 이기적으로 살아야만 부자가 될 수 있다고 오해하기 때문이다. 나는 이러한 편견을 '크나큰 오해'라고 부른다.

크나큰 오해는 가진 돈을 손에 더 꽉 움켜쥐어야만 더 많이 가질 수 있다는 잘못된 믿음에서 시작됐다. 여러분이 1000달러(약 100만 원)를 손에 꽉 쥐고 길가에 서 있는 모습을 상상해보자. 이런 상황에서 대부분은 어떻게 행동할까? 필사적으로 돈을 더 꽉 움켜쥐려 할 것이다. 우리 사회는 더 많이 갖기 위해서는 이미 가지고 있는 것을 잘 지켜야 한다고 이야기하고, 그래서 우리는 있는 힘껏 돈을 쥔다. 하지만 여기에는 모순이 있다. 1000달러를 꽉 쥐면 가진 돈을 잃지는 않지만, 동시에 다른 돈은 쥘 수가 없다. 내 돈을 지키려고 담을 쌓았다가 그 담 때문에 돈이 더 이상 들어오지 못하는 셈이다.

돈을 꽉 쥐면 우리의 영혼은 어떻게 될까? 꽉 쥔 주먹은 분노를 의미하지만, 두 팔을 활짝 펼쳐 포옹할 준비를 하면 그 안에서는 누구나 따뜻함과 환대를 느낀다. 이스라엘의 여성 정치인이었던 골다 메이어 Golda Meir도 '주먹을 쥐고는 악수할 수 없다.'라고 이야기했다.

프랑스 작가인 앙투안 리바롤리Antoine Rivaroli는 '자기가 가진 것에서 두려워하는 마음 말고는 아무것도 얻지 못하는 사람들이 있다.'라고 이야기했다. 우리도 실제로 이런 사람들을 많이 본다. 돈이 생기면 생길수록 점점 더 두려운 마음에 돈을 꽉 쥔 채 고집을 피우며 세상과 담을 쌓는 사람들이 많다. 돈이 손에서 나오지 않으니 한 푼도 더 벌 수 없고 고인 연못처럼 그 안에 갇혀버린다. 고인 연못 속에는 구정물 말고는 그 무엇도 없다.

크리스의 경험담
돈에 여유가 생기니 고마운 사람들에게 아낌없이 밥을 살 수 있어서 좋네요.

돈의 주인은 따로 있다

얼마 전, 회사에 많은 도움을 주시는 목사님께 큰돈을 기부했다. 보통 개인적으로 조용히 기부하는 편이지만, 이번 건은 회사 차원에서 계획을 세워 예산을 마련해 기부했다. 회계 부서 직원이 나에게 와서 결재를 받아 갔는데 과연 이 직원이 수표에 금액을 적으며 긴장했을까? 0의 개수를 제대로 적었는지 확인하느라 애를 먹었을까? 전혀 아니다. 이 직원은 눈 하나 깜짝하지 않았을 것이다. 이 일은 그녀가 온종일 하는 일상 업무 중 하나일 뿐이다. 그녀는 사장인 나의 지시에 따라 일을 처리했고, 그 돈은 그저 그녀의 손을 스쳐 지나갔다. 자기 돈이 아니므로 그 돈을 손에 꽉 쥐어보려고 하지도 않았을 것이다. 자기와 관련 없는 다른 사람의 돈은 이렇듯 아주 쉽게 다른 사람과 나눌 수 있다.

성경을 보면 '땅과 땅 위의 모든 것은 주의 것이다.'라고 이야기한다. 이 말이 무슨 뜻일까? 신이 이 땅의 주인이라는 뜻이다. 이 관점에서 보면 우리 주머니에 든 돈 역시 우리의 것이 아니다. 이렇게 생각하면 다른 사람과 돈을 나누기가 훨씬 쉬워진다.

우리가 돈의 주인이라 생각할 때는 다른 사람에게 돈을 건네기가 아주 어렵다. 주먹을 꽉 쥐고 "내 거야, 내 거!"라고 외치는 어린아이 같아진다. 하지만 주인이 따로 있는 돈을 우리가 잠시 관리한다고 생각하면, 손에 들어온 돈을 가족을 보살피는 데 감사히 사용하고 남은 돈으로 다른 사람을 돕는 데 쓸 수 있다.

⋯• 나누면 인생이 달라진다

이기적인 놈은 남을 위해 돈과 시간을 쓰지 않는다. 그 반대도 마찬가지다. 다른 사람과 나누는 사람은 이기적일 수 없다. 그러니까 내가 가진 것을 다른 사람들에게 나누기로 결심한다면, 앞으로 평생 '이기적인 나쁜 놈'이 되지 않기로 다짐하는 것과 같다.

이기적이지 않은 사람이 인간관계도 좋고 돈도 많이 모은다. 어떤 사람이 가장 좋은 부모, 사업파트너, 사장, 상사, 동료, 고객, 영업사원인지 아는가? 이기적이지 않은 사람이다. 이들은 믿을 수 있으며, 계속 함께하고 싶은 매력이 있고, 때에 따라 동업도 꿈꾸게 한다. 탐욕스러운 사람들은 텔레비전 속에서만 성공한다. 하지만 현실에서 그런 일은 절대 일어나지 않는다. 부자가 되고 싶고 다른 사람과 좋은 관계를 유지하고 싶다면 반드시 나눌 줄 알아야 한다.

우리는 모두 지역 사회에 도움이 되는 존재가 되어 서로 나누고 도와야 한다. 누군가의 인생을 바꾸고 싶은가? 연말에 여행하며 들른 식당에서 열심히 일하는 종업원을 만나면 팁으로 100달러(약 10만 원)를 남겨보자. 크리스마스이브에 식당에서 서빙을 하는 이유는 딱 하나다. 돈이 필요하기 때문이다. 열심히 일하는 한 사람을 위해 여러분이 할 수 있는 게 무엇이 있을지 생각해보자. 이 사람에게 감사 인사를 듣거나 인정을 받을 필요도 없다. 100달러짜리 지폐 한 장을 테이블에 남기고 "메리 크리스마스!"라고 말한 뒤 식당을 나서자. 그리고 주차장에서 여러분이 남긴 팁을 종업원이 발견할 때까지 지켜보자. 100달러로 여러분이 할 수 있는 가장 즐거운 일이 될 것이다.

나누기 시작하면 여러분 인생에도 놀라운 일들이 일어난다. 에너지가 넘치고 어느 때보다 생산적이고 열정적으로 인생을 즐길 수 있게 된다. 우리의 인생은 훨씬 흥미로워질 것이다. 본래 사람은 나누기 위해 태어났기에, 잠재력이 깨어나면서 점점 타고난 소명에 가까워질 수 있다. 인생이 완전히 바뀌는 경험을 하게 될 것이다. 알버트 슈바이처Albert Schweitzer 박사는 그 진리를 이렇게 설명했다. '여러분의 운명을 알 수는 없지만, 딱 하나 내가 아는 것이 있다. 다른 사람에게 보탬이 될 방법을 찾는 사람만이 정말로 행복해질 수 있다.'

제가 가진 전부를 나눠야 할까요?

나는 지난 몇 년간 이룬 경제적인 성공에 전혀 죄책감을 느끼지 않는다.

허리가 휘도록 일했고, 이런 축복을 주신 하늘에 감사드린다. 앤드류 카네기Andrew Carnegie가 이런 말을 했다. '쓰고 남는 재산이 있다면 다른 사람들을 보살피라는 신의 뜻이다.' 나는 나 자신만을 위해 돈을 모으지 않았다. 자선단체에 내가 가진 것들을 나누며 살고 있다.

우리 가족은 가진 전부를 나누지도 않고, 아주 적은 액수를 자선단체 이곳저곳에 쪼개어 내지도 않는다. 대신 믿을 만한 단체 몇 곳을 정해서 이들이 하는 일을 충분히 지원할 수 있는 금액을 전달한다. 적은 돈을 여기저기에 마구잡이로 보내면 아무 데서도 변화가 일어나지 않지만, 이렇게 몇몇 장소에 집중하면 엄청난 변화를 만들 수 있다.

내가 부자가 되었다는 사실을 못마땅하게 생각하는 사람들이 나에게 편지나 이메일을 보내기도 한다. 이들은 우리 부부가 그동안 다른 사람들과 얼마를 나눴는지는 생각하지 않으며, 그저 좋은 물건을 가졌다는 사실을 아니꼽게 생각한다. 나는 그들의 이런 태도가 부를 쌓고 나눔을 실천하는 데 방해가 된다고 생각한다. 나는 이에 대해 이렇게 쓴 적이 있다.

양면성의 문화가 우리에게 주는 메시지를 깨달으면 정신이 번쩍 난다. 우리는 부자가 되어야 진짜 성공을 이뤘다고 배우며 돈이 얼마나 있는지로 사람을 판단한다. '열심히 노력해서 가질 수 있는 만큼 다 가져라!', '부자가 되면 행복할 뿐만 아니라 훌륭한 사람도 될 수 있다!' 사회는 부를 쌓고 권력을 키우라고 가르치지만, 문제가 생기면 그 책임을 전부 부자들에게 돌린다. '가지지 못한 사람'은 언제나 사회 문제의 책임을 '가진 사람'에게 돌린다. 가지지 못한 사람일 때는 '게으르거나 멍청한 사람'으로 대접받다가, 뼈 빠지게 일해서 부를 쌓으면 모든 문제를 부자의 탓으로 돌리고 비난한다. 부자들은 돈 말고는 관심이 없다고, 부자들은 가난한 사람을 위해 가진 것을 전부 내놓아야 한다고 말이다.

'나눔'은 자신이 가진 전부를 나누는 게 아니다. 그렇게 하면 다른 사람을 도울 힘까지 모두 잃게 된다. 더 많이, 더 오래 나누고 싶다면 여러분이 쌓은 부를 '거위'로 생각하고, 나눔은 '황금알'로 여기자. 거위까지 나눠버리면 더는 황금알을 얻을 수 없으니 다른 사람을 도울 힘이 사라진다. 자신이 가진 전부를 내놓아야 한다는 사람들 때문에 거위의 배를 자르면 가난한 사람을 도울 이는 세상에 단 한 명도 남지 않을 것이다.

큰 거위는 큰 알을 낳을 수 있다. 그리고 큰 알로 도움이 필요한 사람 여럿을 도울 수 있다. 거위는 남겨두고, 황금알을 현명하게 아낌없이 나누자.

지난 30년간 이 책의 내용을 실제 삶에 적용한 가족이 수없이 많다. 전국에서 매주 400만 명 이상이 〈데이브 램지 쇼〉를 들으며 계속해서 이 여정을 함께하고 있다. 내가 쓴 책을 읽고, 배운 내용을 복습하기 위해 강연에 참석한 사람만 해도 몇백만 명에 달한다. 내 자랑을 하려는 게 아니다. 다만 이 책의 내용이 나 혼자 생각해낸 검증되지 않은 자산 관리법은 아니라는 사실을 이야기하고 싶을 뿐이다. 걸음마 공식은 몇백만 가정이 성공을 거둔 검증된 돈 관리법이며, 지금도 이 시스템으로 삶을 바꾸는 사람들이 엄청나게 많다.

하늘은 돈을 가르치려고 나에게 역경과 고난을 선물로 주셨다. 나는 고집이 센 편이라 아마 이런 방식이 아니었다면 진정으로 부자가 되는 법을 영영 깨닫지 못했을 것이다. 20대에 빈털터리가 되면서 그전까지 믿고 있던 부의 개념이 완전히 무너졌고, 뭐든 해야겠다는 마음가짐과 가족 말고는 남은 게 아무것도 없을 때, 걸음마 공식은 나에게 큰 깨달음을 주었고 그 덕분에 지금 이 자리까지 올 수 있었다. 이 여정에서 나는 돈, 인간관계, 소명을 깨달았고, 하루하루 가슴 벅찬 삶을 살고 있다.

무엇이든 할 준비가 되어 있는 사람에게 운명이 주는 선물은 참 놀랍다. 덕분에 내 삶은 많이 바뀌었고, 여러분의 삶도 바뀌기를 간절히 바란다. 그 첫걸음을 뗄지 말지는 온전히 여러분에게 달렸다.

제가 해냈어요!

얼마나 감사한지 말로 다 설명할 수 없어요. 선생님께서는 제 삶을 정말 믿을 수 없을 정도로 바꿔놓으셨어요. 신용카드를 만들 수 있는 나이가 되었을 때, 저는 그 혜택을 다 누리기 위해 카드를 9개까지 만들었고 이를 매우 뿌듯하게 생각했어요. 원하는 건 뭐든 다 할 수 있을 것 같은 착각에 빠져 있었죠. 갖고 싶은 물건을 살 수 없어 불평하는 사람들을 이해할 수 없었어요. 신용카드를 만들어서 긁기만 하면 되는 간단한 문제라고 생각했죠.

몇 년 뒤 결혼을 했고, 학자금대출과 자동차 두 대를 사며 받은 대출에 더해 신용카드 빚도 3만 달러(약 3000만 원)나 있었을 때, 〈데이브 램지 쇼〉를 듣게 됐어요. 생활비도 다 신용카드로 해결하던 때였죠. 저도 모르는 사이에 선생님의 이야기에 완전히 빠져들었어요. 1년쯤 계속 라디오를 듣다가 집 근처에서 열리는 선생님의 강연에도 참석했죠.

저는 만나는 사람 모두에게 선생님을 소개하고, 빚 없이 사는 삶이 얼마나 행복하고 자유로운지 이야기해요. 이제 주택담보대출을 빼고는 빚을 전부 갚았어요. 더 이상 밖에서 일할 필요가 없어서 아이 셋을 직접 돌볼 수 있게 되었죠. 불가능하다고 생각했던 일이었어요.

빚이 없으니 정말 자유로워졌고, 나눔을 배우며 삶도 많이 변했어요. 그 어느 때보다도 많은 돈을 가졌지만, 자신을 위해서 쓰는 돈은 훨씬 줄었어요. 필요한 사람들과 나누는 기쁨을 즐기게 됐거든요. 저희는 이제 어디로 향해야 할지 알고, 이룰 수 있는 목표도 있어요. 그리고 남편과 저는 그 어느 때보다도 서로의 생각과 바람을 잘 알고 있죠. 감사합니다, 선생님!

– 오하이오주 실바니아에서, 크리스티

★ 이 장의 키포인트

1. 더 많이 갖기 위해 이미 가진 것을 꽉 쥐어야 한다는 생각은 오해이자 모순이다.
2. 우리는 돈의 주인이 아닌, 관리자다.

★ 복습해보자

1. 우리가 생각했던 것보다 덜 나누게 되는 이유는 무엇인가?
2. 가진 것을 다른 사람과 나눌 때 어떤 생각이 드는가? 나눈 경험이 있는가?
3. 다른 사람이 나누는 모습을 보고 놀란 적이 있는가? 어떤 기분이 들었는가?
4. 돈의 주인이 아닌 관리자라고 생각하면 돈에 대한 관점이나 행동이 어떻게 달라지는가?
5. 거위와 황금알의 비유를 처음 읽었을 때 어떤 생각이 들었는가?

여럿이 모여 함께 헤쳐나가자

재정 상태에 지식이 미치는 영향은 20%밖에 되지 않는다고 이야기했다. 나머지 80%는 우리의 행동이 결정한다. 이 책은 아주 유용하지만, 직접 실천하지 않으면 그 어떤 책도 여러분의 상황을 바꿀 수 없다. 행동으로 옮길 때는 좋은 리더와 함께 하면 도움이 된다. 다른 사람과 얼굴을 마주 보고 앉아 함께 노력하면 강력한 힘이 발휘된다. 여럿이 모여 이 과정을 함께 헤쳐나가면 부끄러움이나 보이지 않는 미래에 대한 의심은 점점 녹아 없어질 것이다. 현재 나의 처지가 어떻든 힘든 상황을 겪는 이가 나 혼자만이 아니라는 사실은 힘이 된다.

빈털터리가 되었을 때 나와 아내는 아무도 이 사실을 몰랐으면 했다. 지금 와서 생각해보면 큰 실수였다. 솔직하게 우리의 상황을 말했더라면, 비슷한 처지에 처한 지인들의 애정과 관심에 힘을 얻어 두려움이나 죄책감을 일찌감치 씻어버릴 수 있었을 것이다.

이 일을 30년 동안 했고, 다른 사람이 성공할 수 있도록 도왔다는 생각이 들 때 가장 보람을 느낀다. 여러분도 다른 사람들을 이끌며 나와 같은 보람을 느끼면 좋겠다.

부록

부자가 되는 자산계획 양식

- 1page 예산계획표
- 자산계획 행동 리스트
- 순자산 점검표
- 소득원 관리표
- 목돈이 드는 예산계획표
- 월별 수입 지출 계획표
- 지출 권장 비율
- 주별 수입 지출 계획표
- 불규칙 수입 지출 계획표
- 저축 계획 쪼개기
- 눈덩이 전략으로 빚 갚기
- 프로라타 계획으로 빚 갚기
- 월별 은퇴자금 계획
- 월별 자녀 학자금 계획
- 신용카드 해지 내역
- 보험 가입 내역
- 주택담보대출 전환 시 월 상환액 계산표
- 주택담보대출 교체 계산표

여기까지 온 여러분을 환영한다. 앞으로 몇 가지 양식을 더 작성하면 완벽한 자산계획을 세울 수 있다. 문제가 있는 예산 항목을 즉시 찾을 수 있고, 어디에 얼마나 쓰는지 정확히 파악해 낭비를 막을 방법도 생각해 볼 수 있다.

처음 작성할 때는 시간이 조금 걸린다. 하지만 첫 단추만 잘 끼우면 점점 능숙해져서 나중에는 눈 감고도 예산을 짤 수 있게 된다.

처음에는 부록에 있는 모든 양식을 작성하도록 한다. 그다음부터는 월별 수입 지출 계획표, 불규칙 수입 지출 계획표만 매달 작성하면 된다. 습관이 들면 양식을 전부 작성하는 데 30분이면 충분하다.

1년에 한 번, 또는 재정 상태에 크게 변화가 생겼을 때(유산을 물려받거나 집수리에 돈이 많이 든 경우)는 전부 새로 작성한다.

돈과 함께 신나게 춤출 준비가 되었는가? 자, 어서 시작하자.

＊ 돈 봉투 시스템을 사용하면 좋은 항목에는 봉투(✉) 표시가 되어 있으니 참고하자.

1page 예산계획표

이제 막 시작하는 초보자도 부담을 느끼지 않게 한 쪽짜리로 준비했다. 이 양식을 작성하는 이유는 한 달 동안 생활하는 데 얼마만큼의 돈이 필요한지를 알아보기 위해서다. 신용카드 청구서, 학자금대출, 기타 신용·대출은 자세히 다루지 않을 것이다. 돈을 좌지우지하기 위한 준비 단계라고 생각하자.

1. 월 지출액
- 필수 지출로 매달 얼마를 쓰고 있는지 보여준다.
- 정확한 액수를 모른다면 가장 가깝다고 생각하는 액수를 적는다.
- 추측한 액수가 실제 액수와 너무 다르면, 지금까지 그 항목에 얼마나 쓰고 있는지 전혀 몰랐다는 뜻이다. 하지만 너무 자책하지 않도록 한다.

2. 월 상환액
- 각 빚을 갚는 데 총 얼마가 필요한지 적는다.

3. 연체 기간
- 어떤 항목에서든 연체가 발생했다면 며칠이나 연체되었는지 적는다.
- 연체된 항목이 없다면, 0을 적거나 '해당 사항 없음'을 적으면 된다.

4. 결제 방식
- 자동이체, 현금 등 결제 방식을 적는다.
- 현금을 사용하면 좋을 항목에는 어떤 것들이 있을지 생각해보자.

지출 항목	월 지출액	월 상환액	연체 기간	결제 방식
기부금				
	_____			
저축				
	_____		_____	_____
주택 관련 지출				
주택담보대출 1				
	_____	_____	_____	_____
주택담보대출 2				
	_____	_____	_____	_____
집 수리비/관리비				
	_____		_____	_____
공과금				
전기요금				
	_____		_____	_____
수도요금				
	_____		_____	_____
가스요금				
	_____		_____	_____
통신요금				
쓰레기봉투 구매비	_____			
식비 ✉				
	_____		_____	_____
교통비				
자동차대출				
	_____	_____	_____	_____
주유비 ✉				
	_____		_____	_____
자동차 수리비 ✉				
	_____		_____	_____
자동차보험료				
	_____		_____	_____
의류비 ✉				
	_____		_____	_____
개인적 지출				
건강보험료				
	_____		_____	_____
생명보험료				
	_____		_____	_____
자녀양육비				
	_____		_____	_____
여가비 ✉				
	_____		_____	_____
기타				
	_____		_____	_____
총 월간 필수 지출		_____		

자산계획 행동 리스트

	해야 할 것	실행일
이 책의 부록 작성	_____	_____
유언장 작성	_____	_____
부채 상환 계획	_____	_____
세금 납부 계획	_____	_____
비상자금 마련	_____	_____
은퇴자금 마련	_____	_____
자녀 학자금 마련	_____	_____
기부금 마련	_____	_____
자녀 교육비 마련	_____	_____
생명보험 가입	_____	_____
건강보험 가입	_____	_____
의료 실손보험 가입	_____	_____
자동차보험 가입	_____	_____

나(우리) _____ 는 책임감 있는 성인으로서 우리 가족과 나 자신의 경제적 안정을 보장하기 위해 위 사항들을 모두 실행할 것을 맹세한다.

서명 _____ 날짜 _____

서명 _____ 날짜 _____

순자산 점검표

세부 항목	금액	–	부채	=	순자산
부동산 1					
부동산 2					
자동차 1					
자동차 2					
현금					
예금 계좌 1					
예금 계좌 2					
적금 계좌					
CMA 계좌					
뮤추얼펀드					
은퇴자금					
환급형 보험					
실물 재산(가구, 가전)					
귀금속					
골동품					
무담보 채무(부채)					
신용카드 대금(부채)					
기타 _____					
기타 _____					
기타 _____					
			총액		

소득원 관리표

항목	금액	소득 발생일
월급 1	_____	_____
월급 2	_____	_____
수당	_____	_____
상여금	_____	_____
사업 소득	_____	_____
이자 소득	_____	_____
배당 소득	_____	_____
저작권 소득	_____	_____
임대 소득	_____	_____
신탁기금	_____	_____
국민연금	_____	_____
퇴직연금	_____	_____
위자료(양육비)	_____	_____
실업급여	_____	_____
장애 수당	_____	_____
기타 _____	_____	_____
기타 _____	_____	_____
기타 _____	_____	_____
	총액	_____

목돈이 드는 예산계획표

자동차보험료처럼 매달 지불하지 않는 돈이라도, 매월 예산계획을 세워두지 않으면 부를 늘리는 데 방해가 된다. 그러므로 연간 얼마가 드는지 계산한 후 매달 준비해야 하는 금액을 정리해야 한다. 그러면 매달 정해진 만큼 돈을 저축할 수 있고, 납부일이 다가와도 돈에 허덕이지 않을 수 있다. 총비용을 12로 나누어 매달 얼마를 저축해야 할지 계산해보자.

지출 사항	연간 총지출		월 준비금
부동산 재산세		/ 12 =	
집 수리비		/ 12 =	
가구 교체비		/ 12 =	
생명보험료		/ 12 =	
건강보험료		/ 12 =	
의료 실손보험료		/ 12 =	
자동차보험료		/ 12 =	
자동차 수리비		/ 12 =	
자동차 소모품비		/ 12 =	
새 자동차 구입비		/ 12 =	
의류비		/ 12 =	
학비		/ 12 =	
세금		/ 12 =	
종합소득세(자영업자)		/ 12 =	
휴가비		/ 12 =	
경조사비		/ 12 =	
명절비		/ 12 =	
기타 _____		/ 12 =	
기타 _____		/ 12 =	

월별 수입 지출 계획표

표를 모두 채우고 나면 총소득에서 지출 항목 총계를 뺀 금액이 제로가 되어야 한다. 만약에 돈이 남으면 몇몇 항목(부채 상환, 기부, 저축 등)에 책정했던 금액을 재조정해서 양식의 마지막 줄이 제로가 되도록 만들어야 한다. 의류비나 자동차 수리비, 집을 수리하는 데 드는 비용을 빠뜨리지 말자. 이런 사항들을 계획해두지 않으면 나중에 반드시 난처해진다.

월별 수입 지출 계획표는 헉 소리가 날 정도로 아주 길지만, 이렇게 해야만 빠뜨리는 내용이 없다. 모든 항목을 다 채울 수는 없을 것이다. 여러분과 관련 있는 내용만 적도록 하자.

각 항목에는 세부 항목이 있다. 세부 항목의 예산도 적고 해당 항목의 총 예산도 적는다. 그리고 한 달 동안 필요한 곳에 돈을 쓰면서, 각 범주에 쓴 금액을 실제 지출 칸에 기록한다. 예산으로 책정한 금액과 실제 지출한 금액이 심하게 차이 나는 경우, 차액을 맞추기 위해 예산을 조정해야 한다. 한 항목에서 2~3달 동안 모자라거나 남는 돈이 꾸준히 생기면 그에 따라 예산계획을 조정하도록 하자.

- 3~6개월 치 생활비에 해당하는 완전한 비상자금을 만들기 전까지는 저축하는 돈 전부를 비상자금을 모으는 데 써야 한다.
- 목돈이 드는 예산계획표에서 작성한 항목들을 잊지 말고 포함시켜야 한다.

항목	항목 예산	총 예산	실제 지출
기부금			
저축		_____	_____
비상자금	_____		_____
퇴직연금	_____		_____
학자금	_____		_____
주택 관련 지출		_____	_____
주택담보대출	_____		_____
후순위담보대출	_____		_____
부동산 재산세	_____		_____
집 수리비	_____		_____
관리비	_____		_____
가구 교체비	_____		_____
기타	_____		_____
공과금		_____	_____
전기요금	_____		_____
수도요금	_____		_____
가스요금	_____		_____
통신요금	_____		_____
쓰레기봉투 구매비	_____		_____
식비 ✉		_____	_____
식료품비 ✉	_____		_____
외식비 ✉	_____		_____
교통비		_____	_____
자동차 할부금	_____		_____
주유비 ✉	_____		_____
자동차 수리비 ✉	_____		_____

항목	항목 예산	총 예산	실제 지출
자동차세			
새 자동차 구입비	_____		_____
의류비 ✉		_____	_____
어른 ✉			_____
자녀 ✉	_____		_____
세탁/드라이클리닝 ✉	_____		_____
의료비		_____	
병원 진료비	_____		_____
치과 치료비	_____		_____
안경/렌즈 구입비	_____		_____
약값	_____		_____
보험료		_____	
건강보험	_____		_____
생명보험	_____		_____
의료 실손보험	_____		_____
자동차보험	_____		_____
개인적 지출		_____	
보육비 ✉	_____		_____
세면용품 ✉	_____		_____
화장품 ✉	_____		_____
미용실 ✉	_____		_____
자기계발비	_____		
자녀 교육비/학원비	_____		_____
자녀 교재비/학용품비	_____		_____
자녀 양육비	_____		_____
위자료	_____		_____

항목	항목 예산	총 예산	실제 지출
각종 구독료	_____		_____
가입단체 회비	_____		_____
경조사비	_____		_____
명절비	_____		_____
기타 _____	_____		_____
기타 _____	_____		_____
기타 _____	_____		_____
여가비		_____	
유흥비 ✉	_____		_____
휴가비	_____		_____
부채		_____	
신용카드 1	_____		_____
신용카드 2	_____		_____
신용카드 3	_____		_____
신용카드 4	_____		_____
신용대출 1	_____		_____
신용대출 2	_____		_____
학자금대출	_____		_____
기타 _____	_____		_____
기타 _____	_____		_____
기타 _____	_____		_____

	실소득	
−	모든 지출의 합	
=		

◄ ⋯⋯ 이 금액을 0으로 만드는 게 목표!

지출 권장 비율

소득에서 얼마를 집 관리비, 기부금, 식비로 써야 적절할까? 내 경험과 그동안의 연구 결과에 따라 다음과 같은 비율을 추천한다. 하지만 이 비율은 권장 비율일 뿐이다. 평균보다 소득이 훨씬 높거나 낮은 경우에는 이 비율이 완전히 달라질 수도 있다.

특정 항목이 권장 비율보다 더 높은 비율을 지출하고 있다면, 생활 방식을 조정할 필요가 있다.

항목	실제 지출 비율 %	권장 비율 %
기부금		10~15%
저축		5~10%
주택 관련 지출		25~35%
공과금		5~10%
식비		5~15%
교통비		10~15%
의류비		2~7%
의료비		5~10%
보험료		10~25%
개인적 지출		5~10%
여가비		5~10%
부채		5~10%

주별 수입 지출 계획표

월별 수입 지출 계획표보다 더 구체적으로 써보자.

이 표는 소득원이 여러 개여서 한 달에 수입이 여러 번 나누어 들어오는 경우를 대비하기 위한 계획표다. 4주간 주별로 작성할 수 있도록 되어 있다. 만약 여러분이 결혼을 했다면 배우자의 수입도 합쳐서 적는다.

각 항목 옆에는 사선(/)으로 구분된 밑줄이 있다. 사선의 왼쪽에는 예산을 적고 오른쪽에는 급여가 얼마나 남았는지 적는다. 아래로 내려가면서 마지막 줄에는 남은 급여가 제로가 되어야 한다. 마지막 항목까지 채우고도 돈이 남는다면 다시 위로 올라가 저축, 기부 등에서 금액을 조정해 모든 돈을 다 지출하도록 한다.

- 자영업자 등 불규칙 소득으로 생활하고 있다면, 주별 수입 지출 계획표 대신 바로 다음에 나오는 불규칙 수입 지출 계획표를 이용해야 한다.

	소득 날짜			
	소득			

항목	예산 / 잔액	예산 / 잔액	예산 / 잔액	예산 / 잔액
기부금	/	/	/	/
저축				
비상자금	/	/	/	/
퇴직연금	/	/	/	/
학자금	/	/	/	/
주택 관련 지출				
주택담보대출	/	/	/	/
후순위담보대출	/	/	/	/
부동산 재산세	/	/	/	/
집 수리비	/	/	/	/
관리비	/	/	/	/
가구 교체비	/	/	/	/
기타 _____	/	/	/	/
공과금				
전기요금	/	/	/	/
수도요금	/	/	/	/
가스요금	/	/	/	/
통신요금	/	/	/	/
쓰레기봉투 구매비	/	/	/	/
식비 ✉				
식료품비 ✉	/	/	/	/
외식비 ✉	/	/	/	/

항목	예산 / 잔액	예산 / 잔액	예산 / 잔액	예산 / 잔액
교통비				
자동차 할부금	/	/	/	/
주유비 ✉	/	/	/	/
자동차 수리비 ✉	/	/	/	/
자동차세	/	/	/	/
새 자동차 구입비	/	/	/	/
의류비 ✉				
어른 ✉	/	/	/	/
자녀 ✉	/	/	/	/
세탁/ 드라이클리닝 ✉	/	/	/	/
의료비				
병원 진료비	/	/	/	/
치과 치료비	/	/	/	/
안경/렌즈 구입비	/	/	/	/
약값	/	/	/	/
보험료				
건강보험	/	/	/	/
생명보험	/	/	/	/
의료 실손보험	/	/	/	/
자동차보험	/	/	/	/
개인적 지출				
보육비 ✉	/	/	/	/
세면용품 ✉	/	/	/	/
화장품 ✉	/	/	/	/
미용실 ✉	/	/	/	/
자기계발비	/	/	/	/

항목	예산 / 잔액	예산 / 잔액	예산 / 잔액	예산 / 잔액
자녀 교육비/학원비	/	/	/	/
자녀 교재비/학용품비	/	/	/	/
자녀 양육비	/	/	/	/
위자료	/	/	/	/
각종 구독료	/	/	/	/
가입단체 회비	/	/	/	/
경조사비	/	/	/	/
명절비	/	/	/	/
기타	/	/	/	/
기타	/	/	/	/
기타	/	/	/	/
여가비				
유흥비 ✉	/	/	/	/
휴가비	/	/	/	/
부채				
신용카드 1	/	/	/	/
신용카드 2	/	/	/	/
신용카드 3	/	/	/	/
신용카드 4	/	/	/	/
신용대출 1	/	/	/	/
신용대출 2	/	/	/	/
학자금대출	/	/	/	/
기타	/	/	/	/
기타	/	/	/	/
기타	/	/	/	/

불규칙 수입 지출 계획표

수입이 들쭉날쭉한 자영업자나 수수료로 급여를 받는 영업사원을 위한 계획표다. 매달 일정한 월급을 받는 사람보다 소득을 예측하기가 어렵지만 그래도 예산계획은 필수다.

이 계획표에서는 월별 수입 지출 계획표의 항목을 각각 살핀 뒤 어떤 항목이 더 중요하고 덜 중요한지를 파악해 우선순위를 정할 것이다. 자신에게 이렇게 물어보자. "한 가지만 할 수 있을 정도의 돈이 있다면 무엇을 해야 할까?" 그 항목을 가장 위에 놓는다. 그리고 다시 자신에게 묻는다. "한 가지를 더 할 수 있는 돈이 있다면 무엇을 해야 할까?" 두 번째 줄에 해당 항목을 적는다. 이런 식으로 목록을 끝까지 작성한다.

목록을 다 작성했다면 월급을 기다리면 된다. 만약 월급으로 1500달러(약 150만 원)를 받았다면, 목록을 따라 내려가면서 이 돈을 다 쓰면 되고, 여기서 발생한 지출의 합을 '예산 누계'에 적는다. 돈을 다 쓸 때까지 위에서 아래로 순서대로 쓰기 때문에, 꼭 가장 중요한 순서대로 항목을 적어야 한다.

중심을 잃지 말자. 기회가 얼마 없다고 생각하면 중요하지 않은 일이 가끔 중요해 보일 때가 있다. 여러분이 가장 좋아하는 가수의 공연을 더 이상 볼 기회가 없다고 생각하면, 그 공연이 아주 중요한 항목처럼 보인다. 하지만 잘 생각해보면, 빨리 결정을 내려야 한다는 조급함 때문에 중요해 보인 것뿐이다. 중요하지 않은 항목을 한순간의 판단으로 윗줄로 옮기는 일이 없도록 하자.

순위	항목	예산	예산 누계
1			
2			
3			
4			
5			
6			
7			
8			
9			
10			

비상자금을 마련하고 나면 갖고 싶은 물건을 사기 위해 따로 저축을 시작할 수 있다. 매달, 혹은 매 분기마다 계획표를 점검하자.

저축 용도	월간 누적 저축액		
비상자금 1000달러	①	②	③
비상자금 3~6개월 치	①	②	③
은퇴자금	①	②	③
자녀 학자금	①	②	③
부동산 재산세	①	②	③
집 수리비	①	②	③
가구 교체비	①	②	③
자동차보험	①	②	③
자동차 부품 교체	①	②	③
새 자동차 구입	①	②	③
건강보험	①	②	③
생명보험	①	②	③
의료 실손보험	①	②	③
병원비	①	②	③
안경/렌즈 구입비	①	②	③
자녀 학원비	①	②	③
경조사비	①	②	③
명절비	①	②	③
휴가비	①	②	③
기타	①	②	③

총액

눈덩이 전략으로 빚 갚기

이제 빚을 상환할 때가 왔다. 액수가 적은 빚부터 차례대로 적는다. 잔여 상환액이 비슷한 빚이 있다면 이자율이 더 높은 것을 위에 적는다. 작은 빚을 처분하면서 성취감을 느낄 수 있고, 점점 더 강력한 추진력이 생길 것이다.

액수가 가장 적은 빚을 제외한 나머지 빚들은 최소 상환금만 내면서 가젤의 집중력을 발휘해 빚을 갚아나가자. 액수가 가장 적은 빚을 다 갚을 때까지는 필수 지출을 뺀 나머지 돈을 모두 빚을 갚는 데 쓰자.

만약 빚 하나를 다 갚으면, 그 빚에 들어가던 최소 상환금을 다음 빚을 갚는 데 쓰면 된다. 즉, 이전 빚을 갚는 데 들던 돈과 지금 갚고 있는 빚의 최소 상환금이 '새 상환액'이 되는 것이다. 항목을 내려갈 때마다 이 상환액이 점점 쌓이며 돈을 더 많이 갚을 수 있고, 눈밭에 눈덩이를 굴릴 때처럼 빚을 갚는 속도가 점점 더 빨라질 것이다.

빚 하나를 다 갚을 때마다 이 양식을 다시 작성하자. 그래야만 남아 있는 빚이 얼마인지 빠르게 파악할 수 있다. 화장실 벽에 과거 양식과 현재 양식을 나란히 붙여두면 의지가 불끈 솟아 곧 "빚을 다 갚았어요!"라며 환호할 날이 올 것이다.

부채 항목	부채 누계	최소 상환금	최소 상환금 누계

프로라타 계획으로 빚 갚기

최소 상환금을 낼 수 없는 상황이라면 프로라타 계획을 세우자. '프로라타'는 총부채에서 해당 부채가 차지하는 비중으로 가처분 소득을 나눈 것을 뜻한다. 이를 통해 우리는 각 부채에 매달 얼마씩 갚아야 하는지를 정할 수 있고, 그 액수가 비록 얼마 되지 않을지라도 지치지 않고 꾸준히 갚아나갈 수 있다.

채권자가 요구하는 최소 상환금보다 적을지라도, 내 능력만큼의 돈을 이 계획표와 함께 채권자 모두에게 보내자. 이를 받아들이지 않는 채권자도 있을 수 있지만, 내 경험상 긍정적으로 생각하며 응원해주는 채권자도 많았다.

프로라타 계획 필요 여부를 어떻게 알 수 있을까?

우선, 월별 수입 지출 계획표를 참고해서 빚을 갚는 데 얼마나 쓸 수 있을지 파악한다. 표의 맨 윗줄에 전체 소득을 적고, 신용카드 빚을 제외한 필수 지출 총액을 적는다. 소득에서 필수 지출 총액을 뺀 금액이 가처분 소득이다. 이 돈을 빚을 갚는 데 쓸 것이다.

그다음, 주택담보대출을 제외한 빚의 총액을 적는다. 그 아래에는 각 빚의 월 최소 상환금을 모두 더해서 적는다. 만약 최소 상환금을 모두 더한 값이 가처분 소득보다 많다면 프로라타 계획을 사용한다.

구성 요소

1. 부채 항목: 빚을 진 항목을 적는다.
2. 부채액: 앞으로 갚아야 할 빚의 액수를 적는다.
3. 총 부채액: 갚아야 할 부채액을 전부 더한 값을 적는다.
4. 각 부채 항목의 비중: 총 부채액에서 각 항목이 차지하는 비중을 뜻한다. 총 부채액을 부채액으로 나누어 구한다.
5. 가처분 소득: 소득에서 필수 지출을 제외한 금액을 뜻한다.
6. new 최소 상환금: 각 채권자에게 보낼 돈의 액수다. 각 항목의 비중과 가처분 소득을 곱해서 구한다.

수입				총 부채액		
총 필수 생활비 −				총 최소 상환금		
가처분 소득 =						

부채 항목	부채액	총 부채액	각 부채 항목의 비중	가처분 소득	new 최소 상환금
		/	=	×	=
		/	=	×	=
		/	=	×	=
		/	=	×	=
		/	=	×	=
		/	=	×	=
		/	=	×	=
		/	=	×	=
		/	=	×	=
		/	=	×	=
		/	=	×	=
		/	=	×	=
		/	=	×	=
		/	=	×	=
		/	=	×	=
		/	=	×	=
		/	=	×	=
		/	=	×	=

월별 은퇴자금 계획

은퇴 후의 삶을 계획할 때, 발사부터 한 뒤에 조준하는 사람이 많다. 두말할 필요 없이 좋지 않은 계획이다. 연이율이 12%인 투자 상품에 매월 얼마를 투자해야 목표한 은퇴자금을 모을 수 있을지 알아보자.

투자 상품의 연이율이 12%인데 인플레이션이 매년 4%씩 상승한다면 실질적으로 1년에 8%의 수익이 나는 셈이다. 이를 감안하고 빈칸을 채워보자.

1단계   은퇴자금 목표액   _____

        ÷ 0.08   _____

        필요한 자금   _____

2단계   필요한 자금   _____

        × 상수   _____

        월 필요 저축액   _____

은퇴자금 저축을 5년이나 10년 뒤에 시작한다고 가정했을 때 각각의 저축액이 어떻게 달라지는지 비교해보자.

8% 상수
(자신의 나이에 해당하는 상수를 적용해서 계산해보자.)

나이	저축 가능 기간	상수	나이	저축 가능 기간	상수
25세	40년	0.000286	45세	20년	0.001698
30세	35년	0.000436	50세	15년	0.002890
35세	30년	0.000671	55세	10년	0.005466
40세	25년	0.001051	60세	5년	0.013610

*65세에 은퇴한다고 가정했을 때

월별 자녀 학자금 계획

자녀의 대학 학자금을 지원하기 위해서는 목표를 정해야 한다. 연이율이 12%인 상품에 매월 얼마를 저축해야 하는지 알아보자.

투자 상품의 연이율이 12%인데 인플레이션이 매년 4%씩 상승한다면 실질적으로 1년에 8%의 수익이 나는 셈이다. 이를 감안하고 빈칸을 채워보자.

1단계 희망하는 대학교의 1년 학자금 _____

× 4년(필요한 자금) _____

2단계 필요한 자금 _____

× 상수 _____

월 필요 저축액 _____

자녀 학자금 저축을 5년이나 10년 뒤에 시작한다고 가정했을 때 각각의 저축액이 어떻게 달라지는지 비교해보자.

8% 상수

(자녀의 현재 나이에 해당하는 상수를 적용해서 계산해보자.)

자녀의 나이	저축 가능 기간	상수	자녀의 나이	저축 가능 기간	상수
2세	18년	0.002083	10세	10년	0.005466
4세	16년	0.002583	12세	8년	0.007470
6세	14년	0.003247	14세	6년	0.010867
8세	12년	0.004158	16세	4년	0.017746

신용카드 해지 내역

카드사	카드상품명	카드 번호	해지 요청일	해지 승인일
ABC 카드	xxxx 카드	xxxx-xxxx-xxxx-xxxx	20/01/20	20/01/21

보험 가입 내역

보험 종류	보험사	보험 상품명	증권번호	보장액	담당자 이름	담당자 연락처
의료 실손보험	ABC 보험	xxxx 보험	xxxxxxxxxx	$450,000	존 스미스	000-0000-0000

주택담보대출 전환 시 월 상환액 계산표

주택담보대출이 30년 만기일 때와 15년 만기일 때 각각 월 상환액이 얼마인지 한번 알아보자.

대출금을 1000으로 나눈 후 상수를 곱하면 월 상환액이 나온다.

_____ / 1,000 = _____	×	_____	=	_____
대출금	1,000으로 나눈 값	상수		월 상환액

예시 대출금 $150,000, 15년 만기, 대출 금리 6%

$150,000 / 1,000 =	150	×	8.44	=	$1,266
대출금	1,000으로 나눈 값		상수		월 상환액

대출금 $1,000당 월 상환액

대출 금리	15년 만기	30년 만기	대출 금리	15년 만기	30년 만기
4.5%	$7.65	$5.07	8.5%	$9.85	$7.69
5.0%	$7.91	$5.37	9.0%	$10.15	$8.05
5.5%	$8.17	$5.68	9.5%	$10.44	$8.41
6.0%	$8.44	$6.00	10%	$10.75	$8.78
6.5%	$8.71	$6.32	10.5%	$11.05	$9.15
7.0%	$8.99	$6.66	11%	$11.37	$9.52
7.5%	$9.28	$7.00	11.5%	$11.68	$9.90
8.0%	$9.56	$7.34	12%	$12.00	$10.29

주택담보대출 교체 계산표

현재 가지고 있는 주택담보대출을 대출 금리가 낮은 상품으로 바꾸어야 할지 알아보자.

_____ - _____ = _____
      현재 원리금   새 원리금   절약 비용

_____ / _____ = _____
      중도상환 수수료   절약 비용   손익분기점까지 걸리는 기간
                                                             (개월)

지금 사는 집에서 '손익분기점까지 걸리는 기간'보다 더 오래 살 생각인가?

그렇다면 대출 금리가 낮은 상품으로 바꾸는 것을 추천한다.

> **예시 대출금 $150,000를 대출 금리 8%에서 6.5% 상품으로 변경하는 경우**
>
> 현재 원리금 $1,434 - 새 원리금 $1,307 = $127 절약
>
> 중도상환 수수료 $2,300 / 월 절약 비용 $127 = 대출금 = 18개월

돈 없이도 돈 모으는 법

초판 1쇄 발행 2021년 1월 19일
초판 2쇄 발행 2021년 4월 2일

지은이 | 데이브 램지
옮긴이 | 배지혜
펴낸이 | 金滇珉
펴낸곳 | 북로그컴퍼니
주소 | 서울시 마포구 월드컵북로1길 60(서교동), 5층
전화 | 02-738-0214
팩스 | 02-738-1030
등록 | 제2010-000174호

ISBN 979-11-90224-67-3 03320

· 원고투고: blc2009@hanmail.net
· 잘못된 책은 구입하신 서점에서 바꿔드립니다.

· 시목始木은 북로그컴퍼니의 인문·경제경영 브랜드입니다.
지혜의 숲을 가꾸기 위한 첫 나무가 되도록 한 권 한 권 정성껏 만들겠습니다.